Computer Assisted Language Learning

コンピュータが支援する 日本語の学習と教育

――日本語CALL教材・システムの開発と利用――

Teaching Japanese as a Second Language

水町 伊佐男 著
Isao Mizumachi

溪水社

まえがき

　昭和63年に広島大学教育学部に赴任した私は，英語教育から日本語教育に研究分野が変わったものの，個人的なあるいはプロジェクトの研究活動として，第二言語・外国語教育での「コンピュータ利用の言語学習と教育」というそれまでと同じ視点から，日本語の学習や教育のためのコンピュータシステムや教材の開発・利用・実践・評価に取り組んだ．特に，日本語教育学という学際的な分野の中で，私は，Computer Assisted Language Learning（コンピュータ支援による言語学習）という特定の分野を「日本語CALL」と呼び，そのコースウェア（教育・学習の素材と一体となったコンピュータソフトウェア）の開発・実践の研究を進めてきた．本書は，主に日本語CALLとして私が広島大学で取り組んだ研究を振り返り，単著・共著の既刊論文や報告の主要な部分を整理し，再構成したものである．

　現代の学問は専門化・高度化・細分化している一方，学際化・一般化・統合化する必要も指摘されている．私は日本語CALLの多面的な課題を具体的に詳細に検討すると同時に，それぞれの検討内容を総合的に位置づけることを試みた．つまり，本書は日本語CALLの研究として，現代の情報社会における日本語教育の背景から，日本語CALLの開発・利用に関する実践的な事例までを多面的・具体的に検討し，日本語CALLの全体像と方向性を捉えようと努めたものである．

　第1章と第2章で，日本語教育を取りまく電子メディアやコンピュータ利用などについて，調査や分類化の作業を通して日本語CALLの開発や利用の位置づけを行った．第3章から第6章までは，日本語CALLとして不可欠の要素であるコンピュータによる「文字の扱い」を中心に，入・出力に関わる学習活動をコースウェア開発の視点から詳細に検討し，日本語CALL研究の基本的な課題の解決を試みた．第7章では音声を，第8章で

は映（画）像を利用した日本語の学習について教育的な視点から考察し，それらを統合したマルチメディアとしての日本語CALLシステムの実践的な可能性を第9章で探った．第10章以降は，それらの基礎的な研究に基づき，高度なマルチメディア利用の日本語CALL教材とシステムの具体的な事例を示し，パッケージ型とネットワーク型の日本語CALLシステムについて，教材開発・システム利用を中心に，教師支援を含めた日本語CALLの方向性を包括的に提案した．

CALLに関する研究は，言語教育からの発言が少ない分野である．私はコンピュータの専門家ではないが，情報社会の中で，言語教師・言語教育研究者が抱える課題の解決策を模索することが社会的な要請であると認識し，言語教育の立場からメディア利用やコンピュータ利用についての課題に取り組み，具体的なコースウェの提案を行ってきた．この約30年間，コンピュータを利用した言語教育研究に携わってきた者として，言語教師・言語研究者として「しなければいけないこと・したいこと・できること」の具体的な接点を私なりに模索し続けて，現時点までに得られた成果と課題を整理した結果が本書とも言える．

本書を執筆するに当たり，これまで取り組んできたことが日本語CALL研究においてどのような位置づけができるかを整理するため，これまでの単著・共著の論文を現時点で考察し直したが，私の信念や思い込みもあり，共著者の意見と異なる部分もあるかもしれない．また，本書で述べたこと以外に取り組むべき課題も多く残されている一方で，言語教育の環境もメディア利用の環境も携わる人々の考え方も全てが激しく変化しており，他の研究の新たな成果を十分に反映したわけでもない．従って，本書は「私にとっての」日本語CALL研究に過ぎないが，本書が日本語CALLの開発と利用・実践を考える日本語教師や研究者の具体的な資料となり，日本語CALLの着実な蓄積として日本語教育学の今後の進展に何らかの示唆が含まれていることを願っている．

コンピューターが支援する日本語の学習と教育
－日本語CALL教材・システムの開発と利用－

目　　次

まえがき……………………………………………………………………… i

第1章　日本語教育における電子メディアの利用
　　　　　－学習者と教師から見た日本語CALL研究の位置づけ－……………3
　　1節　電子メディア利用の教育・学習とe-Learning　5
　　2節　情報社会の中の日本語教師　11
　　3節　日本語学習者のメディア利用　18
　　4節　メディア利用に関わる研究分野　20
　　5節　本章のまとめ　24

第2章　コンピュータ支援による日本語の学習
　　　　　－CALLに関わる用語と課題の整理－ ……………………………27
　　1節　言語学習とコンピュータ利用　27
　　2節　日本語CALLの取り組み方　35
　　3節　マルチメディア日本語教材の現状　39
　　4節　日本語CALLの課題　45
　　5節　本章のまとめ　50

第3章　文字情報の提示機能を用いた言語学習の支援
　　　　　－英語CALLからの示唆と検索機能を用いた日本語CALL－ …………53
　　1節　英語CALLの開発・実践からの示唆　54
　　2節　「IPAL動詞」を用いた日本語検索・表示機能の利用　61
　　3節　本章のまとめ　73

第4章　入力文字を限定した解答によるドリル型日本語CALL
　　　　　－日本語動詞活用練習のプログラム開発－ ……………………75
　　1節　コースウェアの概要　76
　　2節　コースウェアの詳細　83
　　3節　試行と調査　92
　　4節　本章のまとめ　95

第5章　日本語CALLにおける解答時の文字入力方法の検討
　　　　－解答入力方式の検討と「ひらがな転記方式」の開発－ ·················97
　　1節　ローマ字入力・ローマ字解答方式の検討　98
　　2節　日本語入力による解答方法の検討　103
　　3節　マウス方式とキーボード方式の比較　107
　　4節　本章のまとめ　115

第6章　解答内容の正誤判定と学習促進のためのフィードバック
　　　　－「誤字」検出機能の開発と解答支援－ ·····························117
　　1節　英語教育におけるスペリングエラーの研究　118
　　2節　スペリングエラー検出機能の有効性　123
　　3節　日本語CALLの「誤字」検出機能の有効性　127
　　4節　本章のまとめ　130

第7章　音声の入・出力機能を利用した日本語の指導
　　　　－音声分析装置による日本語韻律の指導－ ·······················131
　　1節　言語音声の研究と指導　132
　　2節　日本語韻律の知覚の指導　135
　　3節　日本語韻律の発話の指導　140
　　4節　本章のまとめ　149

第8章　日本語の学習・教育と画像・映像の利用
　　　　－日本語動詞の絵カードの作成とVOD教材の開発－ ············151
　　1節　ホームページで利用する日本語動詞の「絵カード」の作成　152
　　2節　ビデオ教材作成の視点　159
　　3節　VOD教材の開発と学習者の印象　163
　　4節　本章のまとめ　168

第9章　マルチメディア日本語CALL教材開発の検討
　　　　－「動詞の勉強」と「作成支援・学習管理」のソフト試作を通して－ ······171
　　1節　Visual Basicによる「動詞の勉強」の試作開発　172
　　2節　言語素材作成支援と学習管理の検討と試作　183
　　3節　本章のまとめ　194

第10章　高度なマルチメディア日本語CALL教材の開発と評価
　　　　　－『聴解：日本の生活「アパートに住む」』(CD-ROM)－ ……………195
　　1節　理論に基づく日本語CALL教材の開発　196
　　2節　試行クラスでの実践に基づく教材の評価　204
　　3節　本章のまとめ　212

第11章　ネットワーク利用の日本語CALL教材の開発
　　　　　－『聴解：日本の生活「私の年中行事」』－ ………………………217
　　1節　コースウェアの概要　218
　　2節　コースウェアのデザイン　223
　　3節　タスクの内容　225
　　4節　学習支援の内容　233
　　5節　本章のまとめ　238

第12章　ネットワーク利用の日本語CALL教材の実践と評価
　　　　　－韓国の大学での「私の年中行事」の授業利用と個別利用－ …………241
　　1節　システムの利用　241
　　2節　学習活動の要点　247
　　3節　授業や個別利用による実践事例　249
　　4節　CALL教材の利用に関する学習者の評価　256
　　5節　本章のまとめ　265

第13章　CALLコースウェアの開発と日本語教師
　　　　　－「私の年中行事」の開発における教師の役割－ …………………267
　　1節　CALL教材開発の過程と具体例　268
　　2節　言語素材の原稿の記述　281
　　3節　コンテンツ開発の意義と課題　291
　　4節　本章のまとめ　292

第14章　ネットワークを利用した授業の担当教師への支援
　　　　　－言語素材DBの活用と同期／非同期両型の運用－ ………………293
　　1節　教材の事前閲覧・視聴・入手・試行の支援　295
　　2節　学習履歴に基づく学習指導の支援　300
　　3節　テスト問題作成の支援　301

4節　テレビ会議システムによる支援　303
　　　5節　電子掲示板による支援　310
　　　6節　本章のまとめ　312

第15章　日本語CALLの開発・利用に関する総合的な考察
　　　　　　－ネットワーク利用の日本語教育支援モデルの提案－……………315
　　　1節　各章の要点　315
　　　2節　総合的な考察　325
　　　3節　本書のまとめ　331

参考文献 …………………………………………………………………………337
参考資料（URL）………………………………………………………………348
あとがき …………………………………………………………………………349

コンピュータが支援する日本語の学習と教育
―日本語CALL教材・システムの開発と利用―

第1章

日本語教育における電子メディアの利用

――学習者と教師から見た日本語CALL研究の位置づけ――

　現代の「情報（化）社会」は，多くの情報がデジタル化され，アナログの世界を圧倒しており，「デジタル（化）社会」と換言することができる．新旧の電子メディアが混在し，複雑化した状況の中で不可欠の要素となっているのがコンピュータである．

　「計算する機械」であったコンピュータが，種々のソフトウェアにより多様な機能を提供するパソコンとして，個人が身近に使える存在になり，世界の言語の文字のほか，音声や静止画・動画を多面的に制御する複合的なメディアとなると共に，他人の作品などの受容・受信が主な利用であった従来のメディアから，個人的な意見・作品の伝達・発信を拡大させるメディアへと飛躍的に変貌した．

　特に近年は，情報通信技術の発達によってインターネットが普及し，教育界にも大きな影響を与えた．操作方法を初めとして利用のありかたやその影響など，取り組むべき課題は広範・多岐にわたっている．世界的な大きなうねりの中で，利便性としての「光」と，それがもたらす「影」に，人間がいかに付き合うかが問われている．日本語の教育や学習においても例外ではない．

　「メディア」という言葉は，新聞・ラジオ・テレビのマスメディアの総称として，また，フロッピー・ディスクやCD（Compact Disk）などの記憶

媒体の呼称としても使われる．電子メディアは，「音声・動画・静止画・文字の各種の情報を伝達する技術を具現化した媒体」と捉えることができ，コンピュータはその基盤としてデジタル社会を支えている．

　音声・文字・画像の3要素を有するテレビは，デジタル化と双方向化によりマルチメディアへ（multimedia）と変容しようとしている．単一メディアとしての音声・文字・映（画）像（静止画と動画）の3要素がデジタルデータとして複合的・統合的に処理・管理され，「送」と「受」の双方向（interactive）性を有するものをマルチメディアとして，言語教育との関わりを論ずる必要がある．一方，これらを備えたインターネットはマルチメディアの1形態とされる．従来の「通信」と「放送」の境界が希薄となり両者の「融合」が進展しており，メディアやマルチメディアの形態が複雑化している．言語教師として，多種・多様なメディアにどのように対応するべきか，技量とともに見識が求められている．特に，マルチメディアを利用した日本語の学習・指導や研究・教育への適切な対応が課題となっている．

　筆者は，電子メディアを「教育メディア」として位置づけ，「教育・学習を支援する道具」と捉える．具体的には，IT（Information Technology：情報技術）又はICT（Information and Communication Technology：情報コミュニケーション技術）を教育に応用したハードウェア（機器・施設）やソフトウェアを意味する．

　近年，パソコンやコンピュータネットワークなどを利用して教育を行ったり学習したりすることが注目され，e-Learning, Web Based Training (WBT), Webラーニングなどと呼ばれているが，用語の意味や内容は様々であり，多くの意見・議論が交錯している．「教育（教師）から学習（学習者）へ」と視点が移り，言語教育でも「学習支援」としての議論が盛んである．「電子メディアを使った学習」の議論は従来の教育メディア利用の分野でも行われてきたが，近年の議論の背景には情報通信ネットワークの普及がある．本章では，様々な用語の中で「e-Learning」に焦点を当て，日本語教育における電子メディア利用の動向や課題を考える．

1節　電子メディア利用の教育・学習とe-Learning

1．1　e-Learningと教育

　近年，e-Learning（イーラーニング）の他，サイバー，デジタル，バーチャル，オンラインなどの言葉の組み合わせで教育や学習が語られる．学習・教育の分野では，「電子的（electronic）なメディア」を使うという点に共通性があるが，意図する内容はその用語を使う人により微妙に異なっている．主に，インターネットに代表される情報通信技術が用いられたこともあり，WBT（Web Based Training：情報通信網に基づく教育訓練）と呼ばれることもある．

　e-Learningは研究段階から実践段階に入ったと言われるが，その形態は様々である．情報通信技術を用いて遠隔地から行う（あるいは受講生が遠隔地で受講する）授業は，遠隔教育あるいは遠隔授業と呼ばれe-Learningの一部と考えられている．中でも，e-Learningとして，①テレビ会議・電子メールなど，通信衛星や情報通信ネットワークを用いて行う教育，②双方向性を強めて，新旧の方法の特徴を統合した教育が挙げられる．日本語教育では，日本と外国をネットワークで結んで行う日本語の「遠隔授業」もあるが，日本語学習者ばかりでなく，日本語を母語としない遠隔地にいる日本語教師の再教育・研修・支援にも有益な方法となる．

　e-Learningにおけるメディア利用の形態としては，同期型と非同期型に2分される．同期型とは，講義・受講の場面で，教師と学習者が同一時間を共有し（講義者・受講者が同一空間を共有する必要は必ずしもない）．遠隔授業と言われる形態で用いられることが多く，対面式授業の拡張型と言える．非同期型は，教授側が講義内容や必要な資料などをネットワークのサーバに蓄積し，学習者に都合のよい時間と場所で利用できるように学習内容を蓄積しておくので蓄積型とも言われ，学習者は時間的にも空間的にも制約を受けない．非同期型と同期型にはそれぞれの長短があり，現在は，それらの特徴をいかに有機的・効果的な仕組みとして実現するかが問われている．

いわゆるCALL教材と呼ばれる学習ソフトのネットワーク利用はパッケージ型教材を非同期的に利用することになる．パッケージ型とネットワーク型の区別は便宜的であるが，それぞれの特徴（表1）を持っており，教材の提供側と利用者側の視点により長所とも短所ともなり得る．

表1 パッケージ型とネットワーク型の特徴

事項	パッケージ型	ネットワーク型
情報量	限定される	限定されない
流通	限定される	限定されない
所在情報	確認が困難	確認が容易
取得までの時間	長時間	短時間
内容の改善	次回発行時まで不可能	いつでも可能
管理の手間	小さい	大きい
運用費用	不要	必要
責任の所在	明確	必ずしも明確でない
永続性	購入後は安定的に使える	サーバ事情により不安定
音声の品質	相対的に高い	相対的に低い
映像の品質	相対的に高い	相対的に低い
再生速度	パソコンの性能による	パソコンと通信環境による

独立行政法人・メディア教育開発センター（NIME）が日本の大学等における現状を把握するための実態調査を行い，日本の現状として挙げられた事柄の要点は以下の点である．

- 全体的にみて，eラーニングの実施は，それほどすすんでいるとはいえない
- 授業としては，情報教育系，語学系が多いが，その他は多岐に渡っている
- 修了率は非常に高い．これは，多くのeラーニングが，対面授業と組み合わせて実施されていることによる
- 学外や海外に向けてのコース販売はほとんど実施されていない（理由：語学の問題，質の問題，情報収集の問題，コンテンツの問題，組織体制の問題）
- 全体として取り組みの程度は高いとはいえない（理由：現段階で実施されているeラーニングの多くが対面授業との補完関係にある）
- eラーニングでの単位認定に関する学内における規定の制定や合意形成がなされていない

図1 NIMEの調査の要点

この調査は,「ハード面での不安はなく,学生のニーズがあり,かつ,eラーニングによる学習も十分可能ととらえられているにもかかわらず,これまでとは異なる学習形態に対応するだけの,教員やTA（Teaching Assistant）のスキル,組織体制,著作権処理を含めた新たな課題に対応するしくみづくりが不十分であることが,eラーニングの推進がすすまぬ原因であるといえよう.」と結論づけている.e-Learningの実践を促進するためには,利用可能な教材を増やすと共に,教師が実践しやすい支援体制を整備することも求められている.

1.2　ネットワーク利用の個別学習

　e-Learningの特徴は「学習者が,個別に場所・時間・内容を選択し,主体的に学習する」ことが出来る点にある.同期型は時間の制約を伴うので,非同期型にe-Learningの特徴が凝縮されており,個別的な学習を促進すると言えよう.例えば,時差に制限されずに日本にあるコンテンツを利用したいと思う世界各地の日本語学習者にとっては,「要望に応じて,いつでも・どこでも・何でも」学習できることは理想的であり,e-Learningへの期待は大きい.即ち,「時間」「場所」「内容」の選択の可能性を広げることにつながる.

（1）「時間」の選択

　「いつでも利用できる」という時間選択の任意性は,学習方法に関わる改善に直結すると考えられる.学習者が「時間を選択する」ことは,学習を開始する時間と学習進行にかける時間の両方とも学習者が決めることができるということである.即ち「いつ始めても,どんなに時間をかけてもよい」ことになる.

　1点目の「いつ始めてもよい」ことには,学習者が学習を始める前に教師側は教材内容（学習コンテンツ）を蓄積し,学習者の要望に応じて（オンデマンド）学習内容（情報）を配信する準備をしておかなければならないことが含意されている.

　2点目の「どんなに時間をかけてもよい」ことは,学習の進行が学習者の能力や関心に応じて学習速度を学習者が調整し,結果的に総体的な学習

時間を学習者に一任することを意味する．これは「学習者が主体的に学習する」ことを前提とし，そのためには「教える」機能の他に「学習を支援する」機能が必要となる．

このことを実現するためには，CALL教材内の緻密な支援の内容・方法のほか，教師・学習者間，あるいは学習者同士のコミュニケーションのための支援も含まれよう．

(2)「場所」の選択

情報通信技術を用いて遠隔地から行う授業，あるいは受講生が遠隔地で受講する授業は，学習する「場所」の制約が緩和されることになる．「遠隔教育には，①主に印刷物を用いた通信教育，②メディアと通信を組み合わせて指導をする教育（例：放送大学），③テレビ会議・電子メールなど，通信衛星や情報通信ネットワークを用いて行う教育，④双方向性を強めて，新旧の方法の特徴を統合した教育，に分けることができる．このうち，③と④がe-Learningに位置づけられる．衛星通信を使った遠隔教育の例では，受講生は講義室に同室する場合もあるが，講義室に出席できない遠隔地の受講生にとって，授業を受けた後の質問などが遠隔地から可能な場合は，「生放送」の講義を受講するだけにとどまらない．

特に，日本と外国を結んで行う日本語教育の「遠隔授業」は，海外にいて，日本語・日本文化の直接経験をする機会が少ない日本語学習者にとっては，多くの可能性を持っている．

(3)「内容」の選択

音声や映像がテープに記録・保存（固定）され，通常，操作マニュアル（取り扱い説明書）のような印刷物が一体となり，教育メディアとして利用されている．このような形態のソフトウェアまたは教材はパッケージ型と呼ばれる．情報通信ネットワークを使った非同期型では，ウェブ（Web）サーバやブイオーディ（VOD：Video On Demand）サーバに学習者が自分のコンピュータ（端末機）を接続し，ホームページの文字・静止画情報の閲覧や，再生ソフト（player）による動画や音声の教材・資料などの閲覧・視聴をすることが可能である．このために，メディア教育開発センターの調査で指摘された「利用可能な教材を増やす」ことが必要であり，パッケー

ジ型の内容を持ち，ネットワークで非同期的に利用ができるコンテンツの充実が強く求められる．非同期型の内容は固定的であるが，利用方法は学習者が柔軟に選択できる．

同期型では，大がかりな装置を使わなくとも，インターネットによる簡易なテレビ会議方式で遠隔地の教師と受講生と会話をすることも可能となった．通信手段が整備され，送・受信側双方の時間調整が必要となるが，その内容は柔軟に参加者同士が決めることができる．

（4）自律学習・協調学習

上記の個別的学習を進めるばかりでなく，学習者の自律的な学習の支援をすることや，複数の学習者相互の交流による学習の支援にも，コンピュータの支援が可能である．

学習者中心の学習の1つに自律（的）学習（Autonomous Learning）がある．施設と教材を整え，自由に学習する環境を提供し，学習者に利用の全てを一任することが，学習者の個別の多様な関心に応え，自律学習を促すとの考えもあるが，指導の一環として個別任意利用をどのように組み込むかを含めて，学習者の教室内外の活動を総合的に捉えて実施体制を整備することも求められる．

言語教育分野における自律学習に関する実践では，リスニングやリーディングの指導がある．聴解練習を中心とした日本語の学習効果を高めるための学習ストラテジーを組み込んだCALL教材で行うことや，形態素解析技術や機械翻訳用辞書を利用して文章中の漢字学習や文章の読解学習を支援することができる．また，CALL教材を教室外の課題として与え，教室活動ではそれに関連する直接的な指導を教師が行うことは，教師・学習者・教材の各特性を生かした有効な指導方法と言えよう．継続的な自律学習の支援には，教師との対面機会やコミュニケーションが重要であり，自律学習においても教師の関わりが欠かせない．

一斉学習における学習者同士のコミュニケーションの側面を重視すると共に，自律（的）学習の長所を組み合わせ，新たな観点から教育システムを構築・実践する動きが活発である．従来の教師による「知識伝達型」から学習者による「問題解決型」に注目し，学習の経過（プロセス）の中で

の「学習者同士の相互作用」を重視する「協調（的）学習」は，個別学習や集団（グループ）学習・一斉学習などの学習形態とは基本的な理念が異なっている．IT技術の支援により遠隔地の学習者間（同士）が意見を交流することや，コンピュータを用いた知識工学からの支援を課題とする協調学習CSCL（Computer Supported Collaborative Learning）も含まれる．言語教育分野においては，例えば，英語学習者の日本人と日本語学習者の英語話者が特定のテーマについてインターネットで意見を交換・蓄積し，それぞれの文化的な異同を認識すること（アウェアネス）を支援するウェブサイトも，協調学習の1形態と言える．日本語教育では，情報通信ネットワークやデータベースを活用した発見型学習や自律学習・協調学習に関する研究が十分に意識されているとは言い難い．

1．3　本節のまとめ

　現在までの授業形態の主流である一斉・対面式授業が果たした役割は大きく，今後も基本的な形態として役割を果たすことを疑うものではないが，教師が教室で指導できる範囲や時間には限界があり，レベル・ニーズ・能力が異なる学習者に個別に完全に対応することができないこともあり，旧形態だけが唯一で最善の方法であるとは言いがたい．一方，学習者の立場から様々な新しい形態の可能性やメリットもあるものの，新しい形態が古い形態より優れていると簡単に断言できるものでもない．両者の長所・短所を見極め，両者の調和を図ることが言語教師を含めた教育者の役目となろう．

　その検討対象の一つが電子メディアの利用である．現在，日本での議論が盛んであるe-Learningは，学習者が，場所・時間・内容を選択し，主体的に学習することが出来る点にその狙いがある．世界各地の日本語学習者のe-Learningへの期待は大きいが，日本語教師としてe-Learning実践に関わるまでには，多くの議論を重ねなければならない．学習者の理想像と教師が直面する現実的な課題の間をどのように埋めていくかが大きな課題である．

2節　情報社会の中の日本語教師

　(社)日本語教育学会は，日本語教育分野のコンピュータ利用について，数年にわたり調査を実施し，日本語教師の情報活用の促進のために，国内外の実例や現状を以下の報告書として著した．
・日本語学習におけるコンピュータ利用の実際（1995）
・日本語教員養成と情報リテラシー（2000）
・日本語教育情報の流通と日本語教育研究の活性化に向けて（2001）
・日本語教育におけるコンピュータ利用に関する調査研究（2001）
・海外の日本語教育とコンピュータ（2001）
　一方，平成13年に文部科学省の「日本語教育のための試験の改善に関する調査研究協力者会議」の結論を受けて，日本語教育能力検定試験の出題内容の見直しが行われた．その中で出題範囲の1区分に「言語と教育」が設けられ，そのうち「言語教育と情報」として，①データ処理，②メディア／情報技術活用能力（リテラシー），③学習支援・促進者（ファシリテータ）の養成，④教材開発・選択，⑤知的所有権問題，⑥教育工学，の項目が挙げられた．具体的には，日本語教員養成において必要とされる教育内容のキーワードとして，教材，教具，メディア，コンテンツ，ネットワーキング，視聴覚情報，言語コーパス，CAI・CALL・CMI，衛星通信，ファシリテータ，知的所有権，著作権が示されている．メディアを使って情報を入手・加工・発信して教育や研究に利用することは，日本語教師の能力・資質に関わる重要な課題となっていることを，日本語教育能力検定試験の新しい出題内容が示している．日本語教師にとって必要とされるメディア・情報技術活用に関するリテラシーが求められている．
　コンピュータ利用や情報活用に関することは日本語教育においても不可避の状況であり，日本語教師の資質に関わる重要な課題となっている．日本語教師と共に日本語学習者がどのような環境と要望を持っているかを探る必要があろう．

2．1　日本語教師への調査

　日本語教師がどのようなメディア環境を持ち，どのような教材観を持っているかについて調査（2000年10月）を行った．調査用紙を用いて，被調査者（教師13名）のメディア環境や教材観について回答してもらった．表2は被調査者の概要である．

表2　被調査者の概要

項　目	内　容
母語別人数	日本人（6），外国人（7）
性別	男性（3），女性（10）
年齢	20代（4），30代（7），40代（2）
教師経験	1･2年（4），3･4年（2），8年以上（6），不明（1）
外国人教師の母語	中国語，韓国語
日本人教師の生徒の母語	中国語，韓国語，ポルトガル語，スペイン語，英語，タガログ語，マレー語

　大規模な調査ではないが，勤務先や背景はすべて異なっている日本語教師の現状から窺えることをまとめた．メディア環境は表3の通りであった．

表3　日本語教師とメディア

使ったことのあるメディア	人数 外国人	人数 日本人	身近に使えるメディア	人数 外国人	人数 日本人
テレビ	4	2	テレビ	3	4
ラジオ	0	0	ラジオ	3	2
テープレコーダー	7	3	テープレコーダー	5	2
ビデオ	6	5	ビデオ	5	5
Language Laboratory	1	0	Language Laboratory	1	0
ワープロ	2	1	ワープロ	1	2
インターネット	2	2	インターネット	3	3
CD-ROM	3	3	CD-ROM	0	4
コンピュータ	5	1	コンピュータ	3	4

　この結果から，日本語教育にも，視覚的な資料をマルチメディアとして用いることを検討する必要があるように思える．

表4−1　主に「聞く・話す」の技能に係わるコミュニケーション

学習項目	できる 日	できる 外	必要 日	必要 外	難しい 日	難しい 外
1. あいさつをする	6	7	1	4	0	0
2. 時間をたずねる	6	5	1	4	0	1
3. 簡単な質問をする	6	5	1	5	0	1
4. 道順を聞きながら目的地まで行く	5	2	2	5	0	3
5. デパートで買い物をする	6	5	1	5	0	1
6. レストランで注文する	6	4	1	5	0	1
7. 電話で受け答えをする	6	3	2	6	0	2
12. 電車・バスの乗り換えをする	3	2	5	6	1	3
13. 電気・水道・トイレなどの修理を頼む	1	2	3	4	3	4
14. 駅や電車の中での放送がわかる	3	2	4	4	1	6
15. テレビの天気予報がわかる	5	4	3	4	0	2
17. 近所の人と親しく話す	2	2	1	4	1	5
18. パーティに参加する	5	1	2	5	1	4
21. 日本料理を習う	3	1	2	6	2	3
22. 出入国やビザなどに関する話をする	2	1	2	6	3	3
23. 人に頼み事をする	5	3	4	6	1	2
24. 人を訪問する	5	3	3	5	0	1
25. お礼を言う	6	5	2	6	0	1
26. 人を誘う／誘いを断る	6	4	2	5	0	3
27. 日本，あるいは自分の国について話す	6	1	1	6	0	3
28. 敬語を使って話をする	2	1	4	4	2	7
29. 困ったときに助けを求める（盗まれたり，落とし物をした時など）	5	3	2	5	0	4
31. お見舞いに行く	5	2	4	5	1	3
33. テレビ・ラジオでニュースを聞く	5	1	5	4	2	6
34. 自分の専門の講義，ゼミを聞く	1	1	3	4	5	7
35. 自分の専門のゼミで発言する	2	1	4	4	3	6
36. 会社での会議・打ち合わせを聞く	2	1	5	4	2	6
37. 会社での会議・打ち合わせで発言する	1	1	4	4	4	6
38. スピーチをする	1	1	5	4	3	6
39. 一般的な内容の講義を聞く	3	1	4	4	3	4
40. 一般的な内容の講義で発言する	3	1	3	4	3	6
47. テレビでドラマ・映画を見る	5	1	3	5	3	5
50. ディスカッションをする	2	0	4	4	4	6
51. 簡単な通訳ができる	5	2	4	5	2	2
56. 自然な発音・イントネーションで話す	5	0	4	7	2	1
平均（35項目）	3.9	2.2	2.8	4.7	1.4	3.4

更に，『日本語教育機関におけるコース・デザイン』(1991)にある57項目 (pp.45-53) の語句を一部修正し，「必要性」「困難さ」「習得」に関する意見を求めた．生徒が「できる」と思う，生徒が勉強しておく「必要」があると思う，生徒が習得するのが「難しい」と思う，に対する教師の回答数（3つとも回答したものを含む）である．表4－1は「音声主体の学習」(35項目)，表4－2は「文字主体の学習」(14項目)，表4－3は「複合的な学習」(5項目)，表4－4は「その他」(3項目) に分類して示した．

表4－2 主に「読む・書く」の技能に係わるコミュニケーション

学習項目	できる 日	できる 外	必要 日	必要 外	難しい 日	難しい 外
9. 銀行・郵便局でお金をおろす	2	2	2	5	3	2
10. 区役所・市役所で書類を出す	1	0	3	5	3	5
19. 街の表示を読む	2	3	4	7	1	2
30. 図書館で本を探す	4	3	6	6	1	1
41. 新聞・雑誌を読む	1	1	4	5	5	5
42. 手紙を読む	3	4	5	6	3	2
43. 手紙を書く	2	3	4	6	4	4
44. 一般的な内容の本を読む	2	2	4	5	5	3
45. 教科書・専門書を読む	3	1	4	4	4	5
46. 図書館で資料を調べる	2	3	4	6	3	2
48. 研究論文・レポートを読む	1	1	2	4	6	7
49. 研究論文・レポートを書く	1	1	2	4	6	7
52. 役所・学校からの書類を読む／書く	1	1	2	6	5	1
53. 会社での資料・書類・報告を読む／書く	2	1	3	5	5	2
平均 (14項目)	1.8	1.7	3.2	4.9	3.6	3.2

表4－3 4技能が複合的に係わるコミュニケーション

学習項目	できる 日	できる 外	必要 日	必要 外	難しい 日	難しい 外
8. ホテルの予約をして，旅行をする	2	3	5	5	4	5
11. 一人で病院に行く	5	1	6	6	3	5
16. 仕事場で日本語を使って，仕事をする	4	1	4	4	5	7
20. アパートを探し，契約・引っ越しをする	1	2	6	5	7	7
32. 仕事を探す	4	1	6	5	6	3
平均 (5項目)	2.2	1.0	2.0	3.8	2.2	4.2

表4-4 「技能」の分類に該当しない項目

学習項目	できる 日	できる 外	必要 日	必要 外	難しい 日	難しい 外
54. 使える言葉の量をふやす	3	2	6	7	1	0
55. 漢字・熟語を身につける	3	1	6	7	1	0
57. その他（日常生活の用語）	0	0	1	1	0	0
平均（3項目）	2.0	1.0	4.3	5.0	0.7	0

　日本語教師が認識・要望する教材は多種多様であることが分かる．
　また，教材についての現状を自由記述してもらった結果が表5である．

表5　日本語CALLへの要望

	日本人教師	外国人教師
必要な教材内容	・発達段階に応じた多くの資料 ・日本の一般常識（礼儀，マナー等）の学習 ・漢字の学習プログラム ・日本語と母語の両方で調べることのできる教材	・機能シラバス ・いいヒヤリングと作文の教材 ・今頃の日本社会，日本人が過ごしている生活状態を紹介する教材 ・上級読解，上級聴解，いい音声練習教材 ・生活に必要な話し言葉 ・日本の文化を紹介する内容 ・日本の文化
困っていること	・発達段階に応じた資料を選ぶこと ・漢字指導（小学3年生からの漢字指導） ・日本語習得と学年の学習内容の溝（6年生でも3年程度の漢字しか書けない）	・実生活に使わせる ・学生たちが少しでも日本語で話したいという言葉環境を作る ・類義表現と類義語を教える ・生きた日本語を生徒に教える ・一つの単語の多様な意味を理解させる ・文化資料が足りない ・会話の内容を実際に試して見る場面が少ない ・必須科目がないので学生たちの関心が不足

　日本人や外国人にかかわらず，日本語教師は教材についても多種多様な要望を持っている．

2．2　日本語CALL教材の課題

日本語教材で扱う内容と方法に関して，日本語母語話者の教師18名（表6）に対して，教材に関するニーズ調査（2000年10月）を行った．

表6　回答者の内訳

項　目	内　　容
人数	18
性別	男（6），女（11），非回答（1）
年齢	20代（7），30代（7），40代以上（4）
教師経験	0～4年（6），5～9年（4），10年以上（7），不明（1）
外国人教師の母語	中国語，韓国語
日本人教師の生徒の母語	ポルトガル語，中国語，韓国語，スペイン語

「生徒にとって必要であるにもかかわらず不足していると思われる教材内容」を挙げてもらった結果（3名は無回答）とCALL教材として対応できる内容と関連づけたのが表7である．これらが実現できれば，日本語教師の要望の多くに応える教材となることが期待できる．

表7　教師へのニーズ調査とその対応例

ニーズ調査の結果	考えられる対応の例
1）発達段階に応じた多くの資料	学習レベルを設定し，画像を多用する
2）日本の一般常識を学習できるもの	若い女性の経験を会話内容とする
3）漢字の学習プログラム	漢字の意味やふりがなをつける
4）日本語と母語の両方で調べることのできる教材	翻訳（英語・中国語）をつける
5）機能シラバス	場面シラバスとする
6）良いヒヤリングと作文の教材	聴解力を中心とする
7）最近の日本社会を紹介する教材	会話に日本の家族の様子を反映させる
8）上級読解，上級聴解，いい音声練習用教材	中上級用の音声教材とする
9）生活に必要な話し言葉	普通体の（くだけた）会話とする
10）日本文化を紹介する教材	年中行事を扱う
11）生のビデオ教材，読み物教材	ビデオによる教材を呈示する
12）自習用コンピュータープログラム	日本語CALLとする
13）聴解教材	聴解練習用のタスクを課す
14）会話の相手をしてくれる日本語母語話者の不足	対応できない
15）自習用教材	個別学習を可能とする

一方，どのような日本語教材が存在するのかを，(独)国立国語研究所の主催で行われた「コンピュータと新日本教育2003」の資料（pp.22-27）からまとめると表8となる．

表8 国別のメディア教材の種類と数

国（教材数合計）	CD-ROM	Audio CD	FD	DVD	テープ
日本（35）	32		3		
韓国（30）	19	7			7
アメリカ（22）	19		3		
台湾（16）	10	2		4	
タイ（7）	7				
イギリス（4）	4				
フランス	1				
中国	1				
オーストラリア	1				
合計	94	9	6	4	7

CD-ROMが多いことは，マルチメディア教材が増えたことを示している．日本語学習のためのメディア教材は，要望の多様性や時代の進歩に応じた要望の変化があり，質と量の両面から，絶えず検討と作成を繰り返すことが求められている．いつの時代でも，コンテンツ不足が叫ばれている．

2．3 本節のまとめ

日本語教師の教材への要望が多様であり，質量ともに不十分である状況を改善することが求められていると言える．その解決に向けては，日本語教師の電子メディアの開発や利用についての知識・技能が科学技術の進歩の速度に対応できるかどうかが鍵である．

外国では，「ICT環境が整いつつあるが，日本語環境の未整備が障碍となっている」（仁科 2003）．国内では，学校教育で情報教育が各教科に分散して行われると共に，「情報」という教科として独立することになった．日本語教育は，学校教育の中で教科として位置づけられていないので，情報化への対応を制度的に実施することができず，日本語教師への「リテラシ

ー教育」については取り残された状況である．国内外共に日本語教育を取りまくIT環境は整っているとは言いがたい．また，日本語教師が置かれている環境も教材に対する要望も多様である．このような状況の中で，日本語教師への支援も重要な課題である．

3節　日本語学習者のメディア利用

3．1　日本語学習者への調査

　日本語教師の現状とは別に，日本語学習者の現状を知る必要もある．平成16年3月に台湾における高等教育の学習者を中心に，学校教育システムの大学（A学校）と高等専門学校（B，C，D学校）で調査を実施した．また，参考のため，企業の日本語学習者にも調査を依頼した．

　台湾における学校教育システムの中で日本語教育は，中等教育では高等学校があり，一方，高等教育では，専門学校・高等専門学校・大学の3つで行われている．また，学校教育システム以外では，非在学の学習者は塾や企業などの学習機関で勉強する．平均年齢から見ると，18歳から22歳にかけての高等教育の学習者の傾向を表すことができるであろう．被調査者の概要を表9に示した．

表9　被調査者の概要

調査グループ	機関	日本語	学年	平均年齢（最少ー最高）	人数	平均学習歴(年)
学校A	大学	専攻	3	21（20－23）	62	3
学校B	高等	専攻	3, 4, 5	21（18－24）	136	5
学校C	専門	専攻	1	19（18－22）	48	1.7
学校D	学校	非専攻	1, 2, 5	21（18－35）	174	2.6

3．2　調査結果

　アンケート調査は「メディア利用と言語学習」の記入形式，単一選択，複数選択の三つの形式があり，中国語で行った．
（1）日本語学習者が多用するメディア
　日本語学習に使用するメディアについての回答は，図2の通りであっ

た．

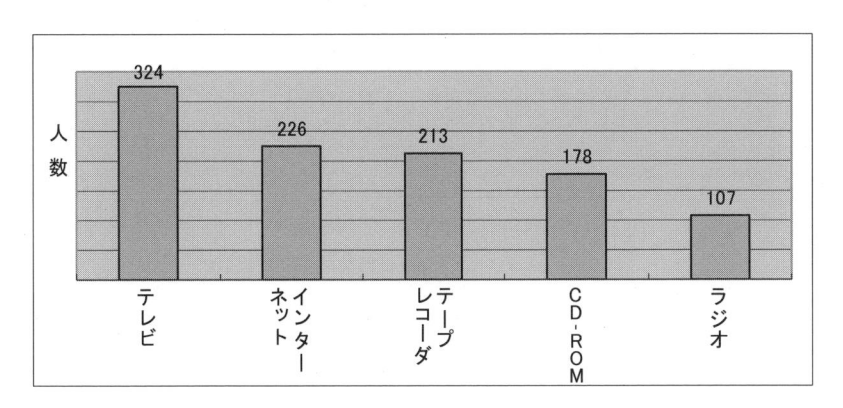

図2 使用するメディア

（グラフのデータ：テレビ 324，インターネット 226，テープレコーダ 213，CD-ROM 178，ラジオ 107）

　テレビは最も普及しているメディアであり，しかも，台湾では，日本に関する4つのケーブルのチャンネルがあるので，学習者の多様な関心に対応できていると思われる．また，従来用いられてきたテープレコーターの利用も依然に多く，手軽に利用できる点が多用されている原因であろう．
　一方，インターネットやCD-ROMを通しての学習は従来のメディアによる学習に対し，もう1つの新しい学習メディアとして，よく使われている．
　また，インターネットの利用が多く，しかも半数以上（220人）は毎日使っており，使用頻度は高い．
（2）新しいメディア利用の内訳（複数回答可）
　新しいメディアのうち，どのような使い方を多用しているかを具体的に調べた（図3），パソコン学習では，インターネットを通して，日本語を勉強することが最も多いことが窺われる．
　別の質問では，勉強したことのない学習者でも「問題が解決されれば，パソコンで言語を学習する」が178人（89％）であり，パソコンで学習経験の有無にかかわらず，適切な教材があれば学習の意欲につながると思われ

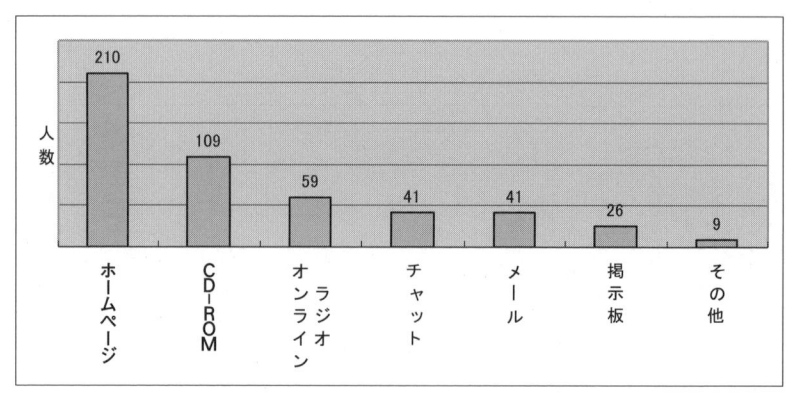

図3 利用する新しいメディアの内訳

る．学習者のニーズに応え得るCALL教材が求められている．

3．3 本節のまとめ

台湾の日本語学習者の調査から，メディア使用と日本語の学習については，以下の3点にまとめることができる．
（1）台湾における日本語学習者は，日常生活の中で，テレビに次いで，パソコンの使用は頻繁である．
（2）パソコン利用の中で，インターネットを利用して学習することが頻繁である．
（3）パソコンで勉強経験の有無にかかわらず，「適切な教材」に対する要望が高い．

4節　メディア利用に関わる研究分野

活字による言葉の教育は，言語偏重主義（バーバリズム：Verbalism）・教養主義との批判を受け，実用性の重視と共に社会的な要請として視聴覚教育（audio visual education）が登場した．外国語・第二言語教育は，国際的な交流の高まりにより，日常生活での「実用的な」言語能力や運用力の習

得が叫ばれた．特に音声教育を重視した「聞く」「話す」の指導と共に，映像・画像の視覚的な資料により文字を媒介しないで言語を理解するための指導を支えたのが視聴覚教育理論であった．第二言語教育では，言語理論や言語教育理論を背景にしながら，視聴覚教具・教材・設備などのメディア利用との関わりの中で，視聴覚教育と密接な関係を保ちながら進展した．更に近年は，科学・技術の進展と共に，学習素材の内容や提示方法が多様となり，学習者の反応の収集や分析の個別化が可能なコンピュータへの期待が高まると共に，マルチメディアと言語教育の関わりが教育工学研究としても議論されている．

言語教育は，1つの研究分野であるばかりでなく，他の分野との関連が強い．基本的には言語学と教育学から構成される学際的な分野であるが，それぞれ下位の研究分野を擁している．同時に，それ以外の研究分野や学問との関連もある．そのうち，最も関連の深い視聴覚教育と教育工学について述べる．

坂元ほか (2003) は「いまでは，CALL研究とは，言語科学，行動科学，認知科学，脳・神経科学などの基礎科学，教育の内容や対象に関わる各言語学や外国語教育法・第二言語習得論，そして教育・学習環境に関するデザイン学としての教育工学や，要素技術に関連する工学諸分野が融合する学際的分野であり，CALLシステムやコンテンツは，こうした成果を総合・統合し実現すべきものとなっている．」と指摘している．このようにCALLは様々な分野の成果に支えられて成立しているが，コンピュータは人間の命令を実行する道具であるので，人間が何をどのように考えて行うかが最大の課題であり，人間の知恵が求められている．まだ解明されていない部分をCALLに求めることはできないものの，同時に，未解明の内容でも，CALLでの提案・実践により，解明が進むこともあり得るので，理論と実践の双方向から見つめる柔軟さも必要であろう．

4.1 視聴覚教育と教育工学

視聴覚教育はメディアを利用した教育・学習の効果の研究から始まったが，現在，研究の範囲は，ラジオやテレビの教育利用または放送教育，教

育メディア，カリキュラムや授業設計など，教育・教授の方法を研究する多様な分野が含まれている．メディアの違いが学習効果の差を生むのではなく，学習者の特性とメディアの使い方によって学習効果が異なることから，視聴覚機器や視聴覚教材（伝達方法）の研究よりも，メディアが持つメッセージ性（伝達内容）と学習者や学習課題に関わる最適な関係を探ることが課題となっている．

一方，教育工学（educational technology）は，ティーチング・マシン（メディア）とプログラム学習（メッセージ）の研究から始まった．教育工学の概念は，「教育過程に参与するあらゆる要因を動かして，その組み合わせを最適にし，教育の効果をあげる具体策を提案する実践学」（坂元 1981）とされる．メディア（教育機器）を用いることは研究対象の一部ではあるが，「教育の機械化」と同一ではない．理論的には行動科学を背景に始まったが，研究の範囲は，コミュニケーション，カリキュラム開発，教授・学習理論，メディアなどが含まれる．成立の過程は異なっても，視聴覚教育と教育工学は，研究の目的・対象・方法は重なる部分が多い．坂元（2003）は，「視聴覚教育とプログラム学習の発展の上に，新しい教育工学の概念が成立」（p.1）したと述べている．現在，教育工学は，「認知，メディア，コンピュータ利用，データ解析，ネットワーク，授業研究，教師教育，情報教育，インストラクショナル・デザイン，教育工学一般」の10分野に分けられている（清水ほか 1999）．

教育工学は，システムの概念が基盤にある．システムとは，「いくつかの要素がある目的のために組み合わされている状態」と考えることができる．音韻・音声，文字，語句，文法等からなっている言語の諸要素の組み合わせや順序と学習効果との関係，教師・学習者・メディア（教材・教具）からなっている教育活動，情報の提示・学習者からの反応収集・フィードバックの3要素から構成される教師の教室内での活動，ヒントの効果的な提示やKRのあり方などの学習過程の中での指導，事前・事後の学習指導を含めた教室内外の指導など，言語研究も言語教育研究も，システム意識が希薄か濃厚かにかかわらず，システムの概念の中で捉えることができ，教育工学の研究対象となる．

一方，言語教育は様々な分野の成果に支えられている．例えば，言語研究において言語の分析的・記述的研究により類型化を試みる質的（定性的）研究は言語の意味・構造・実態の解明であり，心理言語学の仮説・検証作業の量的（定量的）な研究は言語処理の脳内メカニズムの解明であり，これらの成果は言語教育の基礎理論となる．また，生成文法理論が言語心理学や自然言語処理研究（言語工学）に与えた影響は大きく，自然言語処理研究はコーパス言語学を支え，その成果は言語教育にも活用される．このように，言語学・教育学・工学は相互に密接な関係があり，それらの有機的な関連の中で日本語教育を最も有効に展開するための内容と方法を探ることを言語教育工学と位置づけることができる．

4．2　日本語CALLと言語教育工学

　言語学・教育学・工学，更には，言語教育学・教育工学・言語工学など，複数の分野にまたがる学際的な分野を言語教育工学と筆者は名づけて，言語学あるいは言語教育学の立場から，学際研究の包括的名称として使っている．広く認知されている名称ではないが，筆者の場合，言語教育をシステムとして捉え，第二言語（日本語）学習者への支援を目的に，教育工学の手法や成果を取り入れた日本語CALLの具体的な内容と方法の開発・利用を中心に，言語教育の実践に有効な内容と方法についての教育研究を行うことを基本としている．

　言語教育工学的な視点のうち，メディア利用という面から見た外国語・第二言語教育の重要な展開としてLL（Language Laboratory：語学ラボラトリー）とCALLがある．音声指導のメディアであるテープレコーダーの録音・再生機能を生かし，更に教師・学習者間のコミュニケーション機能を加えてシステム化したのが初期のLLである．視覚的な資料提示機能（スライドやOHP，実物投影装置（カメラ）など）やビデオ装置が設置され，言語教育における視聴覚的教育の要素が強まった．また，学習者の反応を分析する装置（小テストなど採点や正解率の自動算出）も追加された．近年は，学習者間のコミュニケーション（例：ペアワーク）のほか，視聴覚資料（音声・映像）をデジタル化して教室内で用いたり，更に，インターネットに接続

できたり，CALL教材を使用したりするなど，コンピュータ制御によるシステムが導入されている．従来のLLの設備を強化・多機能化するためにコンピュータを導入するという方向と，コンピュータ室を他教科と共に外国語教育にも使うという方向があるが，最近のLLとCALL教室は設備面で外見上区別がつかない．いずれにしても，言語教師が設置の目的や利用形態を明確に持つことが重要となる．

　複雑化した機器の操作を教師が習熟したとしても，メディアを使いさえすれば教育効果が上がるものではない．ハードウェアシステムは教師の活動を支援するだけであり，もっと大切なことは教師のメディア利用の意識と実践力である．学習者が主体的に学習に取り組まなければ学習効果が期待できないのと同じように，教師が主体的にLLやCALLの指導に取り組まなければ教育効果も期待できないのは当然である．動機やニーズなどの学習者要因，指導目的・指導技術などの教師要因，及び適切な教材選択・機器使用技術などのメディア要因の3者を総合した指導システムとしてメディアの利用に教師が主体的に取り組むことが肝要となる．

4．3　本節のまとめ

　日本語教育学は多様な研究分野を包含する学際的な分野であるが，日本語CALLは更に多くの研究分野の成果と連携が必要な研究分野である．日本語CALLの開発・実践のすべての分野に一人で取り組むことは現実的には不可能に近いとは言え，多方面の成果や動向に目配りをしつつ，日本語教師としての資質を高めていかなければならないことが時代の要請となっていると言えよう．

5節　本章のまとめ

　本章では，「情報通信ネットワークを用いたマルチメディアによる教育・学習」をe-Learningと捉え，日本語CALLの基盤となる日本語教師と日本語学習者を調査すると共に，日本語教育に関連する研究分野を概観した．

教育や学習の道具としての電子メディアとどのように関わっていけばよいか，日本語の学習者や教師はどのように対応したらよいかが問われ続けている．

e-Learningは学習者にとって「時間」と「空間」の制約が緩和されることになり，学習者にとってのメリットは大きいが，教育・学習の方法に比べ，内容の質的・量的な整備が遅れている．学習コンテンツの充実が急務である．一方，高額な開発・維持管理費用の問題もあり，理想論と現実論とのバランスの上に成立する面も忘れてはいけない．特に，e-Learningによる学習結果に対して単位を授与する場合には，それに相応しい教育の質の保障と，本人確認方法の確立を含む慎重な実施体制の検討を要する．

同期型の教育方法と教材を蓄積して常時配信する非同期型の教育方法を，二者択一的な形態として捉えず，それらの長短を考慮し，更にパッケージ型とネットワーク型の長短を見極め，それらを有機的に組み込んだ統合的な教育方法の検討が日本語教育に必要であろう．ハードウェア及びソフトウェア以外に，運用やカリキュラム全体のあり方，更に学習者への有効な支援の内容と方法を模索することは，日本語教育の研究として取り組まなければならない課題であると思う．

メディアの使い手という面を強調しすぎることなく，教師として，学習者のニーズ，レベル，目的を分析的に知り，カリキュラムの構成要素の一部として授業の内容と方法を組み立てて統合化し，その効果や学習結果から学習者に学習内容や方法についての助言を授業内外で学習者に与えつつ実践するなどの一連の教授活動の中で，メディアの特徴や学習ソフトや素材についての見識を持ちつつ，最も効果的で最善の環境を整えることが，言語教育工学の観点から見た学習の支援者としての教師像である．

第2章

コンピュータ支援による日本語の学習

―― CALLに関わる用語と課題の整理 ――

　言語の教育や学習におけるコンピュータ利用は，コンピュータの技術的な進歩や利用法の多様性と共に，言語教育における視点や教育観の変遷，更には，関連分野の歴史的な経緯など，様々な要因が関係し複雑な様相を呈している．本章では，外国語学習・教育とコンピュータとの関わりを課題として取り組んだ筆者の知見をもとに，歴史的な推移の中で日本語CALL研究に関わる用語と課題を整理する．

1節　言語学習とコンピュータ利用

　教育メディア利用の中で，「コンピュータを利用した教育」は，従来，学習者への学習指導に利用するCAI（Computer Assisted Instructionの略，コンピュータ支援による教授）と，教師が学習管理に利用するCMI（Computer Managed Instructionの略，コンピュータ管理による教育）に二分され，そのうち学習者とコンピュータが直接関わるCAIがマルチメディアとの関係で論じられてきた．CAIは，コンピュータの入力・出力装置を使って，学習者が自らコンピュータを操作し，与えられた教授内容を各自のペースで習得することができるシステムと捉えることができる．先駆的な言語教育システムとしてイリノイ大学のPLATO（プレイトー）とブリガムヤング大学の

TICCIT（ティキット）があり，そのコースウェア（Courseware）は後世に大きな影響を与えた．

　コースウェアとは，一定の概念の下に構成された素材（文字・音声・映像）とコンピュータプログラムが一体となり学習指導を行うシステムである．教材の素材内容（データ）の全体は「コース」と呼ばれ，そのデータを制御するプログラム（ソフトウェア）を組み合わせて作られた用語であり，学習ソフトとも言われる．「制御」するとは，どの学習過程でどの素材内容をどのように提示するかなどを厳密に決定した方法をソフトウェアとして組み込むことであり，指導法や学習ストラテジーに直結する．教材（コース，データ）は「何を」（WHAT）教えるかに関わり，それを制御（提示・解答処理方法など）するソフトウェア（即ちプログラム）は「如何に」（HOW）教えるか，つまり教授・学習方法に関わる．

1．1　CALLに関する用語の整理

　言語教育では，外国語CAI，更にCALL（Computer Assisted Language Learning：コンピュータ支援の言語学習）と呼ばれて，用語の使い方にも歴史的な推移が見られた．以下に，言語教育の視点でそれらの用語の特徴を挙げておきたい．

（1）「CAI」が意味する内容

　坂元（1989）は「CAI」が様々に使われるとして，①最広義（教育とコンピュータに関するすべて），②広義（コンピュータを教育の道具として役立てることすべて），③中間（コンピュータ教育・学校／教育経営の道具・学習指導の道具），④狭義（子どもの学校の道具としてのCALと教師の指導の道具としてのCAI），⑤最狭義（教師が行う学習指導の三大機能を代行するもの）の5つに分類した．CAIは「学習者がコンピュータと対話しながら学習を進める」形態が基本であるが，教師が多人数の学習者に対し，コンピュータの画面の表示内容を解説する形態も含まれる．また，Jonesほか（1987）が指摘するように，表示画面の課題を解決するため学習者同士が目標言語で「話す・聞く」ことがコミュニケーションの訓練と考え，1台のコンピュータに複数の外国語学習者が同席して学習を展開するのもCAIに含めることができ

よう．このように，CAIをComputer And Instructionとする最広義の内容から，教科内容を学習者がコンピュータと1対1で対話的に進める学習とする最狭義の内容まで，CAIの捉え方に幅があるのが特徴である．また，用語として最も歴史が長いのはCAIであるが，その後，実践や研究が進むにつれて，様々な用語が登場した．

（2）「教授」から「学習」へのパラダイムシフト

Instruction（教育・教授）という用語は，教師中心のイメージが強い．「教育（教師）から学習（学習者）へ」と視点が移るパラダイムシフトと共に，instruction（教授）よりもlearning（学習）が重視され，CAL（Computer Assisted Learning，コンピュータ支援による学習）という用語が使われた．機器の構成やソフトウェアの内容の点でCAIとCALの明確な差異があるとは思えず，システム構築の理念や利用法の問題であろうと思われる．もっとも，CALはCAIと同等の用語として，以前から英国で使われる傾向があり，英国ではCALを好むとHiggins（1982）は指摘した．

（3）「言語」の教育・学習の特殊性

CAIは，米国の市販学習ソフトの調査結果（Weaverほか1984）のように，いわゆる理系の教科（数学，理科，コンピュータプログラミングなど）のなかで適用されることが多く，外国語教育への応用はその次に位置する．コンピュータが主に米国で発展したことから，英語による入・出力が中心であったが，次第に英語以外の文字の入・出力が可能となった．特に，コンピュータを利用した教育分野のうち，言語教育は，英語以外の多数の言語をコンピュータ上で扱うことや，目標言語と説明言語の複数言語を同時に使用することなど，自然言語の処理が大きな要素であり，他の教育分野と異なる側面を持っているため，他の分野と区別して「言語（language）の教育・学習」が意識された結果，「言語」（Language）を途中に挿入し，CALI（Computer Assisted Language Instruction）やCALL（Computer Assisted Language Learning）という用語が登場した．教育におけるパラダイムシフトと言語教育の特殊性を取り入れた結果，CALLという用語が多く用いられることとなった．

（4）CMIを包含するCAI

教師が成績処理や授業・教材改善のためにコンピュータを操作してデータ処理をする方法のほか，教授活動全般にわたり教師を支援したり，クラス経営・事務処理のためにコンピュータを利用したりする場合にはCMIと呼ばれ，CAIとの対比で論じられた．授業やシステム改善に役立てるため，CAIシステムの一部にCMI機能が組み込まれる一方，教師がコンピュータを操作して学習者の成績などの学習管理を行うために，CAI学習者の学習履歴を保存することも一般化した結果，学習の指導と管理が一体化し，CAIとCMIの区別が明確ではなくなった．現在，学習者のデータは学習管理の目的だけではなく，学習指導の改善に結びつく資料ともなるので，CMIは大切な概念として残り，コースウェアの一部に含まれることが多い．
（5）多様な用語と多様な定義

Salisbury（1973）は，CAIと同等か部分的に重なる概念を表す21種類の用語を挙げたが，用語・概念の問題は古くて新しい問題とも言える．CAIとCMIを包括する上位概念として，Ralmlowほか（1980）はCBE（Computer Based Education）を使った．また，インターネットを用いていることを軸にして，WEB based～と言われる場合もある．ネットワークの普及と共に，用語は更に多様化の様相を呈している．

CAIはティーチング・マシンやプログラム学習との関連でドリル型が中心との印象が強く，それ以外の多様な指導法・学習法を指向する場合にはCAIという用語を避ける傾向があった．限定された学習資源（教材）を一定の目標に向けてシステム化されたパッケージ型ソフトに対してCAI，そして，情報通信ネットワークを利用した意見交換や情報収集などの学習活動を含めて，広い概念でコンピュータを言語学習に用いることをCALLと呼ぶこともある．ネットワークを利用してインターネットホームページの膨大な学習資源から発見学習的に言語の学習を指向する場合がある一方で，ウェブサイトでも「パッケージ型」による学習ソフトで学習をする場合もある．言語CAIを含む包括的な用語として，言語学習にコンピュータを用いる形態を一般的にCALLと呼んだり，パッケージ型学習とネットワーク型学習の両方を含む形態を「統合的CALL」と呼んだり，CALLと言語CAIを明確に区別することは困難である．日本語教育においては，「日本

語CAI」とか「日本語CALL」とか呼ばれることがある．CAIが広義・狭義の様々な捉え方が生じたのと同様に，CALLの意味するところも多様である．

1.2 言語スキルとコンピュータの機能

　言語学習には，言語の「理解」と「産出」があり，それぞれ文字と音声が関係する．「理解」は「聞く・読む」と「産出」は「話す・書く」という技能（スキル：skill）に分けられる．それぞれ密接な関係をもって指導が行われるが，コンピュータは，入力・出力の装置とソフトウェアを使って，教材の提示（出力）から学習者の解答・反応（入力），及びその結果の判定・表示までの機能を応用することにより，4技能習得のための学習支援の道具となる．以下に，教材の種類と言語スキルに関わる特徴をコンピュータの機能との関連で概観する．

　一般的にCALLでは，教科や教材内容にかかわらず，学習者と学習システムの関わりを利用者から見ると3つの局面がある．①システム側からの内容提示，②学習者側から解答や反応をシステムに返すための入力，③入力内容に対するシステム側の処理とその結果を学習者に返すフィードバックである．3つともコンピュータ処理機能ではあるが，①と②は利用者が目や手を使うが，③の様子は外見では分からないので，便宜的な分類である．別の言い方をすれば，コンピュータの提示機能は出力機能（①），反応機能は入力機能（②），フィードバックは内部処理の機能（③）に関わる．(マルチ)メディア利用の中心的な課題として，これまで主に①の教材・情報の提示内容や方法につい注目されることが多かったが，インターアクションという観点から，②と③も重要である．ここでは，CALL教材の中の文字・音声・絵の言語素材と，コンピュータの3機能（出力・入力・処理）を言語の4技能との関係から考える．

（1）文字の扱い

　コンピュータ画面を印刷物のページと考え，文字提示や検索の機能を利用した「読み」の指導として扱うことができる．文字の提示の仕方にキーワードの明示や提示速度の工夫などをして，表記に関する指導や読解の指

導にも用いられる．日本語は，ひらがな・カタカナ・漢字など，使用する字種が多く，「読む」指導は困難を伴うが，コンピュータの文字提示機能を「読む」過程の一環として使っている．ホームページの膨大な資源の中から学習者が選択的に読み取りつつ進められる発見学習型は，「読む」指導に位置づけられる．CALL教材の解答支援では，ヒント機能，レファレンス（参照）機能，辞書機能など，文字提示による支援が基本となる．

　一方，キーボードやマウスからの入力装置により，「書く」ための指導が行われる．日本語ワープロでの入力方法は比較的に容易になったとは言え，「ローマ字入力」方式では，促音や撥音を含むひらがなを入力するための操作知識を習得しなければならない．日本語ワープロを使って日本語を指導することは，別の観点から十分に意義があるが，日本語CALLでの学習で，キーボードの文字配置の習得と「かな漢字変換」による入力・変換操作の知識・技能が，操作未習得の学習者には負担となる場合もある．日本語学習者の入力負担を軽減するために，日本語の入力解答の方法についての配慮がシステム開発側には求められる．電子メールによる作文指導では，日本語文字の入力技能を学習者が習得していることを前提にしている．手書き文字入力による解答も可能であるが，コンピュータによる入力文字の判定方法によっては，正確な筆順でなくても「正解」となることもあり，その結果が「教育的」であるかどうかを十分に検討する必要がある．また，キーボード等による文字入力が産出と関係することは事実であるが，「書く」ことと全く同等であるかどうかは詳細な検討を必要とする．

（2）音声の扱い

　音声を介しての言語理解の指導には，分節音の示差的な特徴や韻律の聞き取り，談話の理解を目指した聴解力の指導がある．つまり，メディアの音声提示機能を活用した指導である．文字を主体とした指導に音声資料を付加することができる一方，音声を主体とした指導では文字提示による支援が不可欠であるように，文字と音声の扱いは表裏の関係にある．音声指導を主目的とする場合には，どの時点で文字を示すか（文字提示のタイミング）に注意が要る．「音声つき」の教材は，聞き取りや聴解力用の学習素材を提供しているに過ぎない場合と，聴解指導のように指導の過程・方法

までを含んでいる場合とがある．前者は利用者に取り扱いが任されているが，後者は開発者の指導方針（ストラテジー）を音声提示の制御に反映させているので，開発側の考えを利用側が理解し，言語教師としてそれらの長短を見極めた上で利用することになる．

　音声による産出の指導として，学習者の音声の産出結果（発話）をメディアが適切に自動判定することへの期待がある．一つには，学習者の発音をコンピュータが正誤判断をして，評価するシステムである．発話に対する正誤判定をする人間の「許容度」に幅があるので，言語学的・教育学的に評価判定の基準を確立するのが難しく，第二言語学習者の個人差を考慮した信頼性の高い評価結果が十分に得られる品質にいたるまでには，言語教育的な観点から更に多くの議論が必要である．

（3）視覚的資料の扱い

　視聴覚教育で特に多くの議論がなされたことであるので，多くを述べる必要はないと思うが，絵画や動画のような視覚的な素材は，非言語的な要素を持つ資料として貴重である．日本語を使う人の表情・動作，その背景となる自然や建物など，音声や文字で表現できないことが含まれている．パソコンの提示機能が大きく拡大して，静止画も動画も学習者に示すことが可能となった．語彙の認知のために具象名詞の「絵カード」を使ったり，動詞の導入やボディーランゲージの説明にビデオを用いたり，様々な可能性が考えられる．マルチメディアとしてのパソコンの視覚資料の提示機能が言語の認知的な理解に果たす役割は大きい．

（4）解答支援とフィードバック

　学習者の解答後に，教師から反応を戻すフィードバック（または，結果の知識：Knowledge of Results，略してKRとも言われる）機能は学習を支援・促進する．CALL教材では，解答入力が正解であるかどうかを判定し，その結果を学習者にフィードバックすることが行われる．質問等に対する学習者解答の採点（テスト等）を行い，KRを与えつつ行うドリル的な指導に用いられることが多い．コンピュータで入力文字の正誤判断をする時には，一般的には，あらかじめ用意された「正解」と入力された「解答」を比較して，両者が一致すれば「正答」となり，一致しなければ「誤答」とされ

る．しかし，教師が採点すると，採点基準次第では「正答」とは言えないが，「誤答」と断言できない場合もある．表記方法の「ゆれ」や使用語の類語のため，正解が必ずしもひとつとは限らないことも言語学習には多く，正解の「許容の範囲」は，学習目的や「教育的配慮」などの教師の採点基準により異なる面を持っている．日本語では，促音の有無，長音の表記，拗音・直音や清音・濁音の違いなどは，誤字・誤表記の問題として，大切な指導事項である．これらに関する学習者の「誤り」を，正確な知識を厳格に要求して「完全な誤答」とするより，その間違いを指摘して正解に導くことが，より教育的でもある．

更に，文章中の誤りには，「単語の補充や削除が必要なもの，語順の入れ替えを要するもの」などがある．英語CALLでは，1文中の誤り指摘のような支援をすれば「ディクテーションや英作文の指導に有効」（志村ほか1998）であるが，日本語の場合は，形態素解析による文中の一語の判定が英語より困難である．また，入力文字の量が増えれば学習者の入力負担は英語の場合よりも格段に増える．そのため，どの程度の文字量を入力させるかは，英語CALLよりも慎重に検討しなければならない．

1．3 本節のまとめ

CAIにせよCALにせよ，「学習」を指導するのは教師であり，学習環境の整備や学習の到達度や効果について，指導者・教師の対応や取り組み方の工夫が求められることは同じである．区別をするとすれば，CAIは学習目標への到達を指向したシステムであり，効果測定のデザインが比較的容易であるのに対し，CALは学習者に学習内容の選択や進行を全て一任する学習であり，学習評価の仕方に工夫が要ることであろう．

本書では，外国語CAIとCALLをほぼ同義に用い，特に「CAI」を用いなければならない場合を除き，CAIをCALLに置き換えて議論する．

考慮するべき課題に対してどのような解決策を講じるかを検討するためには，日本語CALLシステムと教材を試作し，具体的な提案をしながら問題点の整理と深化を図る必要がある．

2節　日本語CALLの取り組み方

　ハードウェアとしては主にスタンドアローン (stand-alone) 方式とネットワーク (network) 方式に分けることができる．外見上は同じように見えるが，他のコンピュータと接続されているかいないかの違いにより，大きな違いが生じる．スタンドアローン方式とは，コンピュータ（多くの場合はパソコン）が単体として有する機能を使って教授・学習を行うものである．学習者用機器としてCAI専用機が使われることは少なくなり，CAI以外の用途に使うこともできる汎用のパソコンを使用するのが一般的となった．また，近年はインターネットの普及により，WWWホームページ上で外国語学習ができるようになった．手元のパソコンをインターネットに接続し，ホームページ閲覧ソフトによりCALL実践が可能となっている．ネットワーク方式は，通常LAN（地域内情報通信網：Local Area Network）として複数のコンピュータを相互に接続して使われる．親機とも言えるコンピュータ（サーバと呼ばれる）に複数の端末機のパソコン（クライアントと呼ばれる）が接続されて学習機器として使われる．

2．1　CALL導入の型

　Wyatt (1983) は，CALL教材開発法として，①汎用のプログラミング言語による方法，②教育用プログラミング言語による方法，③教材作成支援システムによる方法の3種をあげたが，いずれも専門的知識が必要である．この他，実践の立場も含め，コースウェアを中心とした開発・導入の取り組み方には，①「依存型」（外部に完全に依存する），②「専用型」（ハード・ソフトは外部に依存し，素材を教師が作成する），③「開発型」（ハード以外は教師が作成する），④「選択型」（汎用機を使い，コースウェアを外部から入手する），⑤「修正型」（入手したハード・ソフトに合わせてコースを教師が作成する），の5通りが考えられるとしたが，開発環境が改善され，⑥「自作型」（汎用機で教師がソフトとコースを作成する）も可能となった（表1）．

表1 導入の型

型	使用ハード	ソフト作成	コース作成	例
依存型	専用	専門家	外部	TICCIT
専用型	専用	専門家	教師	TELP 1号機
開発型	専用	教師	教師	PLATO
選択型	汎用	専門家	外部	市販等のソフト利用
修正型	汎用	専門家	教師	TELP-CAI IV
自作型	汎用	教師	教師	動詞活用

専用機にせよ汎用機にせよ,使用機器の変更はしないで,コースウェアをそれぞれの教育現場に合うように修正して利用することを,筆者は「修正型」と呼んでいる.教材を修正・作成する場合に,オーサリング(教材作成支援)システムを利用することもある.これは定型の用紙等に必要な項目を記入するのと同じ方法で教材内容をコンピュータに入力すれば,新しい教材が比較的簡単に作成できるものである.しかし,プログラムの変更をしないことを前提とすることになるので,画面の提示・表示方法や解答処理方法の変更はできない.Holmes (1983) の「template」型に相当する.プログラムを修正する場合は,基本的な設計の変更が必要となる.

2.2 学習様式

コンピュータ支援による学習様式の分類としていくつかが提案されている.例えば,木村ほか (1982) は,①フレーム固定型,②生成用,③自然言語処理型,④人工知能型,の4種に分類している.山本 (1983) は,①アドリブ型,②ゲームアンドシミュレーション型,③アドホックフレイム型,④知識ベース型,⑤質問応答型,の5種に分類している.Stolurow (1968) の分類が最も一般的な分類であるが,外国語CAIのパッケージ型から見た場合,問題解決様式 (Problem solving) を除く4種類に分類できる.

(1) 練習演習様式 (Drill and Practice)

ソフトウェアのタイプとして最も古く,また,量的に最も豊富である.作成者の立場から考えると,個人的に教材作成が容易にそして豊富にできるという利点がある.学習者の立場から見ると,単調で面白味に欠けるきらいがあるが,定着のための反復練習や診断・訓練に有効とされる.本研

究では，ドリル型と呼ぶ．
(2) 個別教授様式（Tutorial）
　文法的な解説や練習に多く見かける形式である．どんなシラバスでデザインするか，教材を量的にいかに確保するか，学習者にいかに最適な教材を提示するかなど，作成者側の思想・デザインが鍵である．一定の構造を持ちしかもその構造を支える教材内容を準備するには，チームによる取り組みが必要となる．本研究ではチュートリアル型と呼ぶ．
(3) シミュレーション・ゲーム様式（Simulation and Gaming）
　教室では実現が困難な状況を演示・説明するために，あるいは「教え込む」より「楽しく学ぶ」ために作成される．クロスワードパズルや「絵と単語合わせ」などが提案されている．「遊びながら学ぶ」という感覚で学習を進めることができるので，学習者は好意的な反応を示すことが多い．上の2様式に比べると，外国語CAIでは少ない様式である．本研究では，シミュレーション型と呼ぶ．
(4) 問い合わせ様式（Inquiry）
　情報検索的利用，いわゆるデータベースの利用である．文法項目の例文を求めたり，辞書を引くように単語の意味を探したりすることにより，学習活動を支援することができる．検索内容（データ）を豊富に持ち，検索方法も柔軟に対応できるシステムにするには膨大なエネルギーが必要である．電子辞書を利用することもあるが，小規模の「辞書」を自作し，上記の様式と組み合わせて利用する方法もあろう．本研究では，検索型と呼ぶ．

2．3　学習形態
(1) 一斉授業の中での利用
　教師の授業計画に合わせて教師が直接指導できることや，生徒同士が互いに学習しあうことができるのが利点である．日本ではこの形態が多い．従来の語学ラボラトリー（LL）とパソコンとを組み合わせて設置する例もある．CALL教材は学習者個人への即時フィードバックが可能である点が従来のLLと決定的に異なる．クラス内での個別学習では個人間の学習進度の調整が必要である．つまり，予定の教材を早く終了した学習者と，時間

内に終了できない学習者への配慮が不可欠となる．ハードウェアシステムによっては，教材の供給がCD-ROMなどのパッケージか，LAN方式による通信かにより，ソフトウェアの管理方法も異なってくる．1台のパソコンとディスプレイパネルを接続し，表示画面内容をスクリーンに提示し，動機づけや教材の導入段階だけに利用することもできる．

（2）個別学習としての利用

　教室での一斉指導の長所は多いが，教師が指導できる範囲や時間には限りがある．教室で指導できなかったことを教室外で生徒に補完させる必要が生じる場合も多い．また，教室では生徒個人のレベルに合わせた指導が困難であり，練習内容によっては生徒個人の必要性とは必ずしも一致しないこともある．このように，教室での教師の指導以外に，その指導と生徒の教室外での学習が相互に機能することが望ましい．一斉学習と個別学習が有機的に作用すれば，学習目標がより効率的に達成されよう．授業外での個別学習は，生徒がその興味と必要性に応じて教材を自主的に選択し，個別のニーズに合った学習を可能にする環境を提供することができることが最も大きな利点である．

2．4　本節のまとめ

　日本語CALLは，その分類・用語・取り組み方など，様々である．日本語教師として，教育環境や直面する学習者のニーズなど考慮するべき点が多く，それぞれの要素をいかに機能させて有効な日本語教育に結びつけるかが問われる．解決策は一つではなく，教師ごとに取り組み方が異なる．日本語CALLの利用は，複雑な諸要因の中で最適な接点を探ることから始まると考えられる．

　現在のパソコンの性能は，ハードウェアやソフトウェアの専門家でなくても，比較的に簡便に教材開発を可能とするまでになった．一方，高品質な教材を開発するには，専門的な技能や才能が求められることは時代を問わない．日本語教師としては，学習者に与える影響や使用目的及びその学習効果に目配りをするためにも，品質の見極めをする力量が求められている．

3節　マルチメディア日本語教材の現状

3．1　日本語CALLとマルチメディア

　言語教育の歴史の中で，文字を主体とした教育から音声を主体とした教育の重要性が認識され，音声教育機器が登場した．その後，動画（映像）の保存・再生機能を持つ視聴覚メディアも不可欠となった．近年は，CDやインターネットに代表されるように，デジタル技術の発達により，映像や音声を学習者とシステムの間で双方向的（インターアクティブ）に用いた学習が可能となるなど，ITの発達により言語教育にもメディア利用の変化が生じた．

　音声・文字・画像の3要素は，それぞれが単一のメディアである．それらがデジタルデータとして複合的・統合的に処理・管理され，「送」と「受」の双方向（interactive）性を有したものがマルチメディアであり，コンピュータが基盤として支えている．

　平成12年度に始まった特定領域研究（A）「高等教育改革に資するマルチメディアの高度利用に関する研究」（領域番号120：研究代表者　坂元昂）の中で，研究項目の1つに「外国語教育の高度化の研究」が設けられた．この報告書で，坂元（平成13年）は，近年の技術革新に対し「ソフトウェア・コンテンツ開発，活用研究が追いついていない」とし，「人文科学における教材開発，情報通信技術の効果的運用に関して研究知見を蓄積する計画」と述べた．仁科（2003）が，「マルチメディアに相応しい教材コンテンツを早急に作ることが日本語教育側の責務」であると指摘したように，e-Learningの核となるコンテンツの望ましい内容と方法について，日本語教育からの発信が求められていると言えよう．

　情報通信ネットワークの普及により，多数の日本語教材がホームページで利用できるようになった．映像や音声を学習者とシステムの間で双方向的（インターアクティブ）に用いた学習が可能となり，インターネットを利用して言語教育・学習を行う例も増えている．しかし水町ほか（2006b）での調査においては，大多数のサイトがテキストを基本とするホームページ

であり，マルチメディアとしての音声・映（動画）像・静止画に基づく高度な双方向性を有した日本語CALL教材の開発は未整備であると言わざるを得ない（図1を参照）．

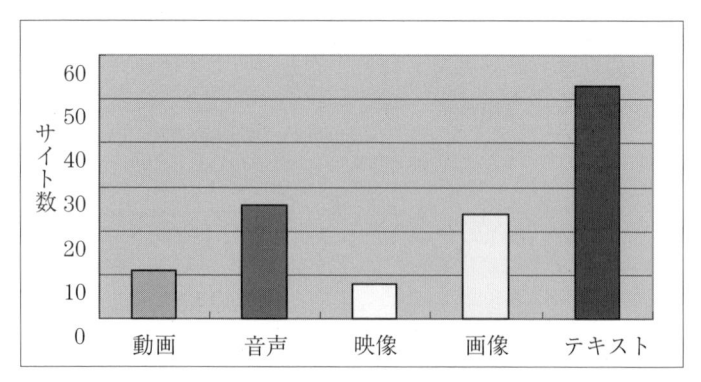

図1 メディア別の比較

3．2 マルチメディア日本語教材の検討

ネットワークで利用できるマルチメディア日本語教材のコンテンツとその利用のあり方を探るために行った調査結果から，日本語学習者が高く評価した項目を抽出し，学習者が持っている教材への印象・意見から，日本語のマルチメディア教材について検討する．

マルチメディア利用の日本語CALL教材についての調査（水町ほか 2006b）では，ネットワーク型日本語CALL教材として108サイトを収集し，一次評価の結果，①インタラクションを有し，②「テキスト＋音声付動画」，又は「テキスト＋音声」のメディアであり，更に③無料の学習サイトで，④Windows版のパソコン環境で使用可能なものと限定した．その結果，12のサイトが最終的な評価対象となった．このサイトを北神・井上（2000）の4因子を基本にして作成した日本語学習者用の評価用紙を用い，30人の韓国人日本語学習者に評価を依頼した結果，各サイトの評価は図2となった．12サイトの総平均値は3.2であった．

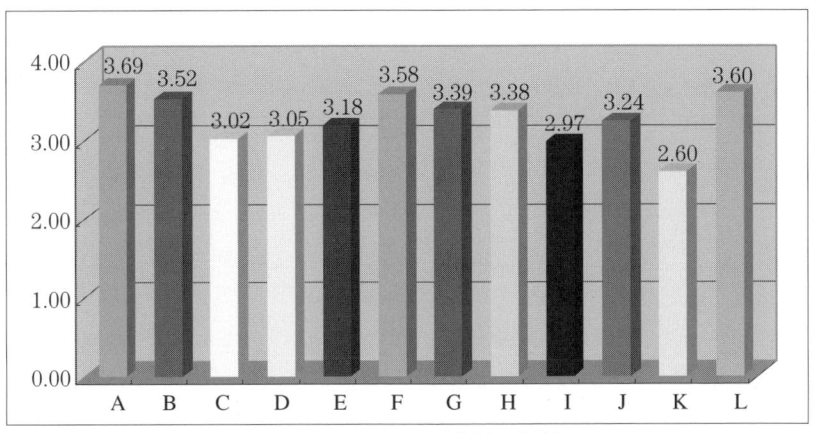

第2章 コンピュータ支援による日本語の学習

```
4.00 ┤ 3.69
          3.52                      3.58
3.00 ┤          3.02  3.05  3.18          3.39  3.38         3.24        3.60
                                                       2.97
                                                                  2.60
2.00 ┤

1.00 ┤

0.00 ┴  A    B    C    D    E    F    G    H    I    J    K    L
```

図2 12サイトの平均値の比較

このうち，因子ごとの平均値3.5以上を持つサイトは表2のとおりであった．これらは相対的に高い評価を持つサイトである．

表2 因子ごとの高評価サイト

因子	高評価サイト（平均値3.5以上）					
目的志向性	A	B	F	G	L	
興味誘発性	A	H	L			
教育課題性	A	B	L			
制御容易性	A	B	F	G	H	J	L

因子ごとの高評価サイトのうち，平均値4.0以上を持つ評価項目は，高評価項目と考えられる．それらは表3となった．これらの項目は「言語素材と構成」(表中*印) と支援方法 (表中**印) に大別できる．特に，平均値が最も高かった (3.7) サイトの項目の中で4.0以上の平均値が得られた項目は表4のとおりである．これらは特に評価を高めた項目と考えられる．

このような学習者の印象・意見が教材のどの部分に関連するかを具体的に検討する必要がある．しかし，被調査者の30名は，初級から超級までのレベルの学習者が混在しており，学習歴にも幅があるので，全体的な教材評価の参考にすることはできても，レベル別に見ると異なった結果となる

—41—

可能性がある（レベル別の詳細な検討は別稿に譲る）．

表3 高評価サイトにおける高評価項目

	目 的 志 向 性：Aグループ
A1*	内容構成にまとまりがある．
A2*	例文は役に立つ．
A3*	文化と言語の両方が学習できる．
A4*	学習内容は適切である．
A5*	学習しやすいような構成である．
A6	自分にいい影響を与える．
A7**	学習を中断しても，中断したところから学習が再開できる．
A8	無駄なものが多く含まれていない

	興 味 誘 発 性：Bグループ
	なし

	教 育 課 題 性：Cグループ
C1**	漢字の読み方が適切に示されている．
C2*	文字の表記法が適切である．
C3*	音声による学習ができる．
C4*	母語で読むことができる．

	制 御 容 易 性：Dグループ
D1**	選択ボタンの使い方が簡単である．
D2**	使いやすい．
D3*	音質は適切である．

表4 サイトAの特徴

	評 価 項 目
A2**	例文は役に立つ．
A3**	文化と言語の両方が学習できる．
A4**	学習内容が適切である．
C1	漢字の読み方がふりがなとして適切に示されている．
C4*	母語で読むことができる．

3．3 日本語学習者の教材への要望

　日本語学習者からの要望には「日本の文化」が含まれることが多く，「日本の文化」の学習内容についての検討が必要である．「日本の文化」と

は何であるのか，日本語教育ではそれをどのように取り扱ったらいいのか，という議論は長年続いている．ここでは，以下の調査から，特に，台湾の日本語学習者へのニーズ調査（林ほか 2005）に現れた学習者の関心度から考える．

「日本の文化・社会に関する情報」を一言で「日本の文化」として，20種類の資料を調査し，「日本の文化」の1146語を抽出し，異なり語数808を得た．2種類以上に使われた176語を，小分類34項目，中分類12項目，大分類6項目に整理した（表5）．大・中・小の3分類の具体例を表6に示した．

表5 大・中・小の分類ごとの項目数

大分類	中分類	小分類	異なり語数	2資料以上に重複する語数
着る	1	1	21	2
住む	2	4	65	18
食べる	1	8	77	25
楽しむ	4	13	175	70
その他	5	8	470	61
合計	13	34	808	176

表6 大・中・小分類の具体例

項目	数	小分類	中分類	大分類
座布団	2	家具	日本家屋	住む
布団	3	家具	日本家屋	住む
障子	2	家具	日本家屋	住む
のれん	2	家具	日本家屋	住む
こたつ	3	家具	日本家屋	住む
ふすま	2	家具	日本家屋	住む
畳	4	家具	日本家屋	住む
風呂場	2	家の構造	日本家屋	住む
床の間	2	家の構造	日本家屋	住む
銭湯	3	日本風の住宅	住宅事情	住む
日本家屋	2	日本風の住宅	住宅事情	住む
社宅	2	現代の住宅	住宅事情	住む
団地	2	現代の住宅	住宅事情	住む

小分類34項目について，台湾の日本語学習者420名に，関心が「かなりある」「普通」「あまりない」のどれに該当するかを調査（2004年10月）した結果，関心度の高い上位10項目は表7となった．

表7 関心の高い上位10項目

小分類項目名	かなりある(%)	「かなりある」と「普通」の合計(%)
外出	71	64
鍋料理	54	96
一品料理	54	90
年中行事	51	94
冠婚葬祭	51	84
セット料理	49	98
趣味	49	59
間食	46	90
服装	44	92
日本風の住宅	40	87

この結果から，学習者のニーズに応えることができるCALL教材の内容を具体的に考える必要がある．

3．4　本節のまとめ

　日本語CALLの言語素材の内容については，日本の文化をどのような視点で扱うべきかについて，教材観を確立する必要がある．伝統的な文化だけが「文化」ではなく，現在の日本・日本人・日本語のありのままの姿を伝えることも大切であろう．

　例えば，日本の「年中行事」を扱う教材は，日本の文化を扱うことになるので，この課題を避けることはできない．また，なぜ「年中行事」を扱うか，日本語学習者は「年中行事」にどの程度関心を持っているのかを検討する必要がある．この調査では，「年中行事」は上位にあり，日本語学習者はかなり高い関心を持っていると言える．

　日本の文化を内容とし，マルチメディアを利用した方法を有した日本語CALLの具体的な教材が求められていると受け止めることができよう．

4節　日本語CALLの課題

　CALL教材の品質を検討する際の教師の観点は，コースウェアが支援機能を持っているかどうか，つまり学習者にとって「できなかったこと」が「できるようになる」，「解らなかったこと」が「解るようになる」ように支援がされているかどうかであり，教師側からの十分な検討が必要である．コンピュータの多様化した提示機能は利用価値が高く，同じことの繰り返しや多人数の異なった入力に即時に反応（即時フィードバック）することなど，教師ができることの一部や人間が苦手な活動をメディアに任せることができ，教師機能の分散化と補完と言える．言い換えれば，教師の不得意な点がコンピュータは得意とする面があり，メディアが教師機能の補助または強化の手段となる．電子メディアの利用は，学習者にとって学習方法の選択幅が増えることが大きな利点となる．各メディアを任意に選択・組み合わせて，あるいは，各自の授業・指導システムの一部に位置づけて，具体的で適切な指導計画を立てることができるかどうかは教師の技量・資質に関わってくる．画像の見栄えや音声の品質に留意しつつも，学習に対する本質的な支援がどの程度なされ，学習者の学習動機や学習効果にどの程度影響を与えるかを教師が判断し，どの程度の熱意を持って教育実践に取り組むかが，CALL利用の成否を分けることになる．教育メディアは教師の補助であり，教師の代替品ではない．教師がやるべきことを明確にし，学習者にとって有益・有効な内容・方法を試行錯誤し，見識と知識と技能を自己モニターしながら行う教師にとって，仕事が増えることはあっても減ることはない．

4．1　言語教育研究に関わる課題
（1）第二言語（外国語）の体系の解明
　コンピュータによる自然言語処理には，文字処理，音声処理，形態素解析，構文解析，意味解析，文脈理解などが含まれる．コンピュータは，文字や音声の提示は容易となったが，解答入力内容を人間並みに判断するこ

とはできない．言語の体系や行為との関係の更なる解明が必要である．ICAI（Intelligent CAI）として研究されている部分もあるが，自然言語処理研究の成果を学習者の解答処理（特に誤答処理）に応用できれば，きめの細かいフィードバックが実現できると思われる．
（2）第二言語（外国語）習得過程の解明
　教室での授業は試行錯誤の中で教師個人の経験と力量に基づいて行われている．教授者と学習者のインターアクションや効果的な授業の成立過程を客観的に記述し，そこに共通する要因を抽出できれば，効果的な学習過程を組み込んだCALLシステムを構築することもできよう．つまり，学習者の第二言語（外国語）習得のメカニズムが解明され，指導法が整理されて，どんな内容を提示し，どんな入力解答のとき，どんなフィードバックをするのが有効かについての研究が深められる必要がある．
（3）指導効果の検証と指導理論の確立
　コースウェアが一応できたとしても，それを用いた指導の効果の検証が必要である．CALL利用の基盤となる指導理論が確立した上で，CALL実践に移行するのが正統的なアプローチであろうが，それだけが唯一の方法とは限らない．開発・実践の研究の中で，新しい指導理論が生まれることもある．普通授業との連携でCALLを実践することにより，お互いが補完的な役割を果たすようにデザインすることも有り得る．

4．2　コースウェア作成に関わる課題

（1）ハードウェア環境
　コンピュータによる文字処理技術は，ワープロに成果が現れているように，大きな進歩があった．多くの文字種類や文字飾りが表示できるうえ，手書き文字も判別することができる．日本語学習者に必要な文字の表示については日本語ワープロで解決することも多いが，日本語コースウェアの中で使用できる文字（例えばルビ）は簡単に扱えない部分が残っている．
　パソコンによる音声利用も容易になった．パソコンの音声再生機能により，ヒアリングの訓練などには十分利用できる．一方，学習者の音声をコンピュータが診断することを望む声も多い．モデルと学習者の音声の物理

特徴を表示することはできるが，比較の結果，学習者音声の適否を判断するのは人間に委ねられているのが現状である．例えば，モデル音声にどれくらい近ければいいのか，どの部分の異同が問題なのか，などは教師が指摘しなければならない．

　画面にグラフィックス・挿絵を表示することも簡単である．文字だけの画面よりも効果的でもあり，学習者も好意的に受け止める傾向がある．ただし，アニメーション的に「動く」ものは，コースウェアに組み込むための技術が必要である．

　音声と映像を取り入れたCALLは，マルチメディアあるいはハイパーメディアとして近年注目を集めている．提示機能としては優れているので，CALLの一部として重要性が増すと思われる．即ち，現実場面に最も近い形で学習者に状況を提示できるので，導入や定着段階で果たす役割は大きい．コースウェアの一部として利用するには，音声の再生機能と共に，映像作成・編集が安価にしかも手軽にできるようになり，例えばCD書き込みやビデオのデジタル編集が容易となった現在，教師の見識と技能が求められている．

(2) 最新のハードウェア・ソフトウェアへの対応

　後述する「日本語動詞活用練習プログラム」は，N88-日本語BASICで作成したものを，Windows版のVisual Basicに移植したものである．「動詞の勉強」も同様に大幅に修正しながらVisual Basicで作成したものである．また「日本語動詞絵カード」はネットワークへの対応を目的としたものであり，素材の絵カード作成以外にHTMLを習得する必要がある．近年のハードウェアもソフトウェアも急激に環境が変化している．学習の道具としてコンピュータを利用するのに，その道具の習得に多くの時間を取らざるを得ない．

(3) 良質な素材，多様な教材，教材の量的確保

　素材として文字・画像・音声を作成するには，日本語教育・学習の観点からの教材研究の他，画像や音声の仕上がりの品質もコースウェアの評価を左右する．特に画像や映像は経験や才能が求められる．しかも学習者の増加に伴って，学習目的や母語などの多様化が生じ，コースウェアの多様

化も必要となる．更に，もしカリキュラムの一部としてCALLを位置づけると，1週間に1時間の授業を半年実施するにも10数レッスン分の教材を準備しなければならない．
(4) 開発・制作上の問題

　文字情報の検討は言語教師が専門的な観点から詰めることはできるが，素人の描画技術やデザイン能力で完成度の高いコースウェアを作成するのは容易でない．筆者の授業の受講生と「CALLの研究」として素材を作成したものもあるが，授業という枠の中で作ることには限界があるし，品質の高い作品として仕上げるまでには到らないのが現状である．

　放送された番組や既存の素材は品質がよく，教授方法や素材としての文字教材に焦点を絞ってコースウェアに取り組んで教材化したいものもあるが，著作権の壁がある．許諾を得るのに高額な費用が必要であるし，許諾そのものを得ることすら難しい場合も多い．

4．3　人材と支援体制などに関わる課題

(1) CALL管理運営体制への支援

　従来の教育体制の中でどのようにCALLを実践するかはそれぞれ異なっている．ハードウェア購入・更新，ソフトウェアの購入やバージョンアップ，コースウェアの開発，教材の追加・改訂などの費用，システム維持管理要員の配置など，維持経費を含めた予算の裏付けが必要である．施設設備を導入すれば，現員だけで運営することは非常に困難であること，維持管理のための経済的・人的支援態勢が必須であること，などを設置者や同僚が理解し，支援することも重要である．

(2) 情報交換・人材の育成

　市販のコースウェアや，授業の中でそれぞれのコースウェアをどのように使っているか，どんな学習者に効果的であるかなどの情報の交換や，研究を行う必要がある．また，メディアやコンピュータについての技術の習得や，日本語CALL観や利用の長短の議論など，日本語教師や日本語教師志望学生の資質を高める方法なども検討されるべきであろう．

(3) 継続的な実践・開発研究

一度作ったコースウェアは，教育実践のなかで手直し・改訂作業が伴うのが普通である．一定の人数や時間の経過などに基づいた検証と共に，試作・試行・改訂をある程度長期間に渡って開発を進める必要がある．
　コースウェア開発に関しては，最新のハードウェアやソフトウェアへの対応をしつつ，言語教育の成果を反映した良質な素材・教材が提供され，同時に多様な教材を量的に確保されることが望まれている．カリキュラムの一環として位置づけられて定着するまでには，試行錯誤がまだ続くと思われるが，多様な利用法があり得ることが広く理解されることが望まれる．つまり，CALLは個別的な学習の可能性を持つことが強調されすぎるあまり，教師によるメディア利用の注意点や継続的な学習動機の維持など，教師にしかできない部分との連携の大切さを見落としてはいけない．教師とメディアの役割分担や教師のやるべきことの特化など，全体的な関連性を見極めつつ，力量・見識・努力など日本語教師の「能力」向上のための自己研鑽と試行錯誤の中に当該教師のそれぞれの「道」を求め続けることになる．それだけではなく，教材やシステムの開発や実践・運用には，専門家や管理者の支援など，人的・資金的・技術的支援が不可欠であることも訴え続けなければいけない．そのためには，教師は孤立することなく，置かれた環境の中で協力体制を模索することも留意点となる．

4．4　本節のまとめ

　個人的な研究開発により，多様なコースウェアの開発が望まれる一方，上述した限界を切り開くには，共同研究の道を模索するべきである．
　言語教育に関しては，第二言語（外国語）の体系の研究が更に進み，第二言語（外国語）習得過程がより明確になり，それらをプログラムやコースとして具体化し，指導効果の検証・議論を重ねつつ指導理論を体系化しなければならない．個別的な指導理論がCALLシステムとして統合的に扱える面もある．理論的な背景を持ったCALLであることが望ましいが，一方CALLからの具体的な指導法上の提案が新たな理論となる可能性もあり，指導法についても，上記で述べた柔軟さが求められよう．

5節　本章のまとめ

　本章では，学習者と教師の視点から，主にコンピュータ支援による学習・教育の長所・短所に関する筆者の見解を述べると共に，その可能性と課題を整理した．

　コンピュータは人間の命令を実行する道具とすれば，何をどのように行うかを命令することができれば「なんでも」実現できることになる．しかし，現実には，コンピュータにできることには限度がある．人間が客観的に記述することができないことは，コンピュータに命令することができない．日本語CALLも限度と制約の中で取り組まざるを得ないが，その範囲は確実に拡大している．

　現代のキーワードは「多様化」である．学習者の目的・ニーズ・学習方法・教育内容，環境などの多様化が進む中で，新たな展開も予想される．目新しいメディアの利用が学習者・教師にとってどの様な長短があるかなど，コンピュータ利用に対する教師の姿勢が，学習者への適切な指導の基本となる．本章の内容が，日本語学習者が置かれている複雑・多様な環境の中で，情報メディアによる教育・学習についての教師の適切な判断資料となり，日本語教師としての具体的な教育改善行動に結びつくことができれば幸いである．

　CALL教材に対する期待が大きくなればなるほど，期待した通りの結果が得られない時の失望感も大きい．過大な期待や頭ごなしの否定論から得られるものは少ない．教師には適正な知識と判断力が求められる．CALL教材も，他の教材と同様に，習得目標に相応しい教材に限っているのであり，全ての人のあらゆる要望をかなえた内容と方法を盛り込むことはできない．その意味では，全ての学習者・全ての教師が満足する教材はありえない．学習者の取り組み方，教師のとりあげ方及び指導の仕方により教材が生きるかどうかが左右されることも念頭に置かなければならない．

　次章以降で，コンピュータが持つ文字・音声・画像の提示機能を生かした学習や教育を基本として何ができるか，学習者の文字・音声の入力機能

を生かした学習・教育は学習者と教師の間の接点はどこにあるのか，システム開発側の工夫・配慮には何が求められるかを中心として具体的な日本語CALLシステムを提案し，改善策を探る．

第3章

文字情報の提示機能を用いた言語学習の支援

―― 英語CALLからの示唆と検索機能を用いた日本語CALL ――

　コンピュータが登場した初期には英語のアルファベットと記号と数字しか扱えなかったものが，今では世界の多くの言語の文字がコンピュータで扱えるようになった．日本語の文字も入・出力できるようになってからすでに久しい．特に日本語ワープロの普及と共に，パソコンを使った日本語の教育・学習への関心も深まり，また，そのコースウェア作成も比較的に容易になった．

　コンピュータで「教える」ことに取り組む場合，通常の教室活動や教科書での学習の一部を再現することを多くの人がまず考える．ドリルモードで反復訓練を行うことや，チュートリアルモードで学習内容を「教える」ことを，いかにコンピュータ上で行うかが第1の課題となる．後述するように，これはコンピュータが持つ機能の一部を使うだけに過ぎず，決してコンピュータを十分に活用しているとは言えないが，情報伝達機能をコンピュータによる学習に活用するためには，基本的に情報の提示機能を使うことは当然である．特に言語教育の場合は，文字使用は基本であるので，様々な提示内容が考えられる．

　本章では，筆者が携わった英語CALLシステムの教材の中から情報提示機能の利用を再考察すると共に，日本語CALLの学習支援の視点から，コンピュータで日本語の文字を提示する方法と意義を検討する．

1節　英語CALLの開発・実践からの示唆

　1977年から10数年間，筆者らは英語教育の改善を目指して，東海大学（東京）短期大学部において，コンピュータを使った英語学習機（システム，Tokai English Language Program，略称TELP）の開発と実践に取り組んだ．英語教員と技術職員及び開発業者がプロジェクトを組み，専用機の開発から始まり，汎用機パソコンの導入へと仕様変更をする中で，英語教材の文字素材と音声素材の作成と改訂，及びコンピュータのハードウェアの更新とプログラミングの改訂を繰り返しつつ，カリキュラムの一部に位置づけられた英語クラスでの実践を重ねた．最終的には，印刷物と共に3種類の教材がCD-ROMとして整備された．

　本節では，「構文編」（Structure Drill）の概要を記し，志村ほか（1998）の研究成果の要点を述べ，同研究から日本語CALLに適用できる内容と方法を検討する．

1．1　コースウェアの概要

　コースウェアには，予め作成しておいた言語素材を画面提示し，学習者の入力を正誤判断し，学習者の入力内容を自動的に保存し，ボタン操作に応じて情報を提示するという基本的な流れを持たせた．
（1）ドリルモードでの学習

　1レッスンは20問であるが，全問に共通する基本的な情報は，①教材名（コースの種類，レッスン名），②出題問題提示（教示文，問題文，解答入力欄），③ボタン（「戻る」「リッスン」「ヒント」「文法」「チェック」「成績グラフ」「成績詳細」「進む」「中断」），④解答入力（文字入力を促すカーソル点滅），⑤KR（正解メッセージ，誤答メッセージ，誤字検出結果），⑥学習進行状況（解答終了番号（表示番号の色は，得点に基づき異なる）である．図1は，「分詞構文」のレッスンを例として，基本画面で2つのヒント提示のあと解答入力を判定した画面例である．

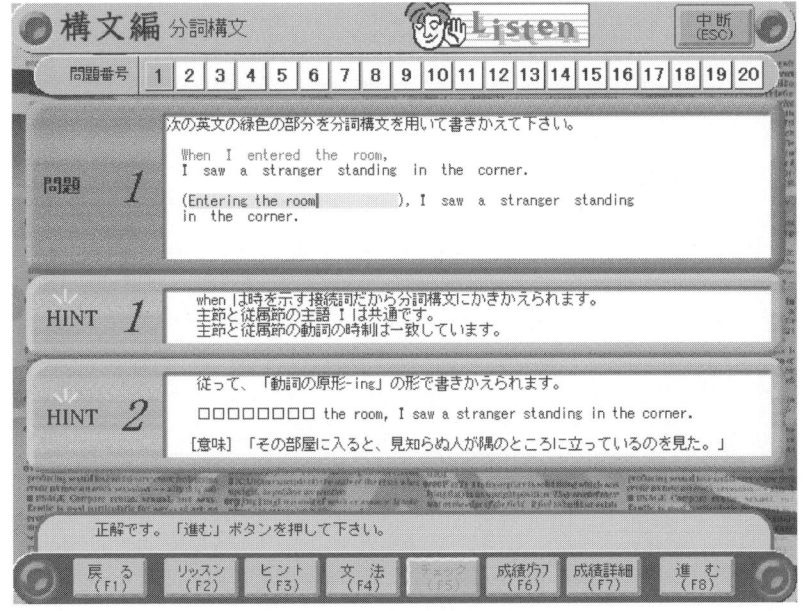

第3章　文字情報の提示機能を用いた言語学習の支援

図1　基本的な学習画面の例

　ドリルモードとしての機能には，問題の出題提示，解答入力，入力後に「チェック」ボタンによる正誤判定があり，正解が得られるまで学習者は入力を繰り返す．また，文法の説明の後に練習問題を，また，20問の問題を終了した後に強化学習として新たな課題を出題したが，これらの利用・解答は学習者の選択に一任した．

（2）チュートリアルモードの画面

　全22レッスンに共通するのは，構文シラバスに基づくドリルとしての英語文法の練習であるが，学習者は必要な文法事項や語彙を習得しているとは限らないので，数種類の英語文法に関する情報を学習者の操作により任意に提示できるように，チュートリアルモードとして学習の支援を行った．「ルール」の画面例を図2に，「解説」の画面例を図3に示した．

—55—

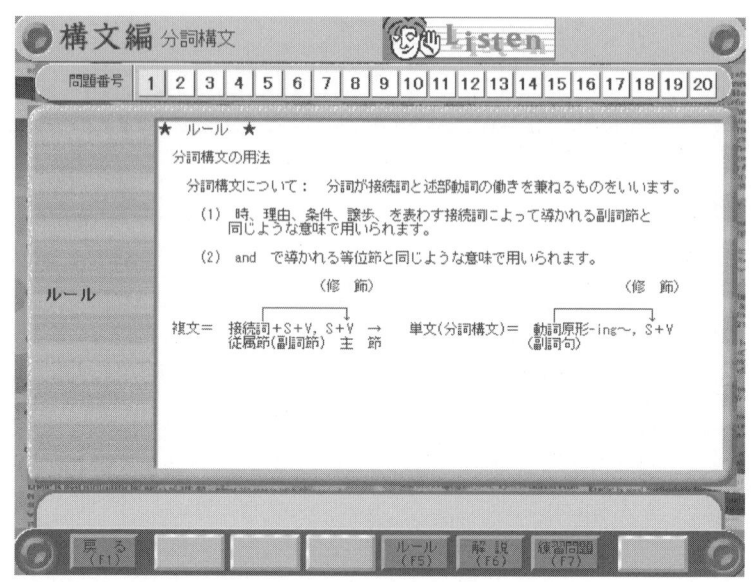

図2 「ルール」ボタンの表示内容の例

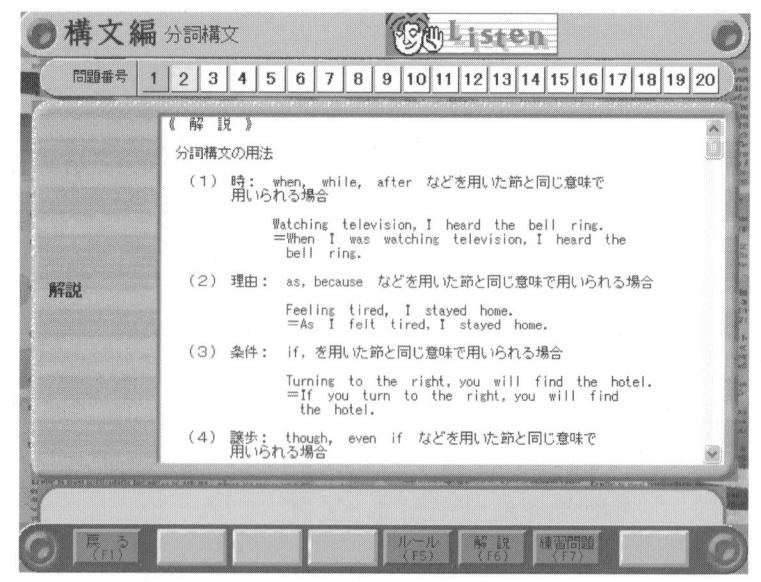

図3 「解説」ボタンの表示内容の例

解答中に,「文法」ボタンがクリックされると,新たに「ルール」(図2),「解説」(図3),「練習問題」のボタンが表示される.これは学習者が一般的な文法知識に関する事項を知りたい時に任意に参照(refer)できる機能であり,簡潔な説明を提示した.なお,レッスンの学習開始の画面では,「学習のポイント」を表示(図4)した.

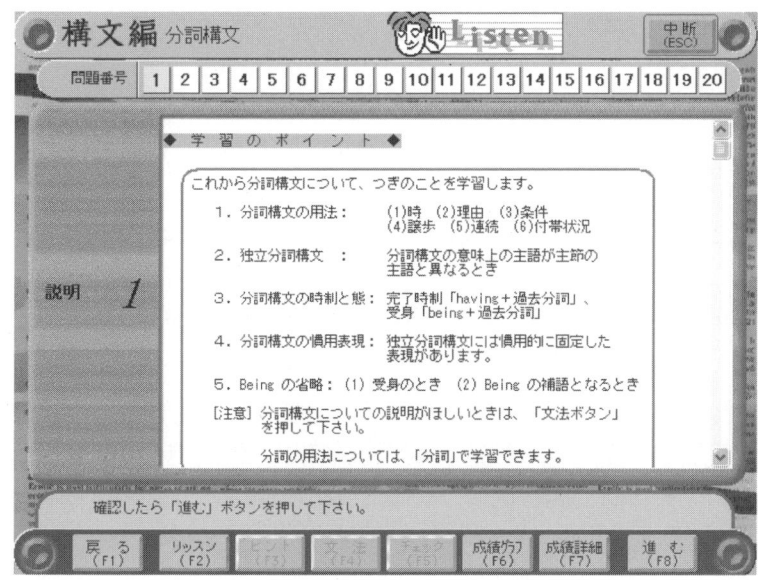

図4 「学習のポイント」の表示例

1.2 学習支援

出題問題に解答するドリル形式では,学習者が目標となる言語知識を習得するために,知識に関わる内容を「文字」により画面に提示して「間接的」「直接的」に支援した.出題問題の正解に直結するまたは特定できる具体的な情報を「直接的」とした.正解に直結しないが,学習者の知識不足を補うなど「参考書」的な一般的知識を得るための情報を「間接的」支援として考えた.その主な内容は以下のように整理することができる.
(1) 直接的な学習支援

①「ヒント」ボタンにより，正解が持つ文法事項，正解語の文字数，正解語つづりの一部，語彙の意味，問題文の翻訳，条件つき正解を表示した．
②解答入力後の正誤判定では，文内の語順と語内のつづりに対して誤答検出を行い，誤りの種類に応じた修正のメッセージをフィードバックした．
③問題の英語音声を何度でも繰り返し聞くことができるように「Listen」ボタンを設けた．
④正解後に，全文の英語の正解音声を文字と共に提示した．
（2）間接的な学習支援
①「学習のポイント」（図4）以外に，レファレンスとして「文法」ボタンの中で，「ルール」（図2）により文法規則を，「解説」（図3）により具体的な説明と例示をした．
②学習動機の継続や意欲の促進を意図して，学習の結果や進行状況を保存し，自動的にあるは要望に応じて画面に表示した．具体的には，レッスン20問の得点結果を基本画面で常時表示したほか，学習履歴をボタン操作により表やグラフ（図5）を表示した．

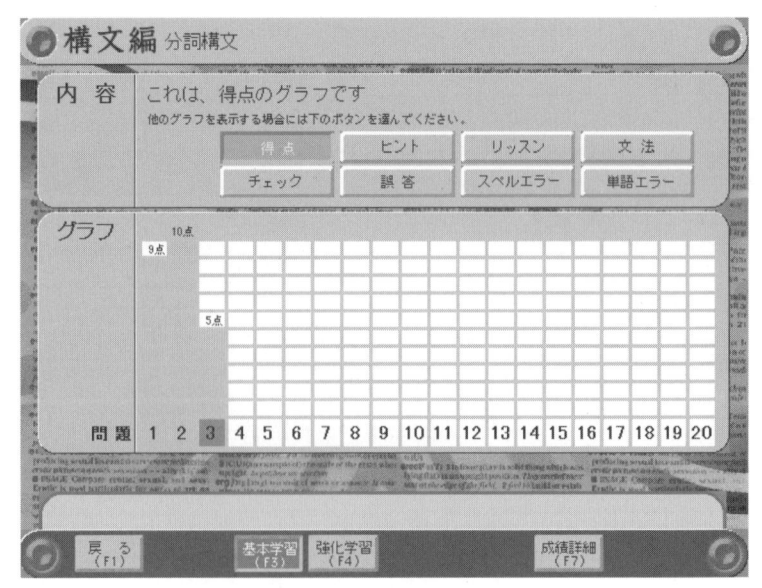

図5　学習履歴の表示例

1.3 学習の効果

CELT（Comprehensive English Language Test）を用い，実験群（44名）と統制群（40名）に，プリ（事前）テストを行って両群が等質であることを確認し，40時間の学習の後にポスト（事後）テストを行い，両群の英語学力の差異を測定した．その結果（表1），成績の向上が見られ「CAIによる英語教育法が平均点の増加という教育効果を示唆していると解釈できよう」と総括し，学習機と授業実践の成果の評価を下した．

表1　両群の成績の向上

	統制群	実験群
Listening（聴解力）	1.4（10.37）	4.5（7.21）
Structure（構文力）	1.3（7.71）	3.6（10.06）

注：事前・事後テストの得点の差（標準偏差）

1.4 受講生の評価

このプロジェクトでは，第1次から第4次までの学習機（システム）の改善をしながらクラス授業を実践してきた，第2・3・4次システムについて1986年（131名），1989年（397名），1991年（295名）に調査を行い，学習者の印象評定の推移や学習効果などの結果をまとめた（志村ほか 1998）．学習機の機能に関する評定（5段階）結果と「学習機による学習は役に立つか」の質問への回答結果をまとめると表2になる．

表2　学習者の印象評定の推移

	①学習機 役に立つ	②優れている点18項目					③改善するべき点15項目				
		5	4	3	2	1	5	4	3	2	1
第2次	41	16.1	29.8	38.3	11.4	4.4	12.2	17.1	35.4	20.7	14.6
第3次	68	29.8	33.4	28.8	6.1	1.9	5.9	11.1	9.8	26.3	26.8
第4次	77	35.1	35.6	24.8	3.4	1.0	3.3	9.3	26.1	29.7	31.5

数字は%

システムが改善されるにつれて，「役に立つ」と考える学習者も増えた．同時に，「優れている点」が増え，「改善するべき点」は減少し，学習者の意見は次第に高い評価へと推移した．高い評価を得た上位の質問項目は，

回答内容に関する学習支援であったことが分かった（表3）.

表3　高評価の質問項目と評定値

質問項目	評定平均値
ヒント表示が学習に役立つ	4.50
レファレンス機能が学習に役立つ	4.41
誤答検索機能が学習に役立つ	4.30
カラー画面で，効果的な表示	4.23
個別に自分のペースで学習できる	4.19

1．5　本節のまとめ

　CALL用の英語教材を作成し，そのための学習システムを開発し，コンピュータの進歩にあわせてシステムと教材の改良・改定を行いつつ，英語クラスを通して学習者の視点からシステム評価を行った．これらの成果を開発・実践研究に一部関わった者として現時点で整理し，日本語CALLの方向性の示唆を得た．それらは以下の通りであるが，次節以降で述べる本書全体の日本語の教育・学習に関わる開発研究は，この経験と評価が基本となっている．

（1）学習支援

　学習支援は直接的・間接的にかかわらず，学習者は高い関心をもって評価している（表3）ことは，学習支援への要望を強く持っていると考えるべきであろう．従って，ヒント提示，誤答検出，文化的・言語的情報の提供に関わる学習支援のあり方が日本語CALLにおいても重要な課題となる．

（2）マルチメディア

　開発当初の技術的な環境やパソコンの制能の限界が，教材の内容に制約を与えた面がある．音声と文字を用いたものの，視覚的な学習支援が不十分であるとの指摘もあろう．日本語CALLに文字・音声・映像を有機的に活用できる教材，即ちマルチメディア日本語教材を探る必要があろう．

（3）学習履歴

　コンピュータが持つ情報提示機能のほか，学習者の入力判定プログラムや学習者の学習データ（学習履歴）の保存・整理を工夫し，個別学習として取り組む学習者へのより詳細な支援のあり方が課題となる．

（4）理論的な裏づけ

　英語CALLシステムは，教師の経験を出発点として具体化した教材であった．結果的に，学習者に役に立つ学習機と教材を提供・実践できたと評価できるが，日本語CALLに取り組む場合には，言語教育の理論的な背景や他分野の成果を組み込んだ新たな発想によるシステムや教材の開発が必要であろう．

2節　「IPAL動詞」を用いた日本語検索・表示機能の利用

　日本語CALLは英語CALLに比べ歴史は新しい．しかも，パソコンのハードウェアやソフトウェアは，変化の速さがめまぐるしく，また種類も多い．本節では，パソコンを利用した日本語CALLの議論のはじめとして，コンピュータによる文字の扱い，特に文字の検索と表示機能に着目した利用について述べる．データとして蓄積されたシステムであるデータベースの利用を基本として，日本語学習の実践的・開発研究として取り組んだ成果の議論である．

　マルチメディアの日本語CALLに関しては，文字・音声・映像をそれぞれの章で取り上げるが，本節では特に情報提示機能のうち日本語文字の検索・表示について検討する．

2．1　利用したデータベース

　パソコンを使った日本語学習の議論には，学習者の日本語の入力作業を求めることが含意されることが多いが，その場合，入力作業に必要な知識・技能が学習者に必要であり，日本語学習以外に学習者の能力を要求することになりかねない．学習者の入力作業に関わる課題は，別章で議論することとし，本節では，パソコンに文字入力をしないで日本語を学習する方法を模索した．

　情報処理振興事業協会（Information-technology Promotion Agency, Japan）が発行した計算機用日本語辞書（Lexicon of the Japanese Language for computers）はIPAL（Basic Verbs）（以下，IPAL動詞と略す）と呼ばれ，印刷物と

して出版された『辞書編』『解説編』以外に，電子化されてフロッピーディスク版として頒布された「辞書」がある．その文字データを言語素材として，日本語教育に応用する方法を検討した．プログラム作成はHyperCardに付属している専用のHyperTalkによりプログラミングし，コースウェアの試行調査を行った．

2.2 利用の意義

橋本（1993）は，コンピュータに日本語を処理させる場合には，人間が通常持っている語彙のコロケーションの知識，語彙の意味素性，ある動詞がどのように格助詞を支配するかといった様々な情報を知識としてデータベース化して蓄積しておく必要があると述べている．更に，「これまでに市販されている国語辞典には様々な記述上の改良がみられるものの，この種の情報が必要最低限のレベルまで明示的に納められているとは言えないのが現状」であると述べ，そのような辞書の必要性があることを指摘している．言語学や国語学の分野の研究者との共同研究によって開発されたIPAL動詞は，このような従来の国語辞典の持つ問題点を克服できる可能性を持っている．

IPAL動詞の1つの見出し語に関する記述例を，「愛する」を例として図6に示した．

```
    "あいする        ","００１","００１","００２","重要動詞３１１","誰かや何
かに対して，とても好きだという気持ちを持つ．","思う","愛おしむ，恋する","嫌う","
対人感情","2．302","愛，恋愛","481ａ，482","動作（動き），生理/心理","愛
（あい）する","サ変","ａｉｓ","あいす","他","あいせる","あいさす","","あい","","","","","Ｎ
１ガ　Ｎ２ヲ","彼は　妻と子を　愛している．","","","","Ｏ２ａ，Ａ","ガ","ＨＵＭ","彼",
"ヲ","ＨＵＭ／ＡＮＩ／ＯＲＧ","，妻，子，主人／犬／家族，日本，会社
","","","","","","","","","","ニ使役","直受，間受，尊敬","ヲ","ニ","","","能動","未来","進行","テ
イク，テクル，テシマウ，カケル，ハジメル，ダス，ツヅケル","命令","意志/勧誘","
タイ/タガル，ナサイ，ナ（禁止）","3ａ","マス，ナイ","","",""
```

図6　IPAL動詞の記述例（「愛する」の例）

一つの見出しに対して，65の項目が記述されている（分類や記述の方法やデータベース構造などの詳細は『解説編』を参照のこと）．それらの項目は

—62—

引用符によってくくられ，項目の区切りはカンマで表されている．該当項目がない場合は引用符内の記述はない．この辞書は計算機用に記述されているので，学習者がこれだけをみてもどの項目が何を表しているのはわからない．しかし，項目の検索や表示方法の工夫により学習者に有益な情報を提示できると考えられる．

　本研究では日本語教育学的観点から，この電子データをどのようにしたらCALLシステム上で日本語学習者が利用できるかを検討し，その応用例としてIPAL動詞のデータを検索し，検索結果を表示するシステムをデザインした．

2．3　「IPAL動詞」を採用した理由

　読解中の電子辞書による語彙検索は，読解のプロセスへの影響が一般の紙の辞書による語彙検索よりも少ないという結果（古賀・水町 1995）から，その有用性をCALLシステムの中で生かすことができるかどうかを課題とした．日本語教育のCALLシステムに利用することを前提として，電子辞書の中からIPAL動詞の利用を選択した理由は以下の4点である．

（1）言語学的あるいは日本語学的観点から記述された項目が多く，日本語教育に応用できる可能性が高い．

　IPALはコンピュータで日本語を処理するときに必要だと考えられる項目が記述されている．このように言語学的・日本語学的な根拠に基づき，一つ一つの動詞に関して，表記，形態，意味，構文，テンス・アスペクト，ヴォイス，ムードなど包括的な情報を記載し，電子版の国語辞書として利用できる．これらの情報には外国人日本語学習者が言語習得の過程で必要とする項目が含まれていると考えられる．

（2）辞書利用システムを構築すれば，日本語学習の価値のある資源として活用できる．

　IPAL動詞はパソコンで判読可能な形態で配布されているので，これを利用した辞書検索のシステムを構築することは比較的容易である．

（3）学習者のレベルやニーズによって，必要となる項目を簡単に取り出すことができる．

記述項目が選択表示できるが、実際の教育現場での使用を念頭に置いた場合、学習者に合わせて内容を精選することが望ましい．IPAL動詞の65の項目は、CSV形式（各記述項目がカンマで区切られている）のテキストファイルであるので、学習者のレベルやニーズによって、必要な項目だけを簡単に取り出すことができる簡易な下位システムを構築することが可能である．

（4）記述内容を利用目的に応じて変更することができる．

最近ではCD-ROMドライブが普及し、CD-ROMによる国語辞典も出版されている．日本語学習者の利用を念頭に置いた場合、IPAL動詞もその他の電子辞書も、項目名などを変更しなければ利用できないものも含まれている．CD-ROMというメディアは小型・軽量で大容量という利点があるが、内容を変更すれば著作権の問題が生じる．しかし、IPAL動詞は研究段階では柔軟に改変できることが許されている．また、学習者用の辞書として内容が確定すれば、実際の利用に当たっては同協会と協議する余地が残されている．

2．4　日本語教師への調査

（1）調査用紙

IPAL動詞でとりあげられている辞書項目が、日本語教育に応用できるかどうかを、日本語教師経験者15名に対し調査した．内訳は、男性2名、女性13名、日本語教育経験は平均1年2か月であった．65項目のうち、重複する項目は削除（例えば、格形式は最大5種類まで記述が可能となっているが、調査項目は2種類）して、合計52項目について調査した．調査用紙には、各項目の名称と共に具体例を1例あげ、「利用できる」「利用できない」「変更すれば利用できる」のうちの1つを選択してもらった．「変更すれば利用できる」ものには、変更内容の記述をしてもらった．

（2）調査結果

「利用できる」「変更すれば利用できる」と回答した者の割合が80％以上の項目を利用可能項目とした結果（表4）、32項目（表中の太字の項目番号、具体的な項目名は下記2．5を参照のこと）が利用できるものとなった．

第3章 文字情報の提示機能を用いた言語学習の支援

「変更すれば利用できる」欄の記述は，項目の名称に関する変更案より，項目の具体例に対する変更案や意見が多かった．また，それらのうち，具体的な変更案として記述されたものは，日本語CALLでの表示内容を検討する際に活かすこととした．

表4 項目の利用に関する教師調査

項目番号	(1)	(2)	(3)	項目番号	(1)	(2)	(3)
1	73	0	27	27	53	27	20
2	40	47	13	28	80	20	0
3	67	13	20	29	73	27	0
4	53	27	20	30	73	7	20
5	47	40	13	31	87	7	7
6	67	13	20	32	47	33	20
7	53	27	20	33	47	33	20
8	87	7	7	34	67	7	27
9	67	7	27	35	67	7	27
10	47	27	27	36	73	13	13
11	33	60	7	37	80	20	0
12	67	20	13	38	7	80	13
13	40	53	7	39	67	13	20
14	53	33	13	40	80	7	13
15	87	13	0	41	80	13	7
16	73	7	20	42	67	20	13
17	67	27	7	43	67	20	13
18	53	27	20	44	67	20	13
19	100	0	0	45	67	20	13
20	60	7	23	46	80	20	0
21	27	27	47	47	80	7	7
22	87	13	0	48	67	27	7
23	67	7	27	49	87	7	7
24	80	0	20	50	87	7	7
25	20	73	7	51	53	27	20
26	53	33	13	52	73	7	20

注：(1)このまま利用できる (2)このままで利用できない (3)変更すれば利用できる

―65―

2.5 日本語CALLへの応用
2.5.1 調査結果の利用

　記載項目一覧（『解説編』，p.2）を参考にして，上記32項目を25項目に整理し，表示対象項目とした．そのうち，4項目（ひらがな表記，漢字表記，自他動詞の区別，例文）を必須表示項目とし，その他の21項目は学習者の任意表示項目とした．

　また，原データを全く変更しないで表示する項目は18項目，字句を変更して表示する項目は3項目とした．3項目の変更内容は次の通りである．
（1）活用型の名称

　動詞の活用型の名称を，日本語教育で用いられている名称に変更した．即ち，「5段」を「強変化」，「1段」を「弱変化」，「さ変・か変」を「不規則」とした．
（2）意味素性の素性名

　意味素性は英文字で略号が示されているので，それらを日本語の名称に変換した．名称は『解説編』（p.30）の素性名を参考にした．
（3）文型と意味素性

　文型（動詞がとる格形式のパターン）の名詞句の部分に意味素性（日本語名称に変換したもの）を加え，「文型に表れる名詞句の意味素性」として表示するように変更した．

2.5.2 該当動詞の検索

　学習者が検索する作業には，画面上の日本語文のうち，任意の部分を学習者がマウス操作によりハイライトさせることにより検索語を指定する方法を採った．検索を効率的に行うための工夫を下記のように施した．
（1）ファイルの分割

　本辞書には基本的な和語動詞861語に関する情報がフロッピーディスク4枚に記録してある．この4つのファイルを一旦一つのファイルに集約した後に，五十音別に小さなファイルに分割した．これにより高速な検索ができ，検索時間を短くして学習効率をあげることができる．ファイルの分割化により辞書のメンテナンスが容易にでき，開発側にも利点がある．

(2) インデックスファイルの作成

　テキスト中の動詞は表記や活用などの点で様々な形態で現れる．それらに対応するために，複数のインデックスファイルを作成し，学習者がスムーズにIPAL動詞を検索することを可能とした．本研究では，漢字で表記されている動詞の検索のために「漢字によるインデックス」と，ひらがな表記動詞のための「語幹ローマ字表記によるインデックス」の2種類を作成した．これら2つのインデックスファイルは，以下に述べる辞書形・活用形や同音異義語の処理に有効である．

(3) 辞書形と活用形の扱い

　本システムでは，活用形から適切な辞書形を引き出すために，指定された動詞が漢字で表記されている場合は，語頭の該当漢字を持つ動詞のリストを示した．また，ひらがなで表記されている場合には，指定されたひらがなをシステム内でローマ字表記に変換し，語幹ローマ字表記の項目を参照して，それを含む動詞のリストを示すこととした．こうすることによって適切な動詞の部分を選択できなかった場合も，語頭の文字さえ一致していれば，かなりの確率で目的とする動詞の検索ができると考えられる．

(4) 同音異義語の扱い

　日本語文章中にひらがなで表記されている動詞もあり，同音異義語の問題が生じる．例えば，「しめる」という動詞は，締める・閉める・湿る・占めるなど，複数の意味を持っている（図7）．

ローマ字に変換		表示例		
しめる→<u>sime</u>-ru	→	しめる	占める	1.1
		しめる	占める	1.2
		しめる	占める	1.3
		しめる	閉める	2.1
		しめる	閉める	2.2
		しめる	閉める	2.3
		しめる	締める	3.1
		しめる	締める	3.1

図7　同音異義語の表示例

2．5．3　学習の流れ

本コースウェアでは，次のような学習の流れを前提とした．
①日本語文章の1パッセージを画面に表示する．
②調べたい動詞を画面上に学習者が指定する．
③該当する動詞を検索する．
④記載項目の名称の一覧を表示する．
⑤知りたい項目を画面上に学習者が指定する．
⑥該当する項目の内容を表示する．
⑦パッセージ表示画面に戻る．

2．5．4　該当項目の表示と選択

1動詞につき32の全項目を一度に画面表示するのは，学習者にとって必要としない情報が含まれると考え，必須表示項目と選択表示項目の2種類に振り分けた．必須表示項目は，ひらがな表記，漢字と送り仮名による表記，自動詞・他動詞の区別，文型の文例とした（図8）．

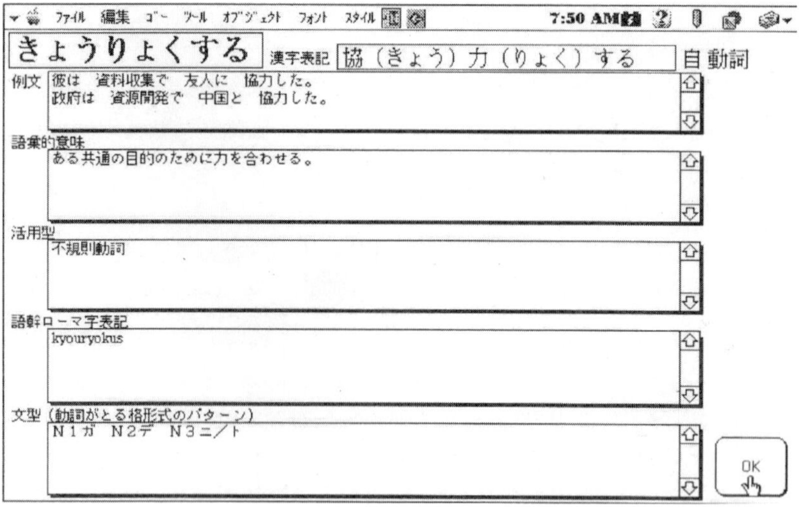

図8　検索結果の表示画面の例

このほか，選択表示項目は学習者に最大4項目まで任意に選択させることとした（図9）．表示項目は，①意味情報（語彙的意味，類義語，反義語，『角川類語新辞典』の分類名称の4項目），②形態情報（活用型，語幹ローマ字表記，助動詞・接辞が接続した派生形，他の品詞への転成語の4項目），③統語情報（文型［動詞がとる格形式のパターン］，文型に現れる名詞句の意味素性，文型に現れる名詞句の例の3項目），④ヴォイス情報（サセ形の有無とその意味，ラレ形の有無とその意味，受動になるときの格形式，ヴォイスによる動詞の分類の4項目），⑤テンス・アスペクト情報（ル形，テイル形以外のアスペクト形式の1項目），⑥ムード情報（命令形の有無とその意味，意志形の有無とその意味，その他のムード形式の3項目），⑦その他の情報（マス，ナイ形の接続，慣用的用法の2項目）とした．

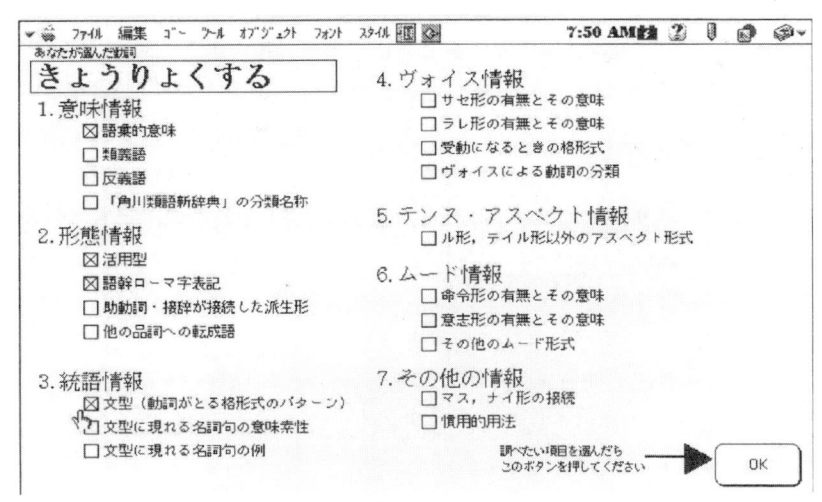

図9　任意項目の選択画面

2．5．5　動詞の検索の的中率

本辞書に登録されている動詞は861に限られており，学習者が求める動詞が辞書に入っていない場合もある．登録されていない動詞が指定された場合には的中しなかったとし，「みつかりませんでした．」と画面表示した．また，誤操作により的中しなかった場合も有り得るので，的中率を求める

ため，検索が実行された文字列はすべて記録に残した．

2．6　日本語学習者の試行
2．6．1　試行内容
（1）検索用の日本語文

今回の実験では，動詞検索の手順や辞書利用の有効性に研究の主眼を置いた．検索のために画面に提示する日本語の文章は，朝日新聞「天声人語」（平成2年6月11日）を用いた．

（2）試行協力者

5名の日本語学習者（男性2名，女性3名）に個別にシステムを試用してもらった．平均年齢は28才であった．母語は，中国語4名，英語1名であった．また日本語学習歴は平均6年4か月であった．

（3）試行手順

簡単な操作説明の後，「この日本語の文章を読み，その中の動詞を電子辞書で調べて下さい．」と指示した．初期画面では，日本語の文章が表示され，学習者は知りたいと思う動詞をマウスでハイライトさせ，選択画面により最大4項目を指定し，表示画面により内容を学習した．実験者は協力者の側で観察し，操作に関する質問に答えた．

（4）データ数の限定

試用調査で用いたパソコンでの辞書検索の時間が遅い場合，試行調査の目的が損なわれることが心配されたため，検索できる動詞を限定した．

試行終了後，本辞書を利用した動詞の検索についての印象評定を調査するため，調査用紙に回答してもらった．

2．6．2　試行の結果と考察
（1）検索項目数

電子辞書を引く過程で，動詞検索を試みた回数は，延べ66回であった．そのうち，的中しなかった試みは，18回であり，的中率は72.7%となった．また的中した動詞のうち，被調査者が検索した項目数は延べ187であった．選択した項目は，語彙的意味（24回），慣用的用法（22回）の順で多かった．

全体を頻度順に並べたものを表5に示した．

表5 検索された項目（頻度順）

順位	項目名	頻度	順位	項目名	頻度
1	語彙的意味	24	11	ル形，テイル形以外のアスペクト形式	6
2	慣用的用法	22	13	ラレ形の有無とその意味	5
3	文型（動詞がとる格形式のパターン）	18	14	サセ形の有無とその意味	4
4	他の品詞への転成語	15	14	意志形の有無とその意味	4
4	文型に現れる名詞句の意味素性	15	14	活用型	4
6	類義語	14	17	その他のムード形式	3
7	反義語	13	17	語幹ローマ字表記	3
8	文型に現れる名詞句の例	11	19	命令形の有無とその意味	2
9	受動になるときの格形式	9	20	「角川類語新辞典」の分類名称	1
10	助動詞・接辞が接続した派生形	7	20	マス，ナイ形の接続	1
11	ヴォイスによる動詞の分類	6			

（2）表示内容に関する印象評定

試行が終了した時点で，調査者は検索された動詞を最大10個示し，各動詞についてそれぞれ，記載項目の評定として「知りたいと思うことが書いてありましたか」，また，記述内容の評定として「書いてあることはわかりやすかったですか」と質問し，①「その通りだ」，②どちらかというとその通り」，③「どちらとも言えない」，④「どちらかというとそうではない」，⑤「そんなことはない」の5段階で評定してもらった．

調査用紙へ記入して回答してもらった動詞の合計は48となった．記載項目の評定の平均値は2.3であり，記述内容の評定の平均値は2.0であった．

同様に，「どんな内容が一番役に立ちましたか」との質問に対して回答してもらった結果，慣用的用法（11回），語彙的意味（9回）の順で多かった．回答数順に並べた全体を表6に示した．

その他，全体的な質問として，「印刷の辞書より役に立つと思いますか」との質問に対する回答の平均値は1.4，「コンピュータの操作は難しかったですか」との質問に対する回答の平均は4.8であった．この結果は本調査における「電子辞書による動詞検索」が肯定的に受け入れられたと考えられる．

表6 役に立ったと回答された項目（回答数順）

順位	役に立ったと回答された項目	回答数	順位	役に立ったと回答された項目	回答数
1	慣用的用法	11	8	受動になるときの格形	2
2	語彙的意味	9	9	ローマ字語幹表記	1
3	文型に現れる名詞句の意味素性	6	9	ラレ形の有無とその意味	1
4	例文	5	9	漢字表記	1
5	文型(動詞がとる格形式のパターン)	3	9	助動詞・接辞が接続した派生形	1
5	文型に現れる名詞句の例	3	9	反義語	1
5	類義語	3			

（3）自由記述による印象評定

「全体的によかった点」「全体的によくなかった点」及び「コンピュータで辞書を引くことに対する意見」を自由記述してもらった．結果を表7に示した．

表7 自由記述のまとめ

●全体的によかったと回答された点
・慣用的な表現がわかるのがよい・文法についての情報が詳しく記載されていることは良い点である・文型，例文，慣用的用法がよかった・類義語，反義語，転成語がよかった・統語情報に関する説明は簡潔でよかった・見やすい，文法が細かい点がよい・動詞の原型がわからなくても引けるのがいい・例文がわかりやすく，その言葉の意味がよく分かった・普通の辞書よりその言葉の用法の情報がついているので，自分がこの言葉を使って，新しい文をつくるときに役立つと思う
●全体的によくなかったと回答された点
・例文の中にもわかりにくいものがあった・「受動になるときの格形式」の部分は説明がわからなかった・語彙的意味の説明の違いがわかりにくいものがあった・方言などの例文がほしい・ヴォイスによる動詞の分類がよくわからなかった・カード数が多いものは全て見るのに時間がかかる・「品詞の転成」はそんなにはっきり言えるのかどうかが疑問・「角川」の分類名称はわからなかった
●コンピュータで辞書を引くことについての意見
・もっと小さければいい・基本動詞だけなのでもっと単語が増えるといい・項目内の説明の漢字にふりがなを併記してほしい・全部の項目，あるいは関連項目はまとめて出してほしい・アクセントの位置，あるいは発音がでた方がよい・自分の知りたい言葉の文脈上の意味にあった説明がでればもっとよい

2．7　本節のまとめ

　IPAL動詞の日本語教育への応用研究の結果から，以下のことが明らかになった．
（1）日本語教師への調査から，原辞書のままで日本語教育に応用することはできないが，一部を変更し，また，提示の方法を工夫すれば応用できる内容を含んでいる．
（2）本研究で作成したプログラムは，日本語文章の読解支援の有効な学習支援となり得る．更に，プログラムの組み方によっては，日本語CALLとしての教材となる可能性もある．
（3）学習者の試行調査から，学習者が求める日本語情報や「電子辞書」の利用に関する評価が肯定的である．

3節　本章のまとめ

　本章のまとめとして，次のことを指摘することができよう．
（1）コンピュータが持つ様々な機能のうち，システムとして持っている文字データは，基本的な情報提示であり，日本語学習者への画面提示に活用でき，かつ有効な学習支援となり得る．そのためには，開発者は画面提示する内容を精選し，提示方法を工夫する必要がある．
（2）学習者が入力したデータは，教育的にも研究的にも大切な情報を有しており，適切なプログラミングにより収集・加工し，その結果を表示すれば，学習を促進させる支援として活用できる．
（3）コンピュータの日本語文字の検索と表示の機能を使って，日本語学習への支援をすることができることを示した．その一つの方法として，本章では，文字データベースの利用の可能性がある．
（4）言語学習では文字使用が基本であり，コンピュータの基本機能としての文字表示機能とプログラミングにより文字検索機能を利用すれば，入力の大きな負担を言語学習者に強いることなく，パソコン画面での文字表示により学習支援をすることができることを示した．

第4章

入力文字を限定した解答によるドリル型日本語CALL

―― 日本語動詞活用練習のプログラム開発 ――

　前章では，パソコンが持っている基本的な文字表示機能を使い，また，検索機能をプログラミングすることにより，学習者が求める日本語情報を画面提示する学習支援のあり方と共に，日本語学習者のパソコン操作の負担を考慮し，学習者に解答を入力させないでできる学習の内容と方法を提案した．しかし，情報の画面提示だけでは，単なる「ページめくり」機能となる恐れがあり，学習者の日本語習得についての不安が残る．コンピュータが持つ「双方向性」を更に強めて，解答入力とその正誤判断をすることが，学習支援の方法として学習者から次に求められることになる．その際に，学習者の入力負担をどれだけ軽減できるかが課題となる．

　本章では，日本語動詞の活用練習を目的として，マイクロソフト社のWindows版Visual Basicを用いて筆者がプログラミングした学習ソフト（コースウェア）により文字の入力解答による日本語CALLを検討する．

　本章の議論の中心となるのは，ひらがな解答とローマ字解答による解答方法である．学習者のパソコン入力の負担を軽減するために，キーボードからの解答入力は最小限にすることを基本的な方針とした．そのため，母音の活用部・テ形・レル／ラレル形の部分のみを学習者が解答入力する．ローマ字モードでは，該当する解答欄にローマ字で正解を入力し，ひらがな解答モードでは，ローマ字入力・ひらがな変換の操作により正解を入力

する．また，学習終了時に，当該レッスンの学習状況を示す一覧表と各番号の項目内容の説明を表示することができる．

以下に，学習の流れに添って画面例を示し，その中に設定された機能の説明をする．記述されたコード（プログラム）の詳細は，水町（2000）に譲る．

1節 コースウェアの概要

日本語学習者にとって，特に，初級のレベルでは，動詞の習得は重要である．日本語教科書での文法事項の配列順序では，他の文法項目や品詞と比べると，学習開始の早期に取り上げられるのが一般的である．例えば，『Beginning Japanese』（E. H. Jorden, 1963）ではLesson 1 にVerbalsとして，『日本語初歩』（国際交流基金，1981）では6課以降ほぼ各課で，『Easy Japanese』（F. Koide, 1971）ではLesson Ⅲ～Lesson ⅤまでVerbsとして，『An Introduction to Modern Japanese』（Mizutani and Mizutani, 1977）ではLesson 4 に，『Grammatical Notes 技術研修のための日本語（初級用）』（国際協力事業団，昭和60年）ではLesson 5 で扱っており，それぞれ取り上げ方は異なるものの，動詞は早期の習得事項となっている．

日本人が日本語動詞の活用を学習する場合，「未然・連用・終止・連体・仮定・命令」の各活用形を切り放して練習することも多いが，外国人の日本語学習ではそのままで適用されてはいない．上記教科書類でも，それぞれの動詞が取り得る文末動詞句の一部として，活用形と共に，否定・肯定，テンス，アスペクト，ムード，ヴォイス等の文法項目と併せて扱われるのが普通である．

1．1 日本語動詞の扱い
（1）対象とする日本語動詞

国文法で「5段活用」，「1段活用」及び「サ変・カ変」とも呼ばれる分類に対応するものを日本語教育では，「強変化動詞」（strong verb），「弱変化動詞」（weak verb）及び「不規則動詞」（irregular verb）とも呼ばれる．多

様な動詞の活用形の判別と規則性の習得が日本語学習者にとっては第1義的に必要と思われる．とすれば，動詞活用の習得に当たっては「強変化動詞」と「弱変化動詞」の習得が基本的な目標となると考えた．不規則動詞は活用形を強・弱変化動詞とは区別して習得する必要がある．また，「行く」は音便形が「行いた」とならない，「ある」は否定形が「あらない」とはならない，「くれる」は命令形が「くれろ」とはならない，「わかる」の可能形は「わかれる」とならない，「問う」は音便形が「問って」とならないことから，活用規則が適応できない動詞は本研究では対象としないこととした．

その結果，規則的な活用をする「5段活用」と「1段活用」の動詞を対象とし，「サ変・カ変」の不規則動詞は対象としなかった．

(2)「て形」の扱い

「強変化動詞」は活用の種類としては，5種の活用の他に「音便形」も考えなければならない．音便は「促音便」(-tte)，「撥音便」(-nde)，「イ音便」(-ide, -ite) があるが，それらは日本語教育では総称して「テ形」と言われている．「テ形」の下位分類として3種の音便形を処理することにより，5種の中間項と「テ形」の合計6種の活用形全てを扱うことができる．なお，「ウ音便」は現代の共通日本語のなかでは用いられないので，対象から除外した．

(3) 動詞句の分割

動詞の活用に関連して，「否定」と「肯定」，「常態」と「丁寧態」の差異の他，「受け身・使役・可能」やテンスなどの取り上げ方も問題となる．『計算機用日本語基本動詞辞書IPAL（Basic Verbs）』では，動詞の文法的カテゴリに関する情報として，ヴォイス情報，テンス・アスペクト情報，ムード情報に大別し，「使役・受動・可能・自発・尊敬」を「ラレル形であるという形態論的繋がりから，便宜的にヴォイス情報」，「ル形，テイル，テイク形など」を「テンス・アスペクト情報」，「命令形・意志・推量・マス形・ナイ形など」を「ムード情報」として扱っている．そして同書では，語幹を除いた残りの部分を「後続形式」と呼んでいる．これら語幹と後続形式を一括して「動詞句」とし，動詞句全体を扱う方が実際の発話文に近

い形式で練習することができ，動詞の基本形の練習になると考えられる．従って本研究では，「動詞句」として取り扱うこととし，便宜上，「語幹」，「連結形」及び「終了形式」に分割した．「語幹」は活用変化しない形式，上記の中間項・テ形・受動・使役・可能の部分を「連結形」，それ以降の部分を「終了形式」とした．

　動詞の「活用」や文末表現に関する形態論は，区切り方や名称について文法研究者の間でも決して一様ではない．どの理論に基づいて分割・表記するかなどを検討する必要がある．

（4）英語による提示

　画面で動詞句を示して学習する方法として，該当表現を英語で示し，その日本語動詞句を解答する方式を採った．その際，文法的なラベルは表1に示した用語を省略形で示した．英語で動詞句を示す場合には，下記の17種類の単語・記号を組み合わせて表示した．

　　　　you, do(es), do(es)n't, did, didn't, if, can't, can,
　　　　don't, Let's, Please, made, was, were, someone, …, ?

　このように組み合わせて英語の表現を「生成」することにより，パターン化された形式的な表現への対応に都合がよいが，いわゆる「迷惑の受け身」となるような「自動詞の受動態」も生成されてしまう．具体的には，「およぐ」(swim) を例として挙げると，

　「およぎますか」(do(es) … SWIM?)，「およぎませんか」(do(es)n't … SWIM?)，「およぎました」(… SWAM)，「およぎませんでした」(… didn't SWIM)，「およぎましょう」(Let's SWIM)，「およぐの」(do(es) … SWIM?)，「およがないの」(do(es)n't … SWIM?)，「およいだの」(did … SWIM?)，「およがなかったの」(didn't … SWIM?)，「およごう」(Let's SWIM)，「およいでください」(Please SWIM)，「およがないでください」(Please don't SWIM)，「およぐなら」(if … SWIM)，「およがないなら」(if ‥ do(es)n't swim)，「およげません」(… can SWIM)，「およげます」(… can't SWIM)，「およがれました」(was(were) SWUM)，「およがせました」(made someone SWIM) となる．

表1 18動詞句の種類と説明の例

番号	日本語による文法的なラベル / 英語による文法的なラベル	ひらがなによる例 / ローマ字による例
1	丁寧体，現在，肯定，疑問 / Formal, Present, Affirmative, Question	およぎますか / Oyog-I-masuka
2	丁寧体，現在，否定，疑問 / Formal, Present, Negative, Question	およぎませんか / Oyog-I-masenka
3	丁寧体，過去，肯定 / Formal, Past, Affirmative	およぎました / Oyog-I-mashita
4	丁寧体，過去，否定 / Formal, Past, Negative	およぎませんでした / Oyog-I-masendeshita
5	丁寧体，提案 / Formal, Suggestive	およぎましょう / Oyog-I-mashoo
6	常体，現在，肯定，疑問 / Informal, Present, Affirmative, Question	およぐの / Oyog-U-no
7	常体，現在，否定，疑問 / Informal, Present, Negative, Question	およがないの / Oyog-A-naino
8	常体，過去，肯定，疑問 / Informal, Past, Affirmative, Question	およいだの / Oyo-IDA-no
9	常体，過去，否定，疑問 / Informal, Past, Negative, Question	およがなかったの / Oyog-A-nakattano
10	常体，提案 / Informal, Suggestive	およごう / Oyog-O-o
11	丁寧体，肯定，命令 / Formal, Affirmative, Imperative	およいでください / Oyo-IDE-kudasai
12	丁寧体，否定，命令 / Formal, Negative, Imperative	およがないでください / Oyog-A-naidekudasai
13	肯定，条件 / Affirmative, Supposition	およぐなら / Oyog-U-nara
14	否定，条件 / Negative, Supposition	およがないなら / Oyog-A-nainara
15	丁寧体，否定，可能 / Formal, Negative, Potential	およげません / Oyog-E-masen
16	丁寧体，肯定，可能 / Formal, Affirmative, Potential	およげます / Oyog-E-masu
17	丁寧体，過去，受動 / Formal, Past, Passive	およがれました / Oyog-A-remashita
18	丁寧体，過去，使役 / Formal, Past, Causative	およがせました / Oyog-A-semashita

1．2　日本語表記とコンピュータによる文字処理

日本語の表記は，ひらがな，カタカナ，漢字，ローマ字など多様な字種が用いられる．本コースウェアでは，キーボードからの入力により解答文字を構成する方法を採った．その処理に関する問題点を整理する．

（1）日本語のローマ字表記

Easy Japanese（1963）のように，英語話者の利用を前提とした日本語学習用テキストでは，日本語がローマ字書きで表記してある．ローマ字をそのまま発音すれば，日本語の文字を知らなくても，英語話者は日本語の単語や文をある程度発音できるという長所を持っている．更に日本語の動詞や形容詞の「活用」の仕組みを理解させる場合には，漢字・ひらがな表記よりも，ローマ字表記が便利である．つまり，日本語の動詞や形容詞の形態的な法則性を示すには，ローマ字書きが有効である．

『日本語教育事典』（1987）では，ローマ字表記に関して，「ごく特殊な目的の場合は例外として，一般的にいって，好ましいことではない」（p.508）としている．漢字仮名交じり文の読み書きができるように指導することを説き，「そこに至るごく初期に，読みの抵抗をできるだけ少なくするというねらいで，ローマ字を仲立ちとして使用することも，学び手が身につけている母語によっては，あるいは効果的な場合があるが，（中略）できるだけ早くローマ字を離れ，漢字・仮名を与えるようにすべきである．」（p.508）としている．

外国語・第二言語習得では，母語を使用するかどうか，あるいはどの程度使用するべきか，については議論が分かれる．大坪（1988）のように，ローマ字入力方式を漢字の読みの練習に取り入れて実績を挙げている例もある．学習者の選択に任せるのも一方法である．

（2）表記法と発音の問題

対象を日本語初級の英語話者とし，しかも普通クラスの日本語動詞練習の初期の段階で使われる補助的な自習教材としてのコースウェアと位置づけた．その過程で浮上した問題点を整理する．

日本語のローマ字表記法は通称① ヘボン式，② 訓令式，及び③ 日本式がある．3者の相違点の一つは「ヂ」の表記であり，それぞれji，zi，diと

表記される．また「日本式」には「クァ」が含まれている．現代共通語の日本語音声では，「クァ」はないし，「ジ」と「ヂ」，「ヅ」と「ズ」は同一の発音である．「訓令式」では「シ」はsi，「チ」はtiと表記されるが，それぞれ「ヘボン式」で表記したときのshiとchiのように，英語話者にそれらを「正しく」発音することを求めるのは困難であろう．つまり，表記については，英語話者が対象であれば，基本的には「ヘボン式」を採用するのが適切であると思われる．

　撥音の表記を「n」とすれば，後続音節に母音が来る場合に不都合が生じる．例えば，「禁煙」と「記念」は同じkinenとなる．この区別をするために，「禁煙」はkin'enあるいはkinn'enとして，母音の前にアポストロフィ記号を付ける方法もある．日本語ワープロでは，「ん」はnnとし，nは「ナ行」の子音にだけ用いることが多い．この場合，「近年」はkinnnennとなる．

　長音については，「おかあさん，おにいさん，おとうさん，おねえさん，おおさか」のように各母音が使われる．「買おう」はkaouとするよりkaooとする方が発音に近いので分かりやすい．「先生」はひらがな表記では「せんせい」と書くが，普通［センセー］と発音する．ローマ字表記では音声的にsennseeとすべきか，音韻的にsennseiとすべきかを決めるのは簡単でない．また，促音のローマ字表記法は後続子音文字を重ねて表記する．「切手」はkitteであるが，「雑誌」はzassiまたはzasshiとなる．「私は」の「は」は「wa」とするとしても，「私を」の「を」は「wo」とするよりも「o」とする方が実際の発音に近い．

　このように，ローマ字表記する場合には，発音との関係を含めた表記の仕方に課題がある．

(3) コンピュータによる文字処理

　コンピュータで文字処理をする場合は，体系的な整合性が求められる．『日本語文法ハンドブック』(1985)には「19のモデル動詞」の内，第1類動詞として，①ka-u（買う），②i-u（言う），③yato-u（雇う），④suwar-u（座る），⑤hair-u（入る），⑥ur-u（売る），⑦kaer-u（帰る），⑧nor-u（乗る），⑨mats-u（待つ），⑩ik-u（行く），⑪kak-u（書く），⑫hanas-u（話す），⑬

yob-u（呼ぶ），⑭nom-u（飲む），⑮isog-u（急ぐ）の15種が，また，第2類動詞として，⑯m-i-ru（見る）と⑰tab-e-ru（食べる）が挙げられている．

　上記のままでは強変化（第1類）動詞と弱変化（第2類）動詞の区別の基準が不明確であり，また，同種の活用の仕方が混在しているので不都合である．そこで，次のように整理した．語幹の末尾の文字だけに注目すれば強変化動詞は8種に再編成することができる．即ち，①②③は，辞書形では語幹の末尾は母音であるが，「ない」の語尾を付加した場合には，「kaw-a-nai」のように末尾に「w」が生じる．この場合，語幹を「kaw-」と考え，「ない」，「受け身」及び「使役」以外は「w」が消失すると考えれば，全ての強変化動詞の語幹末尾は子音の文字で終わっていることになる．即ち，①②③は末尾が「w」，④⑤⑥⑦⑧は「r」，⑨は訓令式で「t」，⑩⑪は「k」，⑫は訓令式で「s」，⑬は「b」，⑭は「m」，⑮は「g」でそれぞれ終わっている．弱変化動詞に関しては，「mi-ru」及び「tabe-ru」と形態的に分割すれば，語幹の末尾が「i」と「e」のいずれかの母音で終わるものと考えることができる．つまり，語幹が子音で終わるものを「強変化動詞」とし，語幹が母音で終わるものを「弱変化動詞」とすれば，2種類の動詞（強変化と弱変化）の判別がコンピュータで可能となる．

　「たつ」と「はなす」をヘボン式で表記すると，「tats-u」と「hanas-u」となり，語幹が同じ「s」で終わるので，両者の活用類型の区別がつかない．しかし，訓令式であれば「tat-u」と「hanas-u」で区別がつく．また，「tach-i-masu」と「hanash-i-masu」では，語幹末尾の文字が共に「h」であるので区別がつかないが，訓令式で「tat-i-masu」と「hanas-i-masu」とすれば区別がつく．

　一方，英語話者にとってはヘボン式のローマ字表記法が読み易い．そこで，ローマ字表記により日本語を画面に表示する場合はヘボン式とし，プログラム上の文字処理では訓令式とする方法が考えられる．即ち，語幹の末尾データは訓令式で記述し，内部でヘボン式に変換して画面に表示する方法をとることにより，上記の問題を解決することができた．

2節　コースウェアの詳細

2．1　教材の構成

　このコースウェアは，日本語CALLのドリルモードとして開発し，問題提示の方法，学習者の解答入力のあり方，更にその正誤判断の方法などが含まれている．英語母語話者の入門期日本語学習者を対象として，日本語動詞の「活用」（テ形を含む）学習のためのコースウェアである．主に『日本語初歩』(1987)に登場する動詞から，8レッスン分，1レッスンにつき10動詞の合計80動詞を選定した．コースウェアの主な特徴は，①1動詞につき18種類の「動詞句」を，「動詞句閲覧」モード，「ローマ字解答」モード，「ひらがな解答」モード，の3モードで練習することができ，②当該レッスンの学習状況を示す学習記録の一覧表と学習する動詞句の詳細説明を表示することができることである．

　閲覧モードでは，1動詞の英語の全表現を一覧表示し，学習者はひらがなとローマ字で任意の動詞句表現を見ることができる．また，動詞句表現の文法的なラベルを，ローマ字モードでは英語で，ひらがなモードでは日本語で，それぞれ示す．英語表現は，英語の語幹と助動詞部分を組み合わせて表示し，その表現に相当する日本語表現を学習・解答するという方法を採った．これらは，パソコンの文字提示機能を使った支援である．

　準備した表示画面は，動詞グループ選択（図1，図2），動詞選択（図3），学習モード選択（図4），動詞句閲覧（図5），ローマ字解答（図6），ひらがな解答（図7），学習記録表示欄（図8），動詞句の詳細説明（図9），その他（解答方法の説明や壁紙）から構成されている．8種類の動詞グループをそれぞれ1テキストファイルとして保存している．学習記録は，動詞句毎に，閲覧した場合は△，その後の正解には○，誤答には×を記録し，指定されたディレクトリにレッスン別に保存する．

2．2　学習開始前の動詞選択画面

　コースウェア起動直後の学習開始（ソフトの実行）の際に，開始と同時

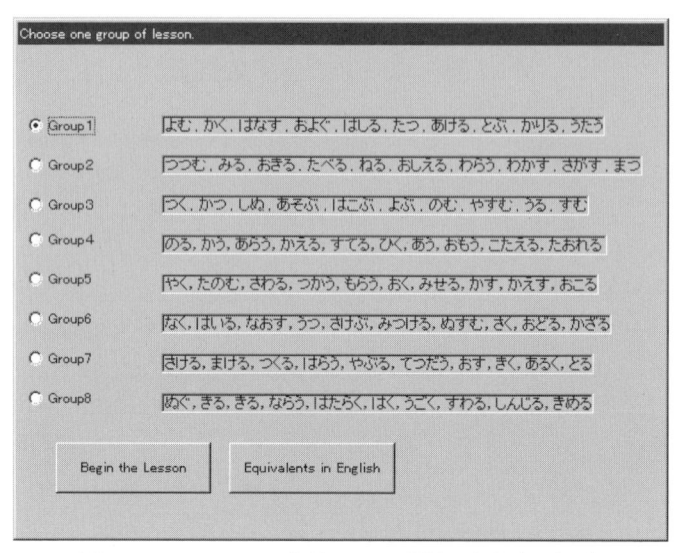

図1　8レッスンの動詞グループ選択画面（日本語）

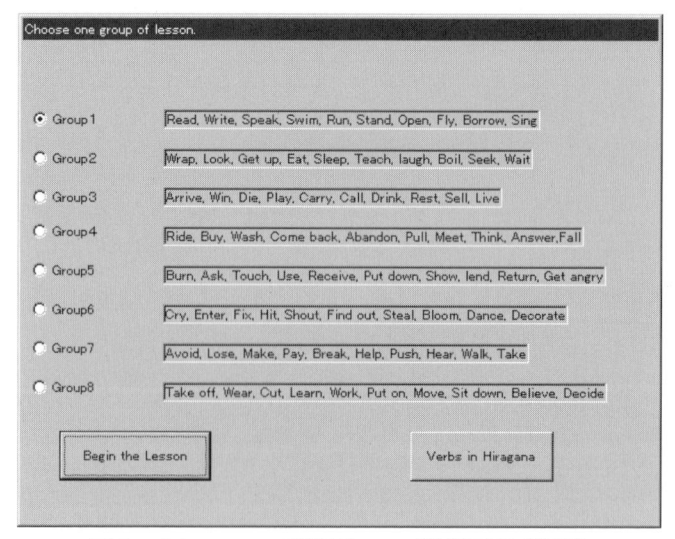

図2　8レッスンの動詞グループ選択画面（英語）

に複数の画面で共通に使う変数を宣言し，開始画面として，8グループの各10動詞を日本語のひらがなで表示（図1）した．

動詞グループの表示を，「英語」と「ひらがな」に切り替えるためのボタン「Equivalent in English」をクリックすると，同様の全グループ・全動詞の選択画面を英語で表示（図2）できる．

図2では，図1の「Equivalents in English」のボタンが「Verbs in Hiragana」に変わる．このボタンをクリックして動詞をひらがな表示に戻すことができる．

2．3　学習開始

「Begin the lesson」のボタンをクリックすると，動詞の一つを選択する画面に変わる．画面表示の前に，指定された動詞グループのテキストファイル，学習者のデータとして残っている学習記録を読み込む．

指定されたグループの10動詞をひらがな表記で縦に並べ，それぞれの右横に，①ローマ字表記による動詞の語幹と活用部，②漢字表記，③英語の代表的な意味，を表示する（図3）．

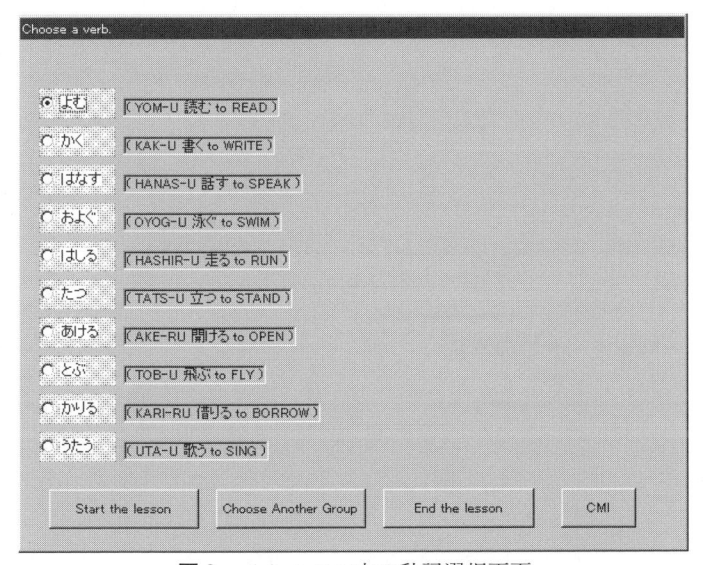

図3　1レッスン内の動詞選択画面

各行の先頭にある○印をクリックして任意の動詞を選び,「Start the lesson」で練習画面になる.

「Start the lesson」のクリックにより,練習画面になる前に,①動詞の種類（1類と2類）,英語動詞の原形・過去形・過去分詞,ひらがな・漢字・語幹の設定,②動詞語幹の末尾形態素によるローマ字表記への変更,③1類動詞と2類動詞の区別など,各種の設定をする.「Choose another verb」のボタンで動詞グループを選択する画面に戻る.「CMI」のボタンで,過去の学習記録を読み込み,表示する.

2．4　学習モードの選択

3種類の学習モード「閲覧モード」,「ローマ字解答モード」,「ひらがな解答モード」のどれかを選択する（図4）.「Look at all answers」のボタンで,閲覧モードの画面,「Answer in Hiragana」のボタンで,ひらがな解答モードの画面,「Answer in Roomaji」のボタンで,ローマ字解答モードの画面,「Cancel」のボタンで,動詞を選ぶ画面が表示される.

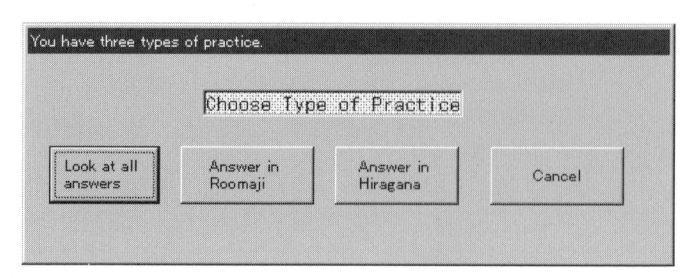

図4　学習モードの選択

2．5　閲覧モードでの学習

画面（図5）中央の左から,①「⇒」は,クリックすることにより,②該当する動詞句の「英語の同等表現」が表示される欄,③当該動詞句のローマ字表記の欄,及び,④同ひらがな表示の欄を設けた.各行の任意の「⇒」マーク（①）の指示文として「Click ⇒(mark) below to see each Verb phrase in Roomaji and in Hiragana」を,動詞句の英語表現等の欄（②）

第4章 入力文字を限定した解答によるドリル型日本語CALL

Meaning in English	Verb Phrase in Roomaji	in Hiragana
⇒ ... can't READ		
⇒ Let's READ		
made someone READ	YOM-a se mashita	よませました
⇒ Let's READ		
if ... READ	YOM-u nara	よむなら
⇒ did ... READ?		
⇒ do(es)n't ... READ?		
do(es)n't ... READ?	YOM-a nai no	よまないの
Please READ	YO-nde kudasai	よんでください
⇒ ... can READ		
⇒ Please don't READ		
do(es) ... READ?	YOM-i masuka	よみますか
... did READ	YOM-i mashita	よみました
⇒ ... didn't READ		
do(es) ... READ?		
if do(es)n't READ		
⇒ ... was(were) READ		
⇒ didn't ... READ?		

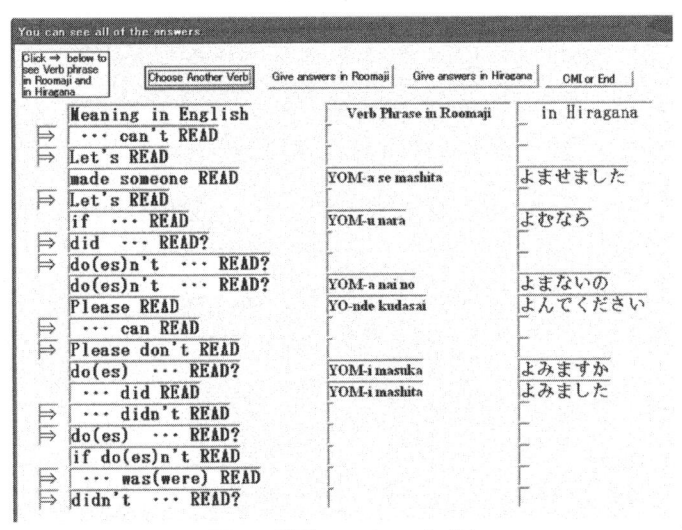

図5 閲覧モードの画面例

には「Meaning in English」，ローマ字表記欄（③）には「Verb Phrase in Roomaji」，ひらがな表示欄（④）には「in Hiragana」と表示した．「⇒」マークがクリックされたら，当該の動詞句をそれぞれの欄にローマ字表記とひらがな表記により表示した．

また，「Give Answer in Hiragana」のボタンにより，ひらがな解答モードの画面を，「Give Answer in Roomaji」のボタンにより，ローマ字解答モードの画面を表示し，「Choose another Verb」のボタン他の動詞を選択する画面に戻る．

2．6 ローマ字解答モードでの学習

ローマ字による解答入力欄と正誤判断結果表示欄を設けた（図6）．動詞句につけられた任意の番号（No.）をクリックすると「Meaning in English」の「英語の同等表現」に代わって，「文法的なラベルの日本語名」，「文法的なラベルの英語名」の各情報（図6及び図7）を順番に表示した．18種類の動詞句の提示順序はランダム化されて，1～18の動詞句は常に異なった問題内容とした．同じ学習者が2回目の学習でも新たな印象で学習に取

−87−

り組めること，また，複数の学習者がこのソフトを使う場合でも，学習者によって動詞句の提示順序がことなることにより，他の学習者の解答を参考にしにくくするためである．

表示内容は，動詞句の番号，語幹と文末表現をローマ字により表記する中で空欄（＿）の入力部分，その右の欄（Ans）に入力欄とした．

解答の手順は，

①当該動詞句の解答入力欄にポインター（矢印）を移動したら，ポインターの形状が「？」に自動的に変わる
②任意の解答入力欄をクリックしたらポインターの形状が「／」に変わる
③キーボードからローマ字を入力する
④入力が済んだら「Enter」キーを押す
⑤コンピュータが正誤判断を行った結果を確認する．結果が正解なら「OK」，誤答なら「NO」が表示される，正解の場合は，動詞句表示欄の

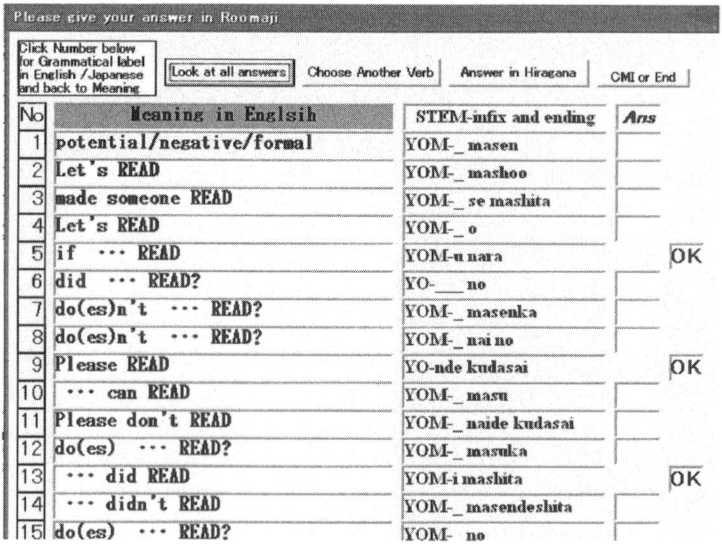

図6 ローマ字解答モードの画面例

(＿) 部分を正解文字に変えて表示すると共に入力欄を消したが，誤答の場合は空欄のままとして，入力された文字は入力欄に残した．
　以上①～⑤の繰り返しにより，各動詞の動詞句の活用部分を学習する．
　この学習画面を任意に終了することができるように，下記のボタンを配置した．
　「Give Answer in Hiragana」のボタンにより，ひらがな解答モードの画面に移動する．
　「Look at all answers」のボタンにより，閲覧モードの画面に移動する．
　「Choose another Verb」のボタンにより，他の動詞を選択する画面に戻る．
　「CMI or End」のボタンにより，フロッピーディスクに動詞グループ毎に学習記録（データ）を保存し，学習結果の画面（図8）を表示する．

2．7　ひらがな解答モードでの学習

　ページの表示内容は，「語幹―活用―文末」表示欄と解答欄以外は，ローマ字解答モードと同じである．
　「語幹―活用―文末」表示欄には，1または2文字の活用部分を四角（□）として動詞句のひらがなを示した．
　解答の手順は，
①当該動詞句の解答入力欄にポインター（矢印）を移動したらポインターの形状が「？」に自動的に変わる
②任意の解答入力欄をクリックしたらポインターの形状が「／」に変わる
③キーボードからローマ字入力・かな変換操作によりひらがなを入力する
④入力が済んだら，入力内容を確定し，「Enter」キーを押す
⑤コンピュータが正誤判断を行い，その結果を確認する．正解なら「OK」，誤答なら「NO」が表示される．正解の場合は，動詞句表示欄の（＿）部分を正解文字に変えて表示すると共に入力欄を消したが，誤答の場合は空欄のままとして，入力された文字は入力欄に残した．
　なお，「ローマ字解答モード」「ひらがな解答モード」共に，学習記録を参照し，すでに正解が得られたことのある項目は，⑥で得られた結果と同

様に，正解内容と「OK」を表示する．

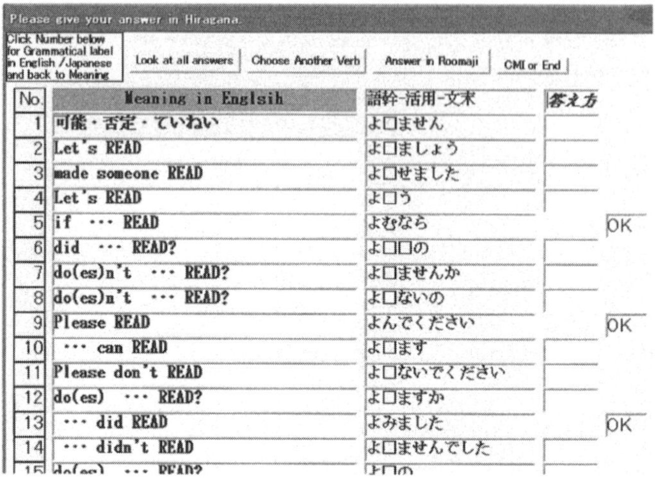

図7　ひらがな解答モードの画面例

2．8　学習終了時に示す学習結果

　学習画面の中で，「CMI or End」のボタンがクリックされると，学習は中断し，それまでの学習結果・経過を表示する（図8）．学習結果・経過はグループ内の10動詞を縦軸とし，各動詞の18の動詞句を横軸とする一覧表を示した．各動詞句の欄がクリックされたとき動詞句の詳細を示す画面（図9）を表示する．「Back to lesson」のボタンにより，直前の学習画面に戻り，「End」のボタンにより，学習を終了する．

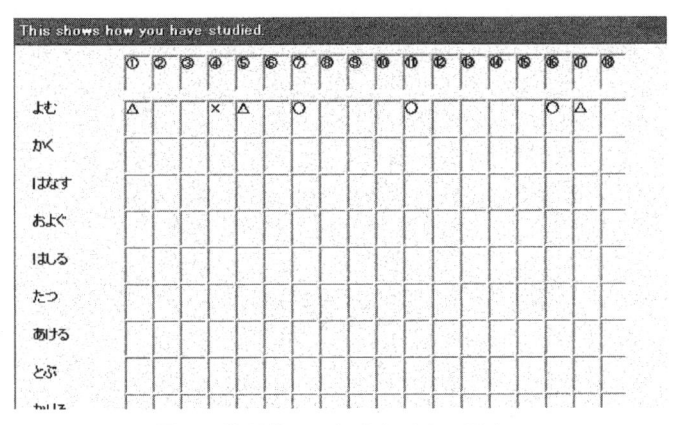

第4章 入力文字を限定した解答によるドリル型日本語CALL

図8 学習結果・経過を示す一覧表

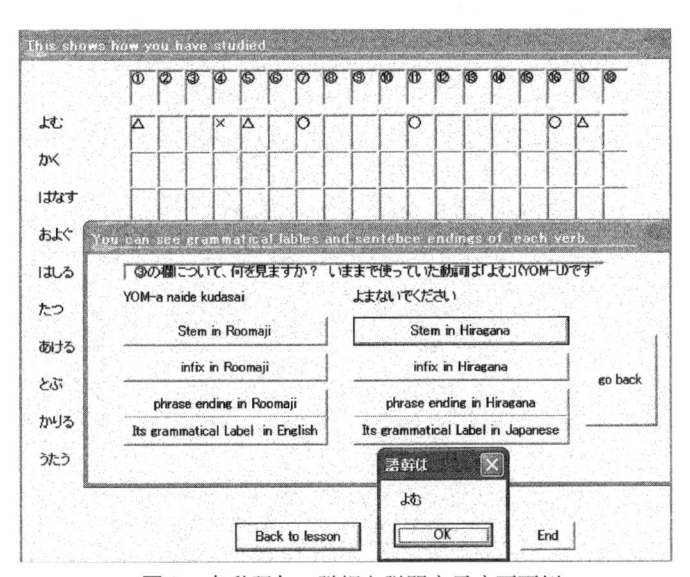

図9 各動詞句の詳細な説明を示す画面例

閲覧モードでは，1動詞の英語全表現を一覧表示し，学習者はひらがなとローマ字で任意の表現を見ることができる．また，ひらがなモードとローマ字モードでは，母音の活用部・テ形・レルラレル形の部分を学習者が解答する．英語表現は，英語の語幹と助動詞部分を組み合わせて表示し，その表現に相当する日本語表現を学習・解答するという方法を採った．また，それらの文法的なラベルを，ローマ字モードでは英語で，ひらがなモードでは日本語で，それぞれ示すことができるようにした．

3節　試行と調査

日本語母語話者2人（大学教員と学生）に「活用練習プログラム」の第1版プログラム（1レッスン・10動詞）を試用してもらい，その示唆に基づきプログラムを改訂し第2版とした．第2版を日本語教育学専攻の大学院生の中国語話者1人と日本語話者6人，及び研究生1人に第2版の「活用練習プログラム」を試用してもらい，その示唆に基づきプログラムを改訂した．また，同大学院生7人に『日本語初歩』に使われている動詞から各自10個の動詞をデータ文として作成してもらったものを筆者が調整し，また一部変更を加え第3版とした．

3．1　日本語学習者の試行

第3版の「活用練習プログラム」，「登録プログラム」及び「学習記録表示プログラム」の試用を下記の要領で日本語の留学生に協力を求め，その有効性を探った．

協力者（1名）は，スペイン語を母語とするメキシコ人男性（23才）で，約3年の日本語学習歴を持ち，英語は上級レベルと判断できた．
（1）方法

プログラムの開発目的を簡単に説明したあと，機器の起動を筆者が行った．「画面の指示に従うこと」と言う指示以外は，操作に関する指示は特に行わなかった．筆者はその試用の経過を横で観察した．協力者は途中で意見や感想を述べながら試用したので，その内容を書取った．内容的な質

問に対してはその都度簡単に答えた．試行は，平成3年8・9月に合計4回，延べ3時間行った．
（2）結果

試行の結果，これらのプログラムに実行上の支障は発見されなかった．試行中及び試行後の感想は概ね肯定的な反応であった．試行経過の観察から，実践する場合は学習者の学習歴や習得レベルを考慮して，使用に適しているか否かを教師が判断した上で使用させること，また試行目的を習得事項の自己確認に制限する方が本研究で開発した目的に合致すると思われた．このことから「日本語動詞活用練習ソフト」は，以上の条件の基で使用すれば，日本語教育の実践に有用であるとの結論を得た．

3．2　日本語教師への調査

日本語教師養成講座の受講生8名に，「動詞活用練習ソフト」を実演し，意見を求めた結果，以下のように集約できた．上記日本語学習者が指摘した留意点，並びに筆者が現在意識する問題点とを合わせ，今後の課題として以下に述べる．
（1）英文による意味の表示

本研究では18種類の動詞句のそれぞれに，日本語動詞に対応する英語の動詞を当てはめ，動詞の意味と動詞句の意味の表示に利用する．日本語の動詞と英語の動詞ではその意味と用法は，それぞれいくつかの意味・用法のうちの一部を使っているにすぎない．日本語1動詞・1動詞句に対し，英語では1動詞・1訳に限定しているため，英語の動詞は他にも有り得るし，また英語としては非文となる英語訳となってしまう場合がある．特に，自動詞で受動の場合はそうである．英語訳は補助的な役割として単なる手がかりを与えるものであり，学習者の要求に応じて表示するので，根本的な問題とはなりえないとも考えられるが，問題点の一つには違いない．その解決策あるいは対応策は今後の課題である．
（2）例文の表示

「活用練習を主眼としたソフトではあるが，例文があればより現実的な練習となろう」との指摘があった．確かに，動詞句だけではその句が表せ

る場面・状況は把握しにくい．しかし，1動詞・18種の動詞句に対する例文は，もし規則性に基づく例文をコンピュータで生成すると，現実の「会話」に照らして不適切な文も多くなるであろうと予測される．現在，コンピュータによる文の自動生成ができなければ，全ての動詞・全ての動詞句に用いられる例文を用意しなければならない．一方，例文がなければ，このソフトは無意味であるとも思われない．メキシコ人が指摘したように「例えばある程度学習が進んで各自が活用の習得に関してチェックしたい場合に使う」というように，利用目的を限定する必要があるかもしれない．

（3）対象とする動詞の拡大

「不規則動詞を含めた例外的な動詞も扱ったほうがよい」との指摘があった．規則性が適応できない動詞句や動詞は対象から除いたが，今後はそれらの取扱いを含めた包括的な活用練習のためのソフトウエアを考える必要があろう．

（4）学習方法の柔軟性

メキシコ人は「一つの表現，例えばテ形を中心としていくつかの動詞をテ形にする練習をする方法が普通行われている」と指摘した．1動詞を中心にその活用を練習することが本研究で取り上げた方法であるが，指摘された方法で練習を希望する学習者も多いと思われる．現在のプログラムとは基本的な発想が異なり，設計変更となる問題である．プログラムの開始の直後にどちらかの方法を選択させることにより，その解決を図ることはできよう．その場合には，別のプログラムを作成する必要がある．

（5）対象者の拡大

「英語話者以外にも使えるようにした方がよい」との指摘があった．本研究では英語の母語話者を対象としたので，指示文は英語である．今後は他の母語話者を対象とした場合の問題点や対策を考えなければならないとすれば，指示文を日本語（ひらがな）に書き換えることも一つの解決策かもしれないが，その場合には，意味の教示方法と文法カテゴリの表示方法の変更が生じる．母語による説明が不可欠となろう．

（6）「面白味」

メキシコ人は試用後「おもしろい」と言い，母語話者の一人は「おもしろくない」と指摘した．何を「おもしろい」と思うかは人により異なる．一般的にドリルモードは「面白味」に欠けると言われる．繰り返しが必要な反復練習は，CALLに限らず「面白味」は余り期待できないが，言語習得に不可欠の練習である．全動詞・全動詞句の完全習得を目的とすれば，単調な作業のため学習者は「おもしろい」とは感じないであろう．筆者は，学習者が習得内容の確認のため，必要な動詞・動詞句の練習を，任意に行うためのソフトと位置づけており，そのために必要な情報と方法を提供することに主眼を置いたので，学習上「おもしろい」と思わせる配慮は特にしなかった．しかし「面白い」と感じさせるソフトであるに越したことはない．発想を変えて動詞の問題を考える必要がある，との指摘であると筆者は受け止めた．

(7) 学習者のレベルと動詞句の難易の区別

入門と上級の学習者には適用できないことは明らかだが，初・中級の学習者とは言っても動詞の学習歴は異なる．最も基本的な動詞句（ます・ませんでしたなど）からやや難しいレベルの動詞句（使役・可能・受動など）が混在しているので，各学習者の習得状況に応じた練習内容となりにくい面がある．「易しいものと難しいものに区別して，あるいは順序づけて練習させる方がよい」との指摘があった．学習者にレベルの選択をさせることは，根本的な解決策にはならない．学習者のレベルと教材の選択は教師が判断しなければならない．

4節　本章のまとめ

日本語の動詞の活用練習を目的として，学習者が入力する文字により正誤判定を行って反復練習を伴うドリル形式のCALLを開発・試行した結果，下記の点が明らかになった．

(1) 強変化と弱変化の日本語動詞の動詞句を形態的に分割し，活用の中心となる部分だけを入力させることにより，コンピュータでの練習が可能である．

（2）キーボードからの入力数を最低限度にする解答形式は，プログラム作成が簡単である半面，学習が単調となり，学習意欲の継続が困難な場合がある．
（3）動詞の習得には多様な方法があり，学習者の要望の全てを実現することは現実には不可能であり，コースウェア利用の学習者に練習目的を明確に示し，利用目的を限定するなどの条件次第で価値判断が分かれる．
（4）学習者は，例文や音声など，多様な情報を多面的に提示できるマルチメディアを用いたコースウェアを求めている．

第5章

日本語CALLにおける解答時の文字入力方法の検討

――解答入力方式の検討と「ひらがな転記方式」の開発――

　CALL実践では，コンピュータ操作の知識・技能が学習者に求められるが，コンピュータ操作に馴染みのない学習者もCALLによる言語学習が可能となるような設計を開発者は考慮するべきであろう．特に，解答入力の際の学習者の操作上の負担をいかに軽減するか，あるいは操作しやすさをいかに実現するか，システム開発者には制御方法の工夫が求められる．

　本章は，簡潔な画面提示，学習者の心理的負担，及び学習時間の効率の点から，解答入力の方法のあり方として，①キーボードからのローマ字入力・ローマ字解答，②キーボードからのローマ字入力・「かな」解答，および③マウスによる「かな」入力・「かな」解答の3方法を検討した結果の考察である．①は学習者にとって負担が大きく，実用性に乏しいこと，②は，日本語ワープロ操作を習得した学習者には有効である可能性はあるが，実用性は限定的であること，および③は，パソコン操作の知識・技能が低い日本語学習者にとっても簡便な方法であり，日本語教育の観点からも有効な方法となり得ることを示し，その結論として，日本語CALLにおける解答入力の方法は，マウス操作による文字選択の方法が最善であることを示す．

1節　ローマ字入力・ローマ字解答方式の検討

　コンピュータによる解答入力の方法としては，キーボード，マウス，タッチパネル，電子ペン，手書き文字などが考えられるが，最も一般的な方法は，キーボード入力とマウス入力である．CALLでは，解答入力に選択肢式の方法を採ることもあるが，入力文字を解答としたい時もある．キーボードを使った日本語入力は，入力方法の違い（ローマ字入力・かな入力）があり，また，かな・漢字変換の操作を伴うことから，操作上の知識・技能が必要であり，英語に比べ日本語のCALLは入力操作が複雑である．日本語の特徴の一つは，ひらがな・カタカナ・漢字など，使用する字種が多く，日本語学習者にとっては日本語の「読み／書き」は，CALLに限らず，学習困難な要素でもある．

　日本語ワープロでは，通常，入力方法には「ローマ字入力」と「かな入力」があり，どちらも「ひらがな」を表示するのが基本である．ひらがなを入力／表示した後，漢字に変えたり，カタカナに変えたりしながら，文字の使い分けをする．「かな入力」ではキーボード上に配置されている50数個の「かなキー」の配列を覚え，且つ「濁音キー」やシフトキーの使い方に慣れなければならない．初心者がキーボードから文字を探すのに時間を要する．不規則なキー配列となっているキーボードの操作を習得するのは容易でない．上記の理由から，「かな入力」方式は敬遠されがちであり，「ローマ字入力」による解答方式が基本となる．

　アルファベット26文字を使ったローマ字入力（かな変換）の方法は，キーボードに配列された文字キーの数が「かなキー」の約半分であるので，文字配列に比較的早く慣れるが，促音や撥音を含むひらがなを表示するには，その入力操作法を覚えなければならない．しかし「ローマ字入力」が「かな入力」よりも一般的に好まれる傾向があるのは，キー入力の回数は多くなるものの，キーを探す時間が少なく，結果的には入力時間が少なくてすむことが一つの要因であろう．

　日本語動詞の活用練習のためのドリルモードとして，ローマ字による出

第5章　日本語CALLにおける解答時の文字入力方法の検討

題文の中の空欄に，ローマ字で解答する学習ソフトを英語母語話者の初級日本語学習者を対象として開発した（水町 1989）．学習者は，ローマ字で解答するために，キーボードからローマ字を入力しなければならない．その学習ソフトの開発の検討を通して，ローマ字による解答入力の是非を探った．本節では，その要点を整理し，実用性の問題を指摘する．

1．1　コースウェアの概要

　開発した学習ソフトの画面のうち，本節の議論の中心となる表示内容を図1に示した．これは写真撮影したもので，表示文字が不鮮明であるので，表示内容の要点を図2に再現した．

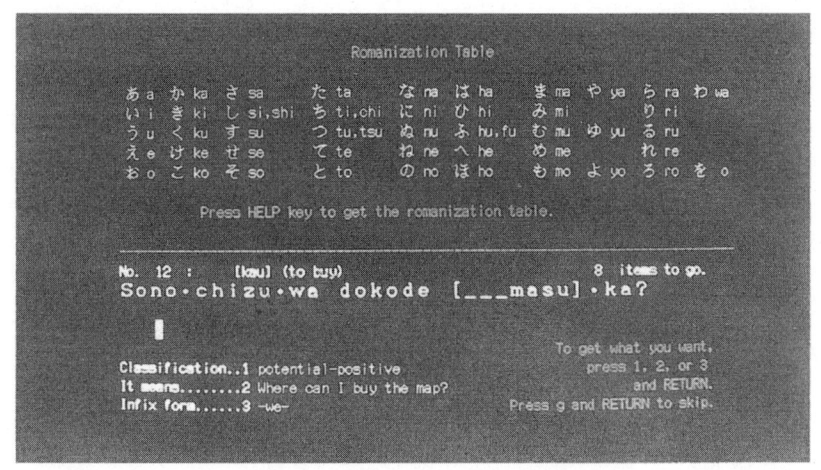

図1　「キーボードからのローマ字入力・ローマ字解答」方式（画面例）

　画面構成は，画面上部に，Romanization Tableとして，ひらがなとそのローマ字を併記し，中央部に，解答するべき動詞の辞書形とその英語と，その下に出題文（Sono・chizu・wa dokode [＿＿masu]・ka?）を提示し，その下に解答欄を設けた．この他，教示文以外に，画面下段に，ヒント欄として，任意（1～3）の数字を入力することにより，このソフトで扱う動詞の活用20種類の活用のうち当該の文法的なラベル（Classification），その意味（It

-99-

means....),そして入力するべき活用形(Infix form)を表示した.

Romanization Table										
あa	かka	さsa	たta	なna	はha	まma	やya	らra	わwa
いi	きki	しsi,shi	ちti,chi	にni	ひhi	みmi		りri	
うu	くku	すsu	つtu,tsu	ぬnu	ふfu,hu	むmu	ゆyu	るru	
えe	けke	せse	てte	ねne	へhe	めme		れre	
おo	こko	そso	とto	のno	ほho	もmo	よyo	ろro	をo
Press HELP key to get the romanization Table										

No.12 : [kau] (to buy)　　　　　　　　　　　　8 items to go
Sono・chuzu・wa dokode [＿＿masu]・ka?
[]

　　　　＜以下,省略＞
図2　「キーボードからのローマ字入力・ローマ字解答」方式(再現)

(1)ひらがな・ローマ字対応の文字一覧表(Romanization Table)

　日本語のローマ字表記にはヘボン式,訓令式,日本式の3種があり,例えば「し」にはshi(ヘボン式)とsi(訓令式,日本式)の表記が用いられる.本論では,日本式との相違点が少ないため,両方式を訓令式として扱い,ヘボン式と区別した.英語話者ならヘボン式を通常用いると思われるが,日本語教科書では訓令式による表記を用いているものもあり,ひらがなに対応するローマ字の知識が必要である.

　以上の文字一欄表以外に,濁音や拗音の文字等の一覧表をHELPキー入力により(Press HELP key to get the Romanization Table)表示した.

(2)ヘボン式・訓令式の両方式の説明と方式の選択

　学習者がローマ字の2表記の違いの説明と選択を学習者ができるように,表示画面(図3,図4)の右側に,ヘボン式と訓令式の表記法の代表的な違いを例示すると共に,問題解答に関する当学習ソフトの考え方と解答方法を示した.また,数語の単語の漢字・ひらがな・ローマ字の3種類の表記を別画面で示した.

第5章　日本語CALLにおける解答時の文字入力方法の検討

```
Example: [kau]

Kimi・wa isu・o (___masu)・ka?

Answer: kaimasu


Classification:
  present-positive-formal
It means  : Are you going
       to buy a(the) chair?
Infix form: -i-
```
```
Directions:
Using the verb given in the brackets [  ],
type out the complete form of the expression
shown in the parentheses (   ).
There are two styles to romanize Japanese words.
Some differences are given below.
Hepburn Style         Kunrei style
(English style)       (Japanese style)
     shi        し        si
     chi        ち        ti
     tsu        つ        tu
     sha        しゃ      sya
     ji         じ        zi
     fu         ふ        hu

Press k if you prefer the Kunrei style.
Press h if you prefer the Hepburn style.
```

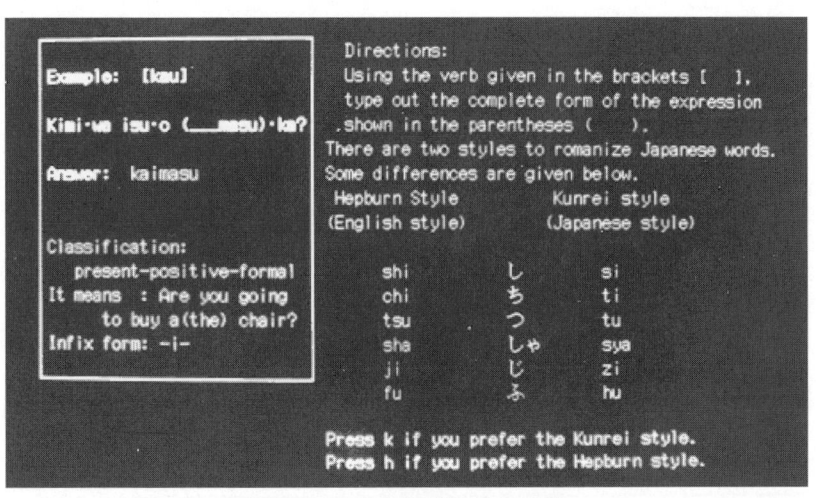

　　　　図3　2方式の教示例（画面例）


```
Example:   [ kau ]

Kimi・wa isu・o (__masu)・ka

Answer: kaimasu

Classification
   present-positive-formal
It means…..: Are you going
          to buy a(the) chair?
Infix form: -i-
```
```
Directions:
Using the verb given in the bracket [  ],
Type out the complete form of the expression
shown in the parenthesis (   )
There are two styles to Romanize Japanese
words.
Some differences are given below
Hepburn Style          Kunrei Style
(English style)        (Japanese style)
    shi         し         si
    chi         ち         ti
    tsu         つ         tu
    sha         しゃ       sya
    fu          ふ         hu

     Press k if you prefer the kunrei style.
     Press h if you prefer the Hepburn style.
```

　　　　図4　2方式の教示例（画面例の再現）

―101―

1．2　学習ソフト開発から得られる結論

この学習ソフトの開発を通して，以下の示唆が得られた．
（1）ローマ字で解答させるためには，日本語のローマ字表記に関する知識が必要となり，その違いを学習者に認識させるために多くの説明が必要となる．この説明が詳細になればなるほど，画面提示の文字情報が煩雑となり，学習者にとっては，学習目的が「動詞の活用練習」なのか「日本語の表記法の学習」なのかが不明確になってしまう．
（2）日本語教育事典では，日本語教育におけるローマ字使用に関して，「ごく特殊な目的の場合は例外として，一般的にいって，好ましいことではない」(p.508)としている．また，漢字仮名混じり文の読み書きができるように指導することを説き，「そこに至るまでのごく初期に，読みの抵抗をできるだけ少なくするというねらいで，ローマ字を仲立ちとして使用することも，学び手が身につけている母国語によっては，あるいは効果的な場合があるが，(中略)できるだけ早くローマ字を離れ，漢字・仮名を与えるようにすべきである」(p.508)としている．つまり，ローマ字使用は基本的には避けるべきであり，しかも日本語の「理解」のための限定的使用はあり得るが，言及がない「産出」については，ローマ字による日本語使用は日本語学習には望ましくないと考えるべきであろう．
（3）日本語CALLで文字による解答入力を求める場合に，複数の字種が混在する解答を求めることは現実的ではない．ローマ字による表記法のみならず，かな表示から漢字変換までの入力の使用煩雑な操作は，その習得のために多くの練習時間を取ることは，CALLによる日本語学習の目的から遠ざかることになる．また日本語ワープロに堪能な学習者だけが日本語CALLを使う訳でもないので，キーボード操作の経験が全くない学習者でも，簡易に使えるシステムであることが望ましい．
（4）多くの文字を学習者に入力させるのは，「誤答」の判定となった場合に，その修正の仕方がより煩雑になる．多くの文字を再度入力することは，目標とする言語学習とは直接無関係であると考えられ，学習意欲の減退ともなりかねない．出題の仕方と関係して，適切な入力量の解答内容とする配慮も必要である．その点から考えると，数文字の「ひらがな」を組み合

わせて解答ができる出題形式とするのが適切であろうと思われる．

2節　日本語入力による解答方法の検討

　日本語CALLの入力文字を「ローマ字」による解答を避け，「ひらがな」とする場合には，学習者にとって操作性のよいプログラムとして組み込む方法が次の検討課題である．本節では，ひらがなによる解答について，「ローマ字入力」「かな入力」「マウス転記」の3方式について，入力に関する負担・印象などを検討した．結論として，筆者が考案した「ひらがな簡易入力システム」による学習ソフトによるプログラム「kana」を通して，日本語CALL実践の際の文字解答に関する提案をした．

2．1　文字入力に関する予備調査
2．1．1　予備調査（1）
　操作性と入力時間について，①「ローマ字入力」，②「かなキー入力」，③「ひらがな転記」の3方式の差を調べた．
（1）方法
　有意味ひらがな語，無意味ひらがな語，漢字の読み，の3種類を（表1），日本語ワープロソフトを使って①「ローマ字入力」と②「かなキー入力」の2方式により，そして「kana」プログラムを使って③「ひらがな転記」により，それぞれ入力してもらった．「有意味ひらがな語」と「無意味ひらがな語」は用紙に示されたひらがなをその通りに入力してもらい，「漢字の読み」は漢字の読み方をひらがなで入力してもらった．

表1　予備調査に用いた入力語

入力語の種類	入　力　語
有意味ひらがな語	にほんご，ひろしま，しゅっせき，せんせい，やっぱり
無意味ひらがな語	のてなぺ，そまぎち，むるろび，なきづす，らにめほ
漢字の読み	漢字，教室，問題，辞書，論文

（2）被調査者

　2名の協力のうち，一名は日本人男子大学生で他の一名は中国人女性の留学生である．日本語ワープロの経験は，前者が約4ヶ月，後者が約10ヶ月で，両者共にキーボードを見ながら文字入力を行い，通常「ローマ字」で文字入力をする．

（3）結果

　表2に1文字の平均入力時間を秒単位で示した．入力時間が少ないのは，「ローマ字入力」，「ひらがな転記」，「かな入力」の順である．両被験者共にすでに数ヶ月間「ローマ字入力方式」に慣れているし，入力時間の中には，被験者自ら発見した誤入力文字の訂正や筆者が行った表記上の誤りの指摘と訂正・操作方法の助言に要した時間も含まれたので，厳密な差異とは言えない．例えば，「ローマ字入力」では，日本人の場合は「づ」や促音，留学生の場合は「きょしつ」（教室）のような漢字の読み間違いや促音表記法など，誤答の修正や入力操作の助言を行った．

表2　3方式による1文字入力の平均時間

内容	方式	日本人	留学生
有意味ひらがな語	ローマ字入力	6.5	1.7
	かな入力	10.0	8.8
	ひらがな転記	5.7	7.4
無意味ひらがな語	ローマ字入力	4.5	2.3
	かな入力	10.3	9.2
	ひらがな転記	5.8	6.7
漢字の読み	ローマ字入力	3.8	2.8
	かな入力	6.5	6.1
	ひらがな転記	4.3	5.6

（単位：秒）

　「かな入力」では濁音・半濁音の表記及びシフトキー操作の指示をした．「ひらがな転記」と「かな入力」は両被験者共に初めての経験であったが，二人共「ひらがな転記」が「かな入力」よりも入力時間が少なかった．

　また「ひらがな転記」では筆者からの操作上の助言を要する場面は生じ

なかった．これらのことから「ひらがな転記」方式が日本語CALLの入力方法になり得ることを示したと判断することができる．この調査は厳密な入力時間の測定を意図したものではなく，入力時間のおおよその傾向を知ると同時に，それぞれの入力操作において，学習者にどの程度の支援が必要かなど，入力作業に関わる問題点の検討資料を得るためのものであった．

2．1．2　予備調査（2）

中国からの留学生1名に「kana」プログラムを試用してもらった．日本語に関しては「上級」クラスに属していたが，パソコン経験はなかったので，電源投入と「kana」プログラムの立ち上げを筆者が行い，氏名・番号登録から一問目までは，筆者が説明しつつ入力を手伝った．そのあとの操作に関しては指示や助言は行わなかった．試用中に，本人の誤解に基づく表記の誤りはあったが，操作上の質問や混乱はなかった．

2．1．3　両予備調査のまとめ

日本語CALLの実践へ向けて，学習者の解答入力作業の簡易化を目的とした「ひらがな転記方式」のプログラム開発を中心として，学習過程全体の構成を含めたシステム設計・開発をすると共に問題点の考察をし，実践のための基礎を得た．

「ひらがな表」からの転記による入力作業は，予備調査では実用性に大きな支障はないと受け止めることができる．即ち，解答入力にひらがなを用いる場合，「ひらがな転記方式」は「ローマ字入力方式」のような表記上の知識も，「かな入力方式」のような事前の訓練も必要とせず，また，入力作業中に誤操作もなく，従って助言も一切不要であったことから，後者2方式に比べて「簡易」であると考えることができる．

また，「かな入力方式」では，目的とする文字を表示する方法が分からない時，学習者は焦燥感や苛立ちを感じていると観察されることもあったが，「ひらがな転記方式」ではそれらが観察されなかった．このことから「ひらがな転記方式」は学習者の心理的負担が少なかったと判断できる．

解答入力に関わる操作上の問題点も発生しなかったことから，「kana」

は日本語CALLに使用できるシステムであることが示されたと考える．どのような教材が適切であるかを模索することが今後の課題となった．

2．2　コースウェア作成

　五十音図を基本とし，日本語のひらがな表記に必要な文字を「ひらがな表」として表示する．文字種類と数は，清音文字45種，濁音文字20種，半濁音文字5種，拗音文字3種，促音文字1種，撥音文字1種，計75文字である．小さい「ぁぃぅぇぉ」の5文字は，パーティー，ノルウェーなど，外来語のカタカナ表記や擬音語などに用いられる場合もあるが，用法が限られており，学習者が解答に用いる可能性は本試作教材では皆無であるので，旧かな使いの文字や「う゛」の文字と共に，「ひらがな表」の表示文字には含めなかった．

　ひらがなで解答させることが有効である教材は種々考えられる．漢字の読み方の練習もその一つであろう．留学生として来日した中国人一人の意見を参考にし，サンプルとなるレッスンを，漢字の読み方練習の試作コースとして20問準備した．

2．3　「ひらがな入力」による解答方法の概要

(1)「ひらがな表」の表示

　四角の枠の中に「ひらがな表」を画面の上部約半分に表示し，そのうちの一文字だけを青色の文字で示す．操作法に関する簡単な説明が表示されるが，ファンクションキー等の操作についての説明を予め行う．また，解答の方法を一度デモンストレーションして操作法を具体的に示すことを前提とした．

(2) ひらがな選択

　4種類のカーソル移動キーにより，上下左右の任意の方向に青色文字が移動する．カーソルが枠の外に出ることはない．

(3) ひらがな転記

　目的とする文字が青色になったあとリターンキーを押すと，その文字が解答欄に転記される．以上の機能により「ひらがな転記方式」(図5) と呼

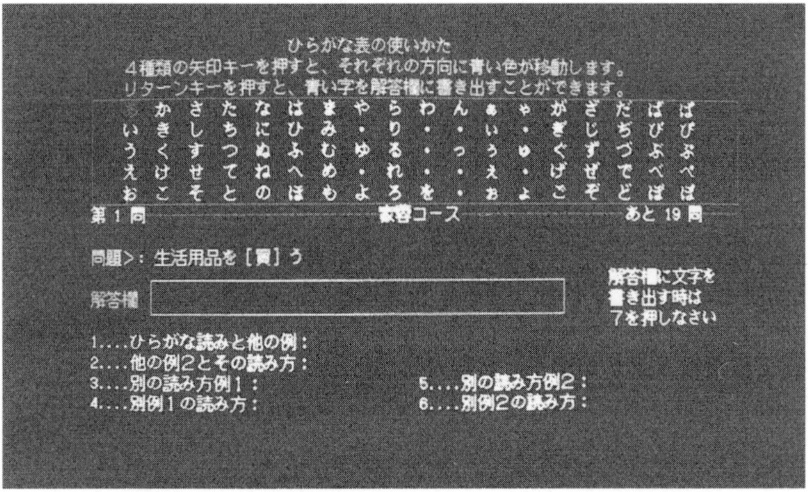

図5 キーボード操作による「ひらがな転記方式」の例

(4) 入力文字訂正

転記後，当該文字を訂正したい場合が生じるので，次の2方法で解答欄の文字を削除・消去する．その後は上記(1)〜(3)の手順に戻る．① 一文字削除（f・6キーまたはBSキーを押すことにより，入力文字のうち，右端の一文字が削除される），② 全文字消去（f・4キーを押すことにより，解答欄の全文字が消去される）．

3節 マウス方式とキーボード方式の比較

学習者の解答入力方法として，キーボードからローマ字入力によりひらがなを表示して解答する方法（ローマ字入力方式，キーボード方式）と，画面に表示された「ひらがな表」からマウスを使ってひらがなを選択して解答する方法（ひらがな転記方式，マウス方式）の使用を日本人に依頼し，両者の使い勝手の印象評定を比較した．マウス方式は，前述の「ひらがな簡易入力システム」（ひらがな転記方式）で開発したシステムを，マウスを使って入力・転記するように改善したものである．

−107−

「キーボード方式」と「マウス方式」の日本語CALLコースウェア（ドリルモード）を作成した．

3．1　両コースウェアの共通点
（1）教材

使用教材は「尊敬表現」とし，マウス方式にもキーボード方式にも使用できる教材を準備した．1教材につき20問で構成し，問題はランダムに提示したが，同一問題は提示しなかった．

（2）教材データの構造

1問につき次の9項目を文字列のデータとして持たせた．ただし①，②，⑨の項目のデータは不可欠であるが，他の項目はなくてもよい．全角40文字を1行とする最大の表示行数を（　　）内に示した．①提示問題（3行），②第1正解（1行），③第2正解（1行），④第2正解のメッセージ（1行），⑤第1誤答（1行），⑥第2誤答のメッセージ（1行），⑦第2誤答（1行），⑧第2誤答のメッセージ（1行），⑨ヒント（1行）の9項目である．

（3）文字データの表示行

1画面20行を使用したが，9行目までの右半分は，画像表示，左半分は各方式に応じて使用した．10～11行目は教材名や指示文などに用いたが，13行目以下を下記の項目の表示に用いた．①13～15行目は提示問題を表示する，②16行目は解答入力文字を表示する，③17行目は残りの問題数を表示する，④18～19行はKR情報，第2正解・第1誤答・第2誤答に対する各メッセージ，及びヒントを表示する．

（4）画像

1問につき，問題提示用，正答用及び誤答用の3種類の画像（絵）を5組作成し，問題毎に1組を用いた．すべて人物が描かれており，問題提示では「特に感情のない表情」，誤答画面では「怒った表情」，正答画面では「笑顔の表情」を，画面の右上に表示したが，出題内容との関連性は特に持たせなかった．

（5）学習データの記録と表示

学習データとして次の内容を学習終了時に表示した．①学習時間（教師

が学習状況を把握する目的もあり，1問毎の学習時間を加算して解答済みの問題の合計学習時間を算出したほか，同一教材でも2回以上にまたがって学習する場合があるので総学習時間を記録した），②得点（1問につき最高点を10点とし，誤答・ヒント要求・誤字の解答を減点して得点を算出した），③誤答回数（第1誤答，第2誤答及びそれ以外の誤答の回数を記録した），④ヒント要求回数（ヒントを求めた回数を記録した），⑤残り問題数（未解答の問題及び6点未満の得点を得た問題の数を合計した）．6点未満の問題は再学習課題として，次回の学習時に再提示することとした．

(6) 学習回数

1教材を数回にまたがって学習する者もいると思われるので，当該教材に取り組んだ回数を表示した．

(7) 誤答処理

第1誤答・第2誤答が入力されたら，各メッセージを表示した．全文字を一度消去して，再び解答入力を求めた．第1正解・第2正解に「誤字」が検出されたら，誤字が消え，同じ箇所に1文字分の四角の枠（□）を表示すると共に，種類に応じたメッセージを表示した．なお，「誤字」検出の機能については，第6章で詳細に述べる．

(8) その他のプログラム

学習者が学習の前後に使用するプログラムとして，①氏名・番号登録プログラム，②教材選択・解答方式練習プログラム，③学習結果一覧表示プログラム，④種類別誤字検出回数等表示プログラムを作成した．

3．2 キーボード方式の概要

日本語FEPを用い，ローマ字入力によりひらがなを表示して解答する方式のプログラムを作成した（図6）．

(1) ファンクションキー

解答入力時あるいは誤答時に使用するため，次の7種類の機能を設け，ファンクションキーの入力により使用できるものとした．画面中央に各機能を示す四角の枠を表示し，枠内に機能の名称を表示した．機能の名称とファンクションキーの番号を下記に示した．なお，1つのファンクション

キーに2つの機能を持たせたが，使い分けの混乱を避けるため，正誤判定の前後で表示文字をかえた．f・6～f・10は，日本語FEPの機能を持っているので，誤操作防止の観点から，使用しなかった．①「答える」(f・4)により解答入力状態に入る，②「ヒント」(f・2)によりヒントを表示する，③「すすむ」(f・5)により未解答のまま次の問題に進む，④「おわる」(f・1)により学習を終了する，⑤「つぎ」(f・5)により正答後に次の問題に進む，⑥「けす」(f・4)により誤答文字をすべて消去する，⑦「判定」(f・1)により解答入力語の正誤判定をする．

(2)「誤字」訂正

解答文字として表示されている文字を，カーソル移動キーなどにより，手直しをして再解答することができる．全文字を消去して，再入力することもできる．入力が完了したら，正誤判断を再度行うこととした．

(3) その他の機能

20行目を日本語FEPで使用した．その他，ファンクションキーの機能の説明，画面の印刷，他のプログラムへの移動，などの機能を持たせた．

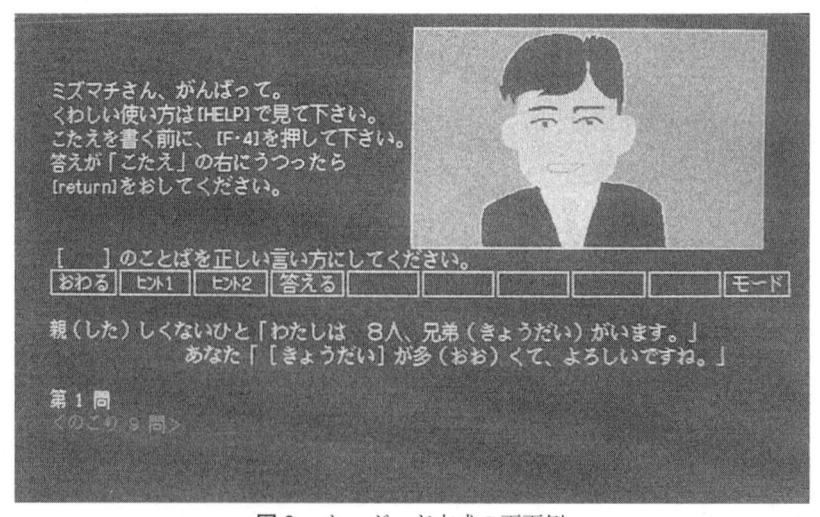

図6 キーボード方式の画面例

3．3 マウス方式の概要

マウスを用いて解答文字の選択と機能の選択を行う方式のプログラムを作成した（図7）．

(1) アイコン（絵文字）

次の8種類の機能を持たせた絵文字を画面左上に表示した．各機能の説明を各名称と共に示す．①「終了アイコン」によりプログラムを終了し，学習結果を表示する，②「次問題提示アイコン」により次の問題を提示する，③「全文字消去アイコン」により誤答の全文字を画面から消去し，解答の再入力状態とする，④「1文字消去アイコン」により回答の途中で解答文字列の末尾の1文字を消去する，⑤「ヒント表示アイコン」によりヒント内容を表示する，⑥「五十音表切り替えアイコン」により第1表と第2表のいずれかに表示を切り替える，⑦「前問題表示アイコン」により1問前の問題を提示する機能を持たせたが，この調査では使用しなかった，⑧「正誤判断アイコン」により解答入力後に正誤を判断する．

図7 マウス方式の画面例

（2）ひらがな表

　アイコンの下方に「ひらがな表」を表示した．ただし，1画面で全文字を表示することができないので，2画面に分割し，アイコンの「五十音表切り替え」機能により，第1表と第2表のどちらかを任意に切り替えて表示できるようにした．

　第1表は，あ・か・が・さ・ざ・た・だ・なの各行合計40文字，第2表は，は・ば・ぱ・ま・らの各行25文字と，や・ゆ・よ・わ・を・ん・ゃ・ゅ・ょ・っの10文字と，／と一の記号及び1・2・3の数字の合計40とした．清音と濁音（は行は半濁音も）を並べて表記した．

（3）その他の機能

　画面の印刷，他のプログラムへの移動，などの機能を持たせた．

3．4　両方式の試行調査

　キーボード方式とマウス方式の日本語CAIプログラムを日本人に使用してもらい，使用後に印象評定の調査をした．

（1）被調査者

　被調査者は日本語母語話者11名（男性1名，女性10名，平均年齢20.3才）であった．パソコン操作については，5段階の自己評定の平均で，キーボードの慣れが3.2，マウスの慣れが2.1，ローマ字入力方法の慣れが3.8であった．

（2）使用教材

　使用教材は両方式共に尊敬表現とし，マウス方式用の教材とキーボード方式用に，ほぼ類似の2種類の教材を準備した．

（3）使用状況

　両システムの使用時間は概ね20分を目安に使用させた．平均消化問題数は，マウス方式が17.7問，キーボード方式が13.9問であった．

（4）解答時間

　1問の平均解答時間は，マウス方式が20.2秒，キーボード方式が25.1秒であった．

（5）使用中の助言

使用の際，キーボード方式はローマ字入力に関する知識とファンクションキーの操作に関する助言を行った．一方，マウス方式はマウス操作とアイコン・文字選択に関する助言を行った．両方式とも，使用者の操作方法の質問は，開始後約10分間に集中した．

(6) 印象評定

各方式について5段階で評価してもらった結果を表3に示した．

両方式の印象評定では，マウス方式がキーボード方式に比べ「おもしろかった」が有意であったが，他の項目に有意な差はなく，ほぼ同等の評定結果であった．この結果から，CAI実践の際は，学習者がいずれかの方式を選択できるように配慮すればよいと考えられる．ローマ字入力に慣れている学習者はキーボード方式を，慣れていない者はマウス方式を使うように指導することが示唆される．

(7) その他の意見

各方式の操作について，意見や印象を自由に記述してもらった．正答・誤答の多様性に関わるもの（10件），漢字の読み方や文意などの解答支援に関するもの（14件），操作の手順に関わるもの（16件），その他（7件）が寄せられた．

表3 両方式の印象評定

評定項目	キーボード方式	マウス方式	t値
Q1 おもしろかった	4.45(0.50)	4.91(0.29)	p<=0.1
Q2 むずかしかった	3.09(1.68)	3.18(1.19)	0.14
Q3 すきだ	4.27(0.75)	4.82(0.39)	1.94
Q4 もっと使ってみたい	4.45(0.66)	4.64(0.64)	1.00
Q5 やくにたたない	1.91(1.00)	1.82(1.03)	0.27
Q6 しんせつだ	3.45(1.08)	4.00(0.74)	1.60
Q7 使いにくかった	2.64(1.37)	2.91(1.00)	0.49
Q8 いらいらした	2.09(1.31)	2.18(1.34)	0.16
Q9 べんりだ	3.64(0.77)	4.09(0.79)	1.61
Q10 めんどうくさい	2.91(1.31)	2.36(1.30)	0.97

3．5 システムの改善

試用調査の3グループに使用してもらった際に得られた意見等をもとに両システムを改善した．

（1）追加した機能

初級レベルの学習者には，提示問題に漢字が多く用いられていることが，解答上の支障になっていた．自由記述にも7件の指摘があった．問題文中にルビをふることができないので，漢字の読み方を示すには，かっこなどの記号を用いなければならない．しかし，上級レベルの学習者にはかえって目障りになることも予想される．

そこで，正答の手がかりとなる内容を日本語で説明する他に，出題内容全体の文意を説明したり，漢字の読み方をひらがなで表示したり，単語の意味を表示することができるように，ヒント機能を追加した．2種類のヒント機能の役割を明確に区別する方が学習者にとっては使い易いと思われる．例えば，日本語による説明は「ヒント1」を，英語による説明は「ヒント2」を使うことが考えられる．しかし，システム上の制約はなく，本システムでは，教材作成者に両ヒントの役割分担の判断を委ねることにより，柔軟な方針で作成できることを優先した．そのため，「ヒント1」「ヒント2」という名称にした．また，両ヒントの表示行を2行に増やし，より多くの情報を表示できるようにした．

（2）表示機能の分化

キーボード方式におけるファンクションキー操作の煩雑さが指摘された．「判定」操作及び判定後の入力操作を自動化し，機能を次の4段階表示に変えることにより学習者の操作を簡略化した．①問題表示場面の機能として，「答える」「ヒント1」「ヒント2」「おわる」，②解答入力場面では機能の表示はしない，③誤答判定後の機能として「けす」「ヒント1」「ヒント2」，④正答判定後の機能として「おわる」「つぎ」とした．

（3）「正解」表示のタイミング

誤答の入力が2回目になると，正解を表示したが，初級学習者には，「ヒント」表示後も正解が答えられず，解答に手間取っていることが観察された．そこで，初回の誤答入力の直後に「正解」を表示した．

（4）誤答判定後の入力

　キーボード方式では，誤答の一部を手直しして解答の文字を再構成できたが，使用者の操作を観察していると，再構成による訂正作業に時間がかかっているように見受けられた．マウス方式に比べ，平均消化問題数が少なく，また平均解答時間が多いのは，初回の入力・判定時の煩雑さと共に，訂正作業に手間取ったことにも起因していると考えられる．そこで，文字の再構成による再解答をやめ，全文字を消去したあと解答入力をやり直す方法にかえた．促音文字「っ」や拗音文字「ゃゅょ」だけを表示するには，入力方法についての別の知識が必要となるので，操作上の負担となることを懸念したためである．このため，「誤字」の場合も再度全文字を入力しなおすこととした．但し，マウス方式では「誤字」の場合には，当該文字1字だけを再入力する方法をそのまま残した．

（5）選択式解答の採点法

　当システムでは，「ひらがな」による解答を前提として出題するが，解答は1文字でも構わない．つまり，選択式の解答も可能である．しかし，その場合には「誤字」検出の機能は無意味となるので，正解が1文字の場合は「誤字」検出をしないことにした．

（6）削除した機能

　得点が6点未満の問題は次回の再学習課題とすることにしたので，マウス方式で未使用の「もどる」機能を削除した．

4節　本章のまとめ

　印象評定はキーボード方式もマウス方式も統計的には類似していたとは言え，全体的にはマウス方式が好ましい印象を持たれた．システムの改善は，キーボード方式の操作上の改善であった．これらを改善すれば両方式の印象評定は更に接近することが予想される．

　日本語学習者のCALL学習における入力作業の軽減の観点から，以下を結論とした．

（1）パソコン操作に不慣れな日本語学習者でもCALLでの学習を進めるこ

とが可能なシステムを目指すべきであり，パソコン操作に関わる多くの知識・技能を求める必要のないマウスを使うことが簡易であること，文字の選択による出題形式では，ひらがな・カタカナ・漢字のどれでも出題することができること，予期せぬ誤答・入力ミスなどに詳細な対応をしないでもシステム開発が比較的容易であることなど，学習者の解答入力方法として「マウスによる文字転記方式」が最も簡便である．

（2）これまで述べたコースウェアの開発に用いたOSはMS-DOSで，開発言語はN88-日本語BASICであった．急速なパソコンのハードウェアとソフトウェアの進展と共に，使用環境は激変する中で，これまで試作したコースウェアをWindows版への移植を行う必要がある．移植によるプログラムや教材データはできるだけ活用し，「ひらがな転記方式」はそのまま引き継ぐと共に，蓄積されたその他の知識も日本語CALL開発に活かすべきである．この結論に基づいてVisual Basicで作成したコースウェアが第9章で述べる「動詞の勉強」である．

第6章

解答内容の正誤判定と学習促進のためのフィードバック

―――「誤字」検出機能の開発と解答支援―――

　教科や教材内容にかかわらず，学習者とシステムの3つの関わりのうち，入力内容に対するシステム側の処理とその結果を学習者に返すフィードバック（以下，フィードバックと呼ぶ）の研究は少ない．CALLでは，通常，学習者とCALLシステムとの「対話」により学習が進められる．自然言語を扱うという特性上，入力内容と正誤判断後のフィードバックは決して軽視できない．むしろ，その支援が言語学習を促進すると考えられる．

　コンピュータによる自然言語の教育・学習において，文字を入力させて解答を求める場合，コンピュータで入力文字の正誤判断をする時には，あらかじめ用意された「正解」と入力された「解答」を比較して，両者が一致すれば「正答」となり，一致しなければ「誤答」とされる．しかし，教師が採点すると，採点基準次第では「正答」とは言えないが，教育的配慮から「誤答」と断言できない場合もある．その時には減点をしてある程度の「部分点」を与えることもある．この「部分点」の基準は「許容度」により異なる．コンピュータで採点する場合にも，この「許容度」を取り入れることができないかが課題と考えた．

　コンピュータから「誤答」のフィードバックがあった場合，学習者は完全に間違っているか，それとも正解に近いのかが判断できない．仮に「許容度」の範囲に入る解答であっても，全く別の解答を探るかもしれない．

これは学習効率が悪いばかりでなく，学習上の混乱となり，学習を阻害する恐れもある．これに対する一つの対応策として，英単語の「スペリングエラー」を検出し，正解への方向づけを行う方法がある．更に，それを日本語CALLに「誤字」の検出機能として応用することができる．

本章では，日本語CALLにおける学習者に対するフィードバックと入力誤字に対する解答支援に関する方法を述べ，日本語CALLでの学習者への解答支援について，システムの一部としての「誤答処理」，特に「誤字」検出機能の有効性を検証する．

1節　英語教育におけるスペリングエラーの研究

1．1　スペリングエラーの検出方法

コンピュータによる英語のスペリング検査に関しては，すでにいくつかの方法が研究されている（Blair 1960, Cornew 1968, Damerau 1964, Peterson 1980など）．川合（1983）は，それらの方法と概略と評価について述べた．Peterson（1980）は，数種類の具体例を通し，英語のスペリング検査の概略を紹介した．Damerau（1964）は，コンピュータが受け入れない入力ミスのうち，英単語の誤り4種（1文字の異なり，1文字の不足，余分な1文字の挿入，隣接2文字が入れ替え）を挙げ，約80％のエラーはこれらの一つであると報告している．Galliほか（1968）は，12種類の誤りを挙げているが，そのうち8種類の「単語構造の誤り」を除き，1語内の誤りに限れば，Damerau（1964）の4種類の誤りに含まれる．

1．2　英語のスペリングエラーの検出

川合（1983）は，英文綴りの検査・修正法として，① 辞書の見出し語を探索するもの，② 多字組の頻度統計を使用するもの，2種類を挙げた．英語教育の立場から考えると，もう一種類として，③ 「正解」として指定された文字列と解答入力の文字列を比較する方法，が考えられる．Stahlke（1984）の「key word」法である．Stahlke（1984）は，①と②は大量の記憶容量が必要で，③は単純なタイプミスのような予測不能の誤りに対処でき

ないのが欠点である，と指摘した．Tenczar and Golden (1962) は，PLATOでの処理法に，大文字使用上の誤りを矢印で，綴りの誤りを2重下線で示すなどの工夫を持たせた．Soemarmo (1983) が開発した3種類のkey word法のうち，最も精緻なMISSPELLINGのプログラムでは，4種類（1文字足りない，1文字が異なる，隣接の2文字が入れ替わっている，活用上の誤り）を対象とした．例えば，STOPEDと入力されたら，STO-PEDが表示され「Close, but one letter is missing.」とフィードバックされる．しかし，IS STOPPINGと入力すると「Check prefix and suffix.」とフィードバックされる．適切な対応になっていないのは，解答がスペースバーで2語に区切られたためと思われ，形態的な処理に関連する課題が残っている．

スペリングエラー処理に関しては，市販の英文ワープロソフトや英文解析ソフトで検出できるようになっているものもある．しかしCALLの自作ソフトに簡易に利用出来るように提供されてはいない．

以上のことから，①記憶容量が少なくてすむこと，②予測不能の誤りにも対処できること，③フィードバックは正解の方向づけができること，④スペースバーの使用の可能性を避けること，を実現するソフトを自作することにした．

1.3 「スペリングエラー」の対象

綴りの一部が異なれば，「別の単語」となる場合も多く，すべてを「スペリングエラー」の対象とすることはできない．文法と意味の関係から，「別の単語」と考える方が教育上は好ましいと考えられるものに次のような場合がある．

①文法上相違するが意味上近似する語
　adviseとadvice，shakeとshaken，programとprogramsなど
②文法上も意味上も相違する語
　betterとbutter，quiteとquietなど
③文法上は近似するが意味上相違する語
　personとparson，couldとwouldなど
④文法上も意味上も近似する語

employerとemployee，speciallyとespeciallyなど

　これらを「正解」と「解答」の文字比較で判定する場合，学習者の入力ミス（偶然の誤り）から生じたものか，知識の欠如（必然の誤り）から生じたものか，コンピュータには区別することができない．しかし，結果的には綴りの一部を修正すれば「正解」となる．誤りの原因追求よりも結果の修正に視点を変えれば，「偶然」と「必然」の両方の誤りに対応できることになる．

　一方，短い単語のスペリングの誤りは「別の単語」と考えなければならない．中学校英語の必須単語を概観しても，outとour，busとbut，lotとlow，catとcanとcarとcap，sunとson，inとon，itとisなどその数は多い．これらを「スペリングエラー」とすることはできない．Peterson (1980)は，ブラウンコーパスでの英単語の平均文字数は，8.1文字であると言う．竹蓋 (1987) の中学校英語教科書の調査では，1語の長さの平均は3.8文字となっている．これらのことから，「スペリングエラー」では，4文字以上の語を対象とした．また，検出対象とする種類は，Damerau (1964) の4種に，「70%以上の文字使用の一致」を加えた．

1．4　検出後のフィードバック

　それぞれの場合のフィードバック内容として，①正解文字，②解答入力文字，③訂正箇所の指摘，④修正のための再入力待ちの状態，⑤修正行動の指示，を下記に示す．
(1) 1文字を別の文字に差し替える場合
　①advise，②advice，③cと-が交互に3回点滅する，④advi-e，⑤Give the correct letter.
(2) 1文字が足りない場合
　①especially，②specially，③sの前に_と-が交互に3回点滅する，④-specially，⑤Put the correct letter.
(3) 1文字多い場合
　①program，②programs，③sと-が交互に3回点滅する，④program-，⑤Press SPACE BAR to erase the letter.

(4) 隣接する2文字が入れ替わっている場合

①receive, ②recieve, ③eとiが交互に3回点滅する, ④rec-ve, ⑤ Exchange the two letters.

この他, 解答語の文字が「正解」文字と70％以上一致する場合は,「Something strange about the spelling. Press t to try again.」と表示し, 再度解答するようにした.

Peterson (1980) によると, 英単語の99％が17文字以下で構成されているという. 17文字以下の単語が「70％以上の同一文字使用」で検出される対象となる誤字の文字数を表1に示した.

表1 検出対象となる文字数

正解文字数	4〜6	〜9	〜13	〜17
許容誤字数	1	2	3	4

1.5 試行と課題

自作の教材（Word Drill）を延べ8名の大学生に使ってもらった. 提示問題の一例を下記に挙げる. 2文を一組とし, 上の文の1語を派生語に変えて, 下の文の空欄（-----）に入れ, 意味が通るようにする問題である.

They made good use of the machine.

They realized the machine was -----.

1コース20問のうち,「スペリングエラー」として検出されたのは, 平均11.9であった.「スペリングエラー」検出機能が学習者を支援したと考えることができる.

しかし, 以下の課題も明らかになった.

(1) 複数正解への対応

「正解」を1種類しか設けなかったので,「正解」がcolorで,「解答」がcolourの場合は「スペリングエラー」となる. 英米の綴りの違いがある単語には複数の正解を用意しなければならない.

(2) 検出機能の精密化

4種類の「スペリングエラー」を細かく検討すると, 以下の10例がある.

*印が「解答」の単語で（　）内が正解の単語である．同一文字が連続している場合の検出ができるように，プログラムを精密にしなければならない．

　例1　*agrent（agent）
　　正解にない文字が一文字余分に入力された場合．
　例2　*computter（computer）
　　正解の中に連続した同一文字がないのに，同一文字が連続して入力された場合．
　例3　*occcur（occur）
　　正解の中に連続した同一文字はあるが，同一文字が3連続して入力された場合．
　例4　*attendand（attendant）
　　解答文字の一文字が正解と異なっている場合．
　例5　*Policeman（policeman）
　　小文字であるべき箇所が大文字となっている場合．
　例6　*airport（Airport）
　　大文字であるべき箇所が小文字となっている場合．
　例7　*airpot（airport）
　　正解に含まれる文字の一つが欠落している場合．
　例8　*ariving（arriving）
　　隣接する同一文字の一文字が欠落している場合．
　例9　*beleive（believe）
　　隣接2文字列が入れ替わって入力された場合．
　例10　*imfornation（information）
　　正解文字列のうち，解答文字列の複数文字が異なっている場合．

2節　スペリングエラー検出機能の有効性

2．1　コースウェア作成と試行
（1）対象者

　自作プログラム（Word Drill：略称wd）を学習ソフトとして，通年の授業の一部に使用した．私立大学に在籍する外国人留学生に対する英語授業クラスの受講生13名（男子8名，女子5名）を対象とした．出身国は，韓国（1），台湾（7），香港（2），インドネシア（1），イラン（2）である．5名が初歩的ながらコンピュータ操作の経験者であり，他に2名が英文タイプライター操作の経験者であった．

（2）コースウェアの準備

　普通クラス用のテキストを用いて，導入，解説，展開などの口頭練習を行った後，単語の定着を目的としてwdを使った．コースウェアは，テキストの本文から抜粋し，1レッスン20問の単語（句）の空欄記入方式として，1レッスンにつき1ファイル毎に20レッスン（合計400問）を作成した．

　また，英語能力やキーボード操作能力の差，あるいは誤操作等により学習経過時間に余裕が生じた学生に対し，クラス全体の授業終了時間の調節を計るため，補充教材として640問を準備した．

（3）学習者の反応資料の収集

　4月の授業開始から3回を，学習目的の説明，機器操作説明，タイピング練習などに使った．その後前期9回，後期14回の授業のうち，検討対象の資料を収集したのは，5月，6月，10月，11月及び1月であった．またそのほか，7月の前期試験の際，wdをテスト用に改訂したプログラムを使用し，誤答単語を収集した．

　学習結果が出力されたプリンタ用紙を提出させることにより，誤答の単語，経過時間，誤答回数，正答支援キー入力回数，「スペリングエラー」により検出されたスペリングエラー回数，及びスペリングエラーの種類別回数をそれぞれ集計した．誤操作や操作上の困難点等を観察法により，また自由記述式のアンケート調査により，学習者の反応を集めた．

2．2 試行結果
（1）入力反応の結果

1レッスンにつき経過時間，誤答回数，正解支援要求回数，綴り誤りを，一人分の各平均値（かっこ内は標準偏差）を表2に示す．1回目から4回目までは，授業終了前約20分～30分から始めた1レッスン分のデータであるが，5回目は復習として，後期学習済みのレッスンから時間の許す限り多くのレッスン（平均6.4）を学習者が任意に選んだ学習結果であるので上4回とは事情が異なる．経過時間は，システム立ち上げの時間からではなく，第1問提示から第20問の解答終了までの時間であるので，解答に費やされた実時間と考えられる．

（2）種類別スペリングエラー回数

「スペリングエラー」として検出され，種類別に印字されたエラー回数の合計を表2に示す．印字記録は，学習者の初動の反応を分類するため，各問題に対する解答初回の入力内容のみを収集対象とした．

表2　誤字の種類別回数

	1文字多い	1文字差し替え	1文字少ない	隣接文字入れ替え	その他
1回目	0	7	6	0	3
2回目	2	2	7	0	3
3回目	2	2	2	0	0
4回目	1	10	3	0	2
小計	5	21	18	0	8
5回目	14	23	26	5	15
合計	19	44	44	5	23

（3）「スペリングエラー」の具体例

前期試験の際，「スペリングエラー」検出ルーチンを外し，正解と入力解答の文字列が完全に一致するものだけを正解として処理するプログラムを使用した．誤答として印字された語（句）は総数199あった．その中から「スペリングエラー」として検出されうる誤答は45例あった．以下のリストがその具体例である．2回以上の出現数を＜＞に示した．（ ）は正解文字である．

①「1文字多い」
　having (having), agrent (agent), Policewooman (Policewoman), doessn't have (doesn't have), fiftheen (fifteen)
②「1文字差し替え」
　this (This)<3>, attendand (attendant), ia waitin (is waiting), airport (Airport) <3>, it isn't (It isn't), flight (Flight), Empire state (Empire State)<2>, is attiving (is arriving), DOes he have (Does he have), It isn't (it isn't)<3>, where (Where)<2>, attendent (attendant), attentant (attendant), toack (track), does he have (Does he have)<2>
③「1文字少ない」
　airpot (airport), plan (plane)<3>, carring (carrying)<3>, poter (porter), San Franciso (San Francisco), fight attendant (flight attendant), stree (street)
④「隣接文字の入れ替え」
　it is'nt (it isn't), San Frnacisco (San Francisco)
⑤「その他80％以上の文字列の一致」
　Does he has (Does he have), empire state (Empire State), is raing (is raining)

2．3　考察

（1）学習経過時間は学習回数を重ねることにより次第に減少した．機器の操作方法や出題・解答の方法に対する慣れによるものであろうことは容易に推測することができる．特にクラス開始の初期の頃は，学習者から操作法や出題内容に関する質問が多かった．指示文や解答支援のフィードバック文が画面に表示されていたのだが，画面の表示文が英語であったため，指示内容が把握できなかったためもあろう．同時に，機器使用に関する不安感の現われだったのかもしれない．画面の指示文の説明や出題内容に関する指導を個別に行い，大部分を解決した．
（2）出題された問題は教材テキストからの抜粋であり，各問1～4語の空欄記入式解答であるので，正解単語の難易度以外に，レッスン間に特に

難易度の差を生む原因はなかったと思われる．誤答回数がクラス開始初期に多いのは，機器操作や解答要領に対する慣れと無関係ではなかろう．
（3）解答支援要求回数が次第に少なくなっていくのは，解答要領の慣れのためばかりでなく，1回要求ごとに減点の対象としたため，できるだけ高得点を狙おうとする学習者の意欲の現われと見ることができる．
（4）「スペリングエラー」の回数は，クラス開始初期に特に多いとは言えず，また後半特に少なくなったとも言えない．「スペリングエラー」が20問に約1回以上発生していることは，上記の「慣れ」とは無関係であり，いずれの段階でもエラー検出機能は必要であることを示唆している．
（5）「スペリングエラー」の種類としては，表2や具体例のように，全体の8割以上が4種類の検出で行えるという結果は，ほかの研究（Peterson 1980, 古郡・平沼 1987）と一致する．また，上記4種以外の「使用文字率による検出」も補助的な役割を果たしたと考えられる．
（6）誤答例の分析から，5回に1回以上の誤答は「スペリングエラー」で検出できるものである．前期試験の際に「スペリングエラー」の検出部分を削除したところ，「誤答」となる場合が増えたため，学習者から検出部分の削除に対する不満の声が出た．「スペリングエラー」検出機能を学習者が支持することを裏付けるものであろう．
（7）前期の最後の時間に，後期の授業方法について，CALLを継続する方がよいか，または口頭練習だけの授業がよいかと質問した．全員がCALLの継続を選んだ．この学習方法は全般的に有効であると学習者が判定をしていることを示すものと受け止めた．例年いわゆるドロップアウトの受講生がいるが，今回は全くなかったことは，この学習方法への好意的な現われと考えたい．
（8）学年の最後に，年間の授業についての感想・意見を求めた．全体的には肯定的であった．批判的意見としては，正解が複数考えられるのに正解は一種類しか用意されていないことが指摘された．
（9）機器操作や解答要領は学習回数を重ねていくうちに慣れていくが，システムの使用開始初期には，教師などからの支援が必要である．
（10）「スペリングエラー」検出機能は，学習回数や慣れとは無関係に，解

答支援に貢献できることが示唆された．
(11) 英語CAIの実践を通しての研究であったが，この成果は日本語CALLの開発・応用へと結び付くものである．

3節　日本語CALLの「誤字」検出機能の有効性

3．1　日本語CALLにおける「誤字」
3．1．1　「誤字」の検出機能
　英語CALLの実践を通し，スペリングエラー検出の有効性が指摘されたことを受けて，同様の機能を日本語CALLに応用することにした．

　日本語学習上の重要な問題点としては，促音，長音，拗音・直音，清音・濁音などの誤字・誤表記があげられる．これらはすべて「1文字」の問題であり，1語内の誤字綴りと同じである．これらを含めた「誤答」に対処する方法の一つとして，「誤字」検出用のルーチンを作成した．

　キーボードからローマ字入力してひらがなを表示する「ローマ字入力方式」とマウスを使って画面の文字表のひらがなを選択して解答欄に転記する「ひらがな転記方式」のコースウェアを作成し，その一部に「誤字検出機能」を組み入れた．両方式を3つのグループの被調査者に使用してもらい，「誤字」の検出回数を算出すると共に，検出例を収集した．

3．1．2　「誤字」の種類
　次の14種類の「誤字」を検出できる機能を持たせた．
① 正解より1文字多い
② 正解より1文字少ない
③ 正解と1文字異なる
④ 正解の清音文字が濁音文字
⑤ 正解の濁音文字が清音文字
⑥ 正解の半濁音が清音・濁音
⑦ 正解のは行清音文字が濁音文字
⑧ 正解のは行濁音文字が清音文字

⑨ 正解の拗音文字が直音文字
⑩ 正解の直音文字が拗音文字
⑪ 正解の促音文字（っ）が「つ」
⑫ 正解の促音文字（っ）が欠落
⑬ 正解の撥音「ん」が欠落
⑭ 正解の「う」が欠落

3．2　試行調査
（1）被調査者

日本語母語話者11名（男性1名，女性10名）をAグループとして，全員両方式を使った．日本語学習者は，希望により5名がBグループとして「ローマ字入力方式」を，また，9名がCグループとして「ひらがな転記方式」を使用した．

（2）「誤字」検出回数

Aグループからは11，Bグループからは14，Cグループからは19，合計44の「誤字」が検出された．14種類の「誤字」の検出回数をグループ別に表3に示した．

表3　「誤字」の種類のグループ別検出数

誤字の種類	1	2	3	4	5～11	12	13	14	合計
Aグループ	3	2	2	1	0	0	2	1	11
Bグループ	4	3	2	0	0	0	4	1	14
Cグループ	0	7	10	0	0	1	0	1	19

注：1～14の数字は，前述した「誤字」種類の番号に対応する

3．3　「誤字」の分類と具体例

解答のための入力は，正答を得るまでは何回でも可能であるが，今回は初回の入力のみを収集した結果，Aグループからは7例，BグループとCグループからは13例が得られた．それらは4種類に分類できた．

14種類の「誤字」のうち，検出されない種類もあり不必要かとも思われたが，誤操作など作成者の意図と異なった「誤字」も検出された．母語話

者の「誤字」検出回数（11）は問題消化数（347問）の約3％であり，7例が誤操作による入力ミスであった．日本語学習者の「誤字」検出回数（33）は問題消化数（280）の10％強であった．日本語学習者には1割程度の「誤り」を指摘することができたことになり，誤答箇所を学習者が自ら特定するよりも，混乱は少なかったと想像できる．

B・Cグループから得られた具体例を示す．（ ）内は正解語である．
（1）表記上の知識の誤り（3例）
　もおし（もうし），めしあがて（めしあがって），もおして（もうして）
（2）語彙・用法上の知識の誤り（4例）
　おる（いる），きょうだい（ごきょうだい），ごきょうだい（きょうだい），おわかるになり（おわかりになり）
（3）正解として扱えるもの（1例）
　おくさま（おくさん）
（4）操作ミス（5例）
　しゅじn（しゅじん），もう（もうし），なかなった（なくなった），はいけん（はいけんし），ごらんにになり（ごらんになり）

　上述のことから，「誤字」検出機能は，解答の支援になり得ることを示唆したと言えよう．特殊音に関わる指導では，「誤字」の検出は更に有効と思われる．ドリルモードのコースウェアであったが，学習モードにかかわりなく，「誤字」の問題は，日本語CALLにおける入力内容の「許容度」の問題でもあり，いわゆるuser friendlyなシステムに貢献できる機能と考える．

3．4　その他の解答処理
3．4．1　解答入力内容の予測
　2種類の誤答を予測し，第1誤答・第2誤答とし，それらが入力されたら，それぞれのメッセージを表示した．解答は，解答欄の全文字を一度消去して，再び解答入力を促すこととした．また，「正解」が一つとは限らない場合に備え，2種類の「正解」を用意し，第1正解・第2正解とした．

それらの一つに「誤字」が検出されたら，誤字内容に応じたメッセージを表示した．また，第2正解が入力されたら，そのために用意されたメッセージを表示した．

3．4．2　解答支援情報（ヒント）

初回の誤答の際に正解を表示した．解答の前に学習者はヒントとして，正解に結びつく情報を任意に表示させることができるようにした．ヒント内容を作成するのは簡単でない．習得目標とする言語で説明するか，母語で説明するかは，大きな課題である．日本語学習者に対して，現状では英語以外の言語を扱うことは困難であるので，母語別のヒントを用意することはできなかった．

4節　本章のまとめ

英単語のスペリングエラー検出機能を備えた英語CALLのコースウェアを自作し，実践した結果，同検出機能の有効性を確認できた．

日本語CALLにおける解答入力後の正誤判定とそのフィードバックの方法を検討するため，上記の機能を日本語の「誤字」検出とそのフィードバックの表示方法に応用し，開発した機能が学習者にとって有効な支援方法であることを示すことができた．日本語CALLでは，この機能をシステムに組み入れることが望ましいと言える．

第7章

音声の入・出力機能を利用した日本語の指導

——音声分析装置による日本語韻律の指導——

　『マルチメディアの教育利用——視聴覚教育におけるコンピュータ活用の手引き——小・中学校編』(文部省1994)の中で，マルチメディアの特徴として①情報の融合性，②学習者との相互交渉性，③情報の無構造性，④情報の編集性，が挙げられた．マルチメディアが学習者の音声言語の習得に貢献できる部分は大きい．言語教育における音声指導は，もっとも基本的であり，教師の指導は不可欠であるが，単音・語彙・文・談話のどの練習にも，モデル音声の提示に機器が利用されている．本論の視点から，上記②学習者との相互交渉性が学習支援と密接に関連する．

　言語には「認知」と「産出」の両面があるが，本論では，音声学習における「知覚」と「発話」として取り上げる．音声指導に機器を用いる場合，音声分析の装置やソフトウェアを用いれば，母音・子音の分節音やアクセントなどの韻律の物理的な特徴を抽出し，画面に示すことができるので，音響音声学として分析的な音声研究に用いられている．この機能を利用して，音声教育の一部として分節音や韻律の知覚に関わる指導をすることも可能となったが，音声分析装置の使用は音声学の基礎的な知識が必要で，教師の補助的な道具としての利用が基本となる．

　音声言語の知覚に関わる指導のほか，音声認識装置による発話内容の判定をしようとする試みもある．厳密な判定方法を確立しないでも言語教育

に利用する可能性を探る価値はあり，許容範囲の「程度」により判定基準を設定することができれば，使用目的次第で教材化の可能性がある．教師が装置の機能を見極めて，適切な教材として利用できるかどうかが問われている．

コンピュータによる「音声の文字化」や「文字の音声化」も実現されている．人間が発声した発話音声をコンピュータが判定して画面に文字として表示したり，ホームページの画面の文字を合成音声として読み上げたり，それらの機能は，文字や音声の入・出力の代替手段として母語話者には有益な道具になり得るが，第二言語学習にとっては，処理方法の向上や音声の品質などの課題があり，限定的な範囲の利用に止まっている．

音声技術の言語学習への応用は今後の大きな課題であるが，本章では，特に韻律の指導に焦点を当てて，コンピュータを使って音声の学習と指導を行うこと，特に，日本語韻律の知覚と発話の指導に音声機器が果たす可能性と課題を探った．なお，聴解指導に関することは，日本語CALL教材での開発・利用の研究として第10章で論じる．

1節　言語音声の研究と指導

1．1　機器を用いた音声の研究と教育

言語音をコンピュータで分析する研究は，コンピュータの性能の向上と共に音声学，特に音響音声学の分野で研究が進んできた．例えば，東京大学医学部音声言語研究施設で開発され，文部省科学研究費重点領域研究『日本語音声』（略称）の一環として他の研究班に供与された「音声録聞見」[注]は，多くの研究者がこれを用いて研究を進めた実績を持っている．これはパソコンを使った音声分析装置であり，音声の音響的な特徴として，発話の基本周波数（Fo），強度（dB），持続時間（msec），声道内の共鳴周波数（フォルマント）を画面上で視覚的に観察することができる．

言語（外国語）教育への音声分析機器の利用についての研究は近年だけの現象ではない．Vardanian（1964）は英語教育でのオシロスコープの利用を論じた．高田ほか（1984）は外国語への応用を念頭に置き，発音練習装

置を開発した．Spaai and Hermes（1993）は，イントネーションの視覚表示の効果について，有効・無効の両論が存在することを指摘したが，有効性を主張する研究の方が多いとしている．清水（1983）は，視覚的なフィードバックを併用する方が，聴覚練習のみによる訓練よりも高い学習効果を示したと報告した．斎藤（1995）は全体的に韻律指導に効果があるとしながら，特にリズムの習得に有効であると述べた．また，Anderson-Hsieh（1994）は，超分節音素を視覚的に表示して指導する場合の留意点を挙げた．

言語教育に応用した音声分析装置やソフトに，上記「音声録聞見」と共に開発・頒布された「日本語アクセント練習プログラム」がある．モデルの発話音声と学習者の発話音声の物理的特徴（基本周波数，強度，持続時間）を視覚的に対比して学習ができる．音声機器あるいはコンピュータを用いた音声教育，特に「音声の視覚化」による指導に関する研究は続けられているが，Spaai and Hermes（1993）は，①ピッチ測定の信頼性がないこと，②機器が高額なこと，③体系的なカリキュラムがないこと，④フィードバック処理が欠如していること，の４点を挙げ，言語（外国語）教育で音声分析機器・装置の利用が困難な理由を挙げた．

Kenning（1990）はCAI（以下，CALLと読みかえる）の過去10年間の動向を概説し，CALLは「急速に発展している分野」と指摘した．CALLは，コースウェアの適切な作成が前提ではあるが，即時フィードバックが可能であるので個別学習に適しており，竹蓋（1986）が例示したように，動機づけ，語彙・作文・速読・定着の指導，対話学習，評価などの面で「コンピュータで教える」ことができる．しかしStevensほか（1986）に示された1706件の文献のうち，聴解の題目を有する文献は３件で，prosodyを有する文献は１件である．Kenning（1990）が挙げる参考文献（116件）のなかで，同様の題目を有する文献はない．2000年から取り組まれた文部科学省補助金による「特定研究」の一部に，メディア利用の日本語教育が取り上げられ，学習者の多様化への対応のためにも必要であるとして，CALLの分野でも音声指導の研究・開発が進んだ．

1．2 日本語の韻律の指導

　Mehrabian（1968）は，コミュニケーション全体のインパクトとして，ことば（verbal）が7％，声（vocal）が38％，顔の表情（facial）が55％，となることを述べた．「声」の中には「韻律」も含まれる．発話者の態度は，韻律の特徴として現れるので，コミュニケーションを行う場合に韻律は重要である．コミュニケーションのために韻律の果たす役割が注目され，外国人学習者に対する日本語教育でも，初級レベルから韻律の知覚・発話の計画的な指導が求められるようになっている．本論では，日本語の発話態度・表現意図などと韻律に関する基礎研究を行い，日本語学習者がコミュニケーションの練習を目的としたシステム開発や，韻律の指導法について行った研究について述べる．

　ここで用いる「韻律」とは，国広（1992）の分類に基づき，①アクセント，②音調（イントネーション），③卓立（プロミネンス），④ポーズ，⑤スピード・声の高さなどのパラ言語的現象とした．音調については，同書の通り「文音調・文末音調・声の高さなどのパラ言語的要素が総合的に働いて社会言語学的または情的な情報を伝えることがある」とした．また，天沼ほか（1987）はイントネーションを，「和文の文末にあって，音の上昇，下降などによって話し手の意図や感情を示す働き」としている．なお，アクセントの変形・ゆれや方言的なバリエーションの問題についてはここでは扱わず，共通語の基本的な韻律を対象とした．

　韻律の研究について，藤崎ほか（1989）は，「文・文章中でのアクセント・イントネーションに関しては，ほとんど研究が行われていなかった」と指摘した．韻律の指導に関する研究についても同じことが言える．例えば『日本語教育文献索引』（1982）の韻律に関わる文献の数は，合計30編であり，アクセントを除けば11編しかない．英語教育の研究では，Morey（1991）が挙げた過去30年間の参考文献（128件）のなかで，韻律に関わる題目を有する文献は1割弱しかなく，その傾向はかわらない．

　多くの言語研究者・教師は韻律の重要性を認識しているものの，日本語の音声教育は「教師個人の技量や裁量にまかせられている」（谷口 1991）．特に，韻律の指導は，分節的な音声の指導後に置かれるので，積極的に行

われているとは言えない．その一因は，イントネーションの解明が進んでいないことにもあろう．竹蓋（1977）はイントネーションの研究が遅れている理由として，

①イントネーションの分類，特に『ミニマルコントラスト』の組合せを作ることが困難であること，
②聴覚によるイントネーション分析の『信頼性』が低いこと，
③音声の『基本周波数』を機械的に抽出することが極めて困難であること，
④抽出した基本周波数などの物理的因子からイントネーション信号の言語的特徴を発見するための『正規化』や『変換』の方法がないこと，

の4点をあげた．一方，竹蓋（1987）は，パソコンと人間の「良いところを組み合わせる方向に行けば，イントネーションの分析研究，その指導のための手法は，まだまだ，向上させ得るという可能性を見せてくれた．」と述べ，教育利用への方向性を示した．

2節　日本語韻律の知覚の指導

本節では，日本語教育のための社会言語学的・言語工学的研究の一環として，韻律の知覚診断・訓練用のCALLプログラムを開発・試用し，その有効性を探った研究の概略を述べる．

2.1　教材の選定
（1）発話態度・表現意図の類型の選定
　社会言語学的視点から，Austin（1962），Searle（1969），Van Ek and Alexander（1975）などに基づき，陳述表示型（主張，評定等）を取り上げた．また，日本語教育学的観点から，表現意図のうち情報を授受する機能（情報の提供・要求・確認等）を取り上げた．
（2）発話文の構成
　具体的には，報告・情報伝達とその応答の機能を持つ1組の男女の話者による9基本対話を作成した．基本対話は「です・ます」体とし，それぞ

れ4つの場面変種を設定した．プルチック（1981），細田ほか（1991a）を参照して1組の男女の発話者と発話態度とを決定し，合計36の対話（9基本対話に基づく各4変種）を収録した．図1はその基本対話の一例である．

```
基本対話：　　A：田中先生は今日はお休みです．
　　　　　　　B：そうですか．
変種1の場面：高校で，田中先生について女子事務員が田中
　　　　　　　先生の同僚の男性教師と話しています．
発 話 者：女子事務員　　　　　　　　男子教師
発 話 文：田中先生，今日，お休みです．　そうですか．
発話態度：不満そうに　　　　　　　　不満そうに
```

図1　基本対話の例

2．2　韻律の知覚に関する調査

上記の36対話に関し，日本語母語話者と初級の日本語学習者（中国語話者と英語話者）に対して，どの程度の韻律の理解がなされているかを測定した．その結果，母語により正答率が異なっていた（図2）．日本語学習者が韻律の知覚の訓練が必要であることを示している．

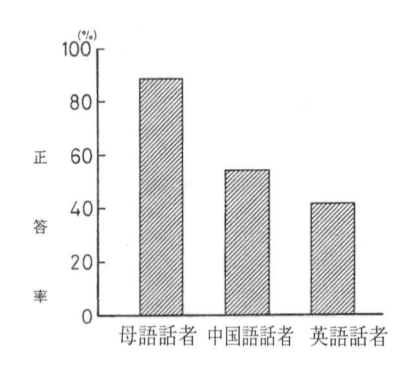

図2　母語話者別の日本語韻律知覚の正答率

―136―

2．3　コンピュータによる韻律の知覚訓練プログラム

　パーソナルコンピュータと音声処理装置を使用し，問題をランダムな順序で提示し，解答の正誤の判定結果とともに，フィードバックとして挿絵を強化子として表示した．解答はすべてマウス入力とした．日本語と中国語を自由に切り替えられる日本語・中国語版と，日本語と英語を切り替えられる日本語・英語版を作成した．

2．3．1　プログラムの実行

　訓練プログラムの具体的な手順は，以下の通りである．
（1）学習者の氏名，番号等を入力する．
（2）画面に表示されたプログラムの操作方法を理解したら，[開始]ボタンをクリックする．
（3）基本文が提示され，これを読み終えた後，[開始]ボタンをクリックして問題に入る．
（4）問題画面の提示内容と提示順は以下の通りである．図3に英語版の画面例を示した．

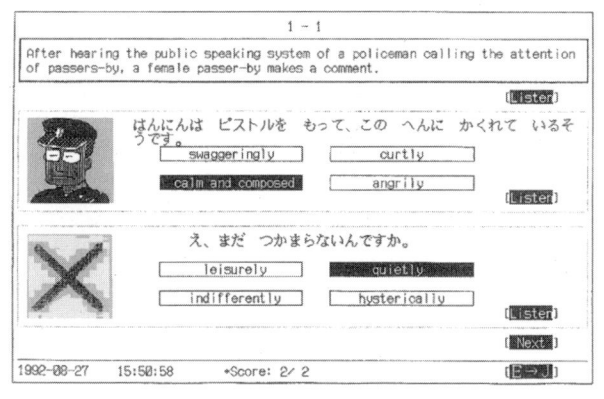

図3　学習画面の例（英語版）

①画面の上部に状況を示す文が表示され，その下部に，発話文1組と，解答用の選択肢が表示される．

②[Listen]ボタンをクリックし，対話を聴く．
③選択肢の１つをクリックして解答する．（選択した態度の変更と発話の聴取は随時可能である．）
④解答後，[Score]ボタンが表示される．
⑤[Score]ボタンをクリックすると，結果がフィードバックされ，[Next]ボタンが出る．（正答の場合は，人物の挿絵が呈示され，画面下部の得点に１が加算される．誤答の場合は，挿絵の部分に×が表示され，正答が黄色で示される．採点後も発話を繰り返し聴くことは可能である．）
⑥[Next]ボタンをクリックすると，次の問題へすすむ．
（５）上の③と④の手続きを繰り返す．全ての問題が終了すると，正答率とそれに対応する挿絵が５段階で表示される．

2.3.2 CALLシステムの有効性の検討

日本に留学中の日本語学習者に適用し，学習後の正答率の伸び，及び学習中の解答の状況などを分析すると共に，印象評定調査を行い，コースウェアの有効性を検討した．

（１）方法

被験者として日本語学習者20名の協力を得た．上述の「日本語母語話者の韻律知覚に関する調査」における36対話中には，正答率の低い項目もみられた．そのため，母語話者の85％以上が正答した29対話のうち，基本文ごとに変種の数が偶数になるように26対話を選定した．被験者に選択肢の意味が分かるかどうかチェックしてもらい，選択肢の一部に意味が理解できないものがある場合には，実験者がその意味を説明した．

（２）結果と考察

初中級学習者も上級学習者も，共に正答率の上昇をみせた（図４）が，初中級学習者においてその上昇が特に顕著であり，訓練後には，初中級・上級両者の間の差が見られなくなったことから，このCALLによる訓練が効果をあげたと解釈できる．印象評定も好意的な結果（図５）が得られた．

図中の○は初級学習者で，●は上級学習者である．

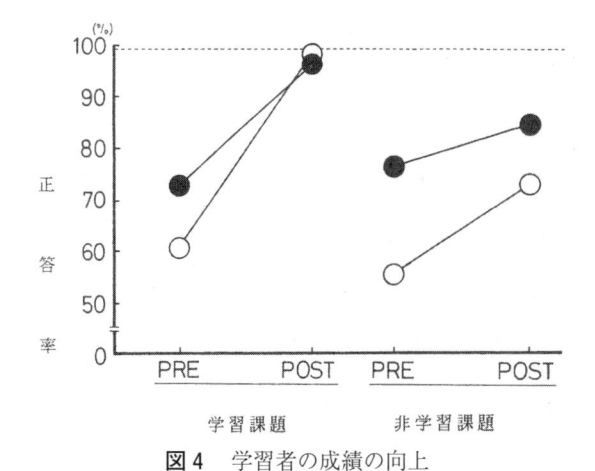

第7章　音声の入・出力機能を利用した日本語の指導

図4　学習者の成績の向上

図5　学習者のシステム評定

● 上級学習者
○ 初級学習者

また，この効果は，訓練を行った問題においてのみならず，直接訓練を行わなかった問題においても見られている．つまりこの訓練は，被験者に特定の韻律と特定の態度との結びつきを学習させたにとどまらず，韻律と態度との関連に対して，より多くの注意をはらうようにさせたのであろう．また，初中級学習者，上級学習者ともに本コースウェアに対してきわめて好意的な評定を行っていた．

2．4 本節のまとめ

日本語の韻律を発話者の意図通りに理解することは，非母語話者にとって困難であり，その指導をコンピュータにより行うことにより，改善できることが示された．

3節 日本語韻律の発話の指導

本節では，一語文の発話の韻律を視覚的な方法によって指導する研究について述べる．この研究では，一語疑問文の発話の音響的な特徴を考察することを目的として，話者の疑問の意図が韻律にいかに表れるかを観察した．また，コンピュータ画面に表示される音声の視覚的な情報を利用した一語文の韻律指導を通して，機器を用いた韻律発話指導の課題を探った．

以下に述べる内容は，主に，「音声録聞見」（東京大学医学部音声言語医学研究施設で開発）と「日本語アクセント練習プログラム」（同）を利用したCALL装置・ソフトの使用経験に基づいている．

3．1 対象とする韻律と調査語の選定

対話などの口頭によるコミュニケーションにおいて，聞き手が相手の発話の一語または一部を繰り返して，相手に「聞き返す」場面がある．その際，相手の発話が聞き取れなかったために確認を求めて一部分を繰り返す場合もあれば，発話内容に疑念を持って一部分を繰り返す場合もある．仮に，発話の意図としては前者であるにもかかわらず，後者の韻律で発話したとすれば，コミュニケーションには支障が生じる．

両者を区別しないで捉える研究（鮎沢 1993a）もあるが，南（1985）は「相手のことばそのままか，それに近い形を繰り返して，それを相手に確かめるもの」を「問い返し」と呼び，和田（1975）は「相手の発話に対する疑念から，相手の発話を繰り返す」ものを「反問」と呼んだ．本研究では，「問い返し」，「反問」および「中立的な発話」の3種類の発話型に分けて，それらの異同を検討した．

日本語学習者の韻律練習用の語を選定する作業の一環として，まず母語話者への聴取調査を行い，その調査結果をもとに練習用の語を選定した．調査語は初級日本語学習者にも容易に理解できる語であることが望ましいので，『日本語教育のための基本語彙調査』（1984），『新日本語の基礎 I』（1990）及び『日本語初歩』（1987）を中心として，名詞の中から調査語を選定した．

アクセント型は平板・尾高，中高，及び頭高の3種類とした．拍数は中高アクセントの型を含めるため3拍以上の語とし，初級学習者を考慮して4拍までの語とした．結果的に3拍と4拍の2種類の語をそれぞれ4～5語ずつ，合計31語を選んだ．それらの分類と具体的な語を表1に示した．

表1 調査語の拍数とアクセント型

アクセント型	3拍	4拍
平板・尾高型	カンジ，クルマ，コドモ，デンワ，アタマ	ニホンゴ，ダイガク，オトート，カイモノ，ガクセー
中高：文末から2拍目	シケン，キカイ，サトー，カガミ	センセー，ヒラガナ，アンナイ，カミナリ
中高：文頭から2拍目	（上に同じ）	ヒコーキ，シラユキ，ウグイス，ノミモノ
頭高	ホンヤ，エーガ，ゴハン，テレビ，カゾク	オンガク，キンゾク，サンカク，シンセツ

3．2　母語話者の「聴取」に関する調査

東京都区内出身の男性（22才）を発話音声の資料提供者とした．特に感情や意図を含まない音声を「中立的な発話」としたほか，疑問の意図の中

で「問い返し」と「反問」の異同を考察するため，一語につき3種類の音声を収録した．「中立的な発話」は特に状況は設定せず，資料提供者に資料を読み上げてもらった．「問い返し」と「反問」の区別がしやすいように，資料提供者と調査者が対話を行い，その内容をテープに録音した．

「問い返し」と「反問」は微妙な韻律の違いが予想されるため，選定した31語につき2種類（「問い返し」と「反問」）の62音声をランダムにテープに編集して，大学生18名を被調査者とする集団に提示した．被調査者には，聞こえてくる音声が「問い返し」「反問」「その他」のどれに該当するかを聴取識別してもらい，回答は調査用紙の該当する部分に○印をつけてもらった．

「問い返し」の意図をもって発話された語が「問い返し」の発話として聴取され，かつ，「反問」の意図をもって発話された語が「反問」の発話として聴取された語は，両発話を区別できる音声と考えた．この判断基準を聴取調査の数値の60％以上とした場合，4拍の語は17語中11語であり，3拍の語は14語中7語であった．この基準で選別した語数は期待したよりも少なかったことから，「問い返し」と「反問」の発話を区別すること，あるいはその差を聴取識別することが母語話者にとっても決して容易ではないことが示唆された．本論では6割以上の「正答率」であった4拍の11語をモデル音声とした．

3．3 モデル音声の音響的特徴

モデル音声として残った11語と識別結果が56％であった一語を加えた12語（ダイガク，オトート，ガクセー，ヒラガナ，アンナイ，カミナリ，ヒコーキ，シラユキ，ノミモノ，オンガク，キンゾク，サンカク）の音響的特徴を「音声録聞見」で分析した．1語につき「問い返し」と「反問」，及び「中立」の合計3種類を発話形態として音声分析の対象とした．各サンプルの発話時間（msec），Foの最高値と最低値の変動差及び最高強度（dB）を測定した．発話形態を要因とした分散分析を行った．

当該音声の音声波形の開始から終了までの最長部分を発話時間とし，その数値を対数変換した後分散分析を行った．その結果，要因の主効果

($F(2,22)=30.05$ $p<.05$) が見られた．テューキーのHSD法による多重比較（有意水準5％）の結果，「反問」と「問い返し」との間（$t=0.105$），「反問」と「中立」との間（$t=0.108$）で有意であった．

　当該音声のFoの最高値と最低値を採取し，その差を変動値とし，対数変換をした後，分散分析を行った．その際データエラーと思われる最高・最低値は対象から除外した．その結果，要因の主効果（$F(2,22)=26.32$ $p<.05$）が見られた．テューキーのHSD法による多重比較の結果，「反問」と「問い返し」との間（$t=1.732$），「反問」と「中立」との間（$t=0.451$），「反問」と「問い返し」（$t=1.281$）の全てで有意であった．

　当該音声の最高強度の値を採取し，分散分析を行った．その結果，要因の主効果（$F(2,22)=17.47$ $p<.05$）が見られた．テューキーのHSD法による多重比較の結果，「反問」と「問い返し」との間（$t=3.125$），「反問」と「中立」との間（$t=3.042$）で有意であった．

　全ての発話形態でFoの変動値に有意な違いが見られ，また，「反問」は，発話時間と強度の点でも「中立」「問い返し」との間に有意な差が認められた．即ち，「反問」はFo変動差・発話時間・強度のいずれの点でも「中立」「問い返し」とは異なっていること，また，「問い返し」と「中立」の違いは，発話時間・強度にはなく，Foの変動差にあることが明らかになった．

3．4　学習者に対する試行調査
（1）概要
　「日本語アクセント練習プログラム」は教育利用を目的としており，学習者の入力音声をモデル音声と画面上に視覚的に対比して表示もできる．そこで，この「日本語アクセント練習プログラム」を韻律指導に用いることとした．

　2名の英語母語話者（出身はニュージーランド，日本語学習歴は両者とも約3年）の協力を得て試行調査を個別に行った．調査時間は約1時間から1時間30分であった．調査者は協力者に，コミュニケーション中の韻律の働き，表示画面と韻律との関係，操作法などの説明をした後，協力者の近く

に座り，必要に応じて補足説明をすると共に観察メモを取った．協力者との会話内容はすべてテープに録音した．なお，音声分析の結果から，主にFoに着目して指導を行った．

(2) 結果のまとめ

調査者の観察メモとテープ内容を整理し，韻律の学習もしくは指導上の課題として得られた事項をまとめた．考察内容は次項以降に述べる．

3．5　システム上の課題

「キンゾク」「ノリモノ」の語義についての質問があったので，調査者が口頭で教示・助言をした．画面上には単語の意味を示すことができないので，表示語の意味が学習者に不明な場合，教師からの教示が得られない時の支援の方法を講じておく必要がある．画面上でこの支援を行うにはソフトウェアを改変しなければならない．

音声データの読み込みにエラーが発生した語があった．その際はプログラムを再度たち上げ，エラーを起こした語は練習語から除いた．

協力者の発話する声の強度が十分に分析機に現れなかった場合があった．使用機器の性能の問題はなかったが，指導教師は，音響機器の性能と共に適切な使い方を熟知する必要がある．

3．6　学習者側の課題

(1) 知識の不足への教師の対応

協力者はアクセントに関する基本的知識が不足していたので，必要に応じて，調査者は日本語のアクセントの規則性（第1拍の終わりに「上げ・下げ」があること，1語内は1回だけであることなど）や韻律に関する教示を行った．

2拍目に核を持つ語（例えば「ダイガク」「ヒラガナ」）の発音で，1拍目を強く発音する傾向が見られた．全般的に語頭が高いとの印象を得た．図6の左は「問い返し」，右は「反問」である．

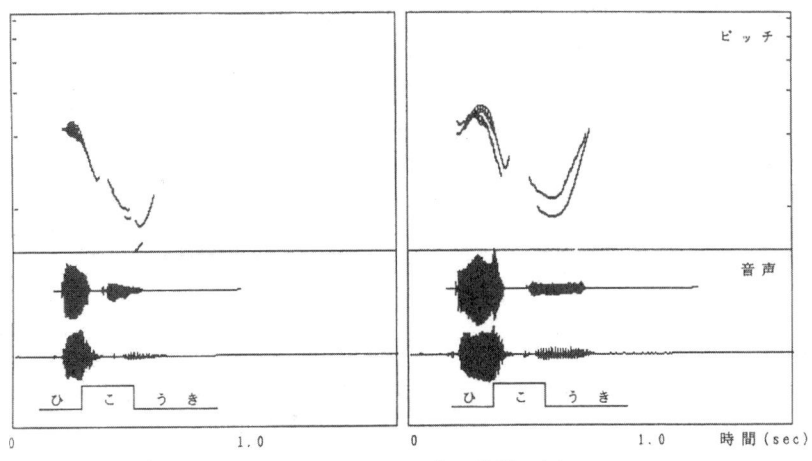

図6　語頭のFoが高い発話の例

（2）学習者の意識の問題

　反問は意識的に声を「長く」かつ「大きく（強く）」発話しようとしたと述べた協力者がいた．

　具体的な発話場面を想起して発話しなければならないので，発声までに時間を要すると述べた協力者がいた．

（3）操作上の問題

　学習者は自分の音声を再生しないで，新たに発話しようとした場面もあった．できる限り再生操作を促し，発話音声を確かめさせた．

　ファンクションキーのうち，f・5のつもりでf・4を押すなど，キーボード操作の間違いがあった．

3．7　教師側の課題

（1）判定基準

　モデル音声のFo曲線と学習者音声のFo曲線が完全に一致することは通常ありえない．両者が近似すれば「合格」と判定することになる．今回は，調査者の聴覚的・主観的な判定とFo曲線の類似性の両観点で判定をした．協力者から希望があれば練習を繰り返し行わせ，最後の発話を判定対象と

−145−

した．Foが類似していれば，曲線の重なりがなくても「合格」とした．
（図7）

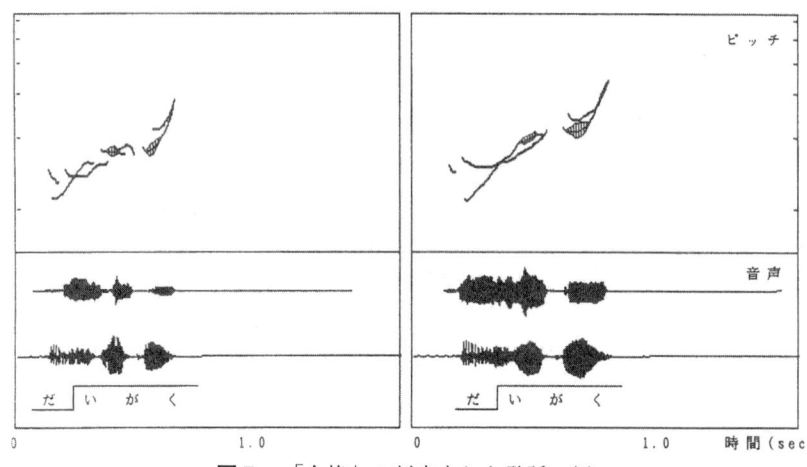

図7　「合格」の判定をした発話の例

　Suzukiほか（1989）が指摘したように，モデル音声と学習者音声のFoの重なり具合や近似の程度から，どの程度の近似なら合格とするかの判断が最も困難であった．
　試用調査では，2名の協力者ともに「練習がしやすい」との感想を述べたことから，視覚的な方法が習得の補助手段として学習者に受け入れられるとの感触は得られた．
（2）習得の判定
　独習でシステムを使う場合には，学習には判定することが不可能であり，機械的及び教育的観点から，判定基準の設定が大きな課題であり，機器による発話判定には詳細な検討が必要とあろう．
　仮に，学習者のFo曲線や強度がモデル音声のそれらと一致したとしても，当該発話が習得されたと結論づけていいものかとの疑念もあった．Anderson-Hseih（1992）は，視覚的な表示は学習過程で役に立つ方法ではあるが，母語話者なみに習得するには，「学習者は習得したことをクラス

外で練習し，自分で正確な発音であるかをモニターし，習得したことを実際のコミュニケーションの場で使えるようにならなければならない」ことを指摘した．通常は，教師あるいは発話の相手が聴覚的な判断のみで判定していることを考えれば，学習者が習得したか否かはいずれ「人間」の判断に委ねざるを得ない．これは，習得の過程で視覚的な方法を用いることに対する否定ではないが，慎重な判定作業を要すると思われる．

3．8　その他の課題
(1) 無声化の問題

　無声化した母音や無声子音のFo曲線は表示されない．例えば，「キカイ」の「キ」や「ヒコーキ」の「ヒ」が無声化していた．母音の無声化については簡単に教示した．日本語の発音の自然さにつながる重要な課題であるが，本研究の目的と異なるので学習者には無声化の習得は強く求めなかった．

(2) その他

　「アンナイ」「カミナリ」は，1回目の発話が視覚的にはモデル音声と近似しており，特に協力者からの質問もなかったので，「合格」の判定とした．

　アクセント核の位置に「ン」がある場合に困難を感じたように観察された．個別の音声の種類によっても難易度が異なるのではないかとの新たな課題が浮上した．

3．9　本節のまとめ

　教育効果に関する実証的なデータと実践経験の蓄積が必要であるが，音声の入・出力装置を持つパソコンに音声処理ソフトにより，音声の物理的な特徴を視覚化して音声教育・学習に用いることができる装置について，筆者の経験から得られたことがらを以下にまとめた．

3．9．1　学習者側から見た機能
(1) モデル音声と学習者音声の物理的特徴を同一画面に視覚提示する．

（2）モデル音声は学習者が求める任意の回数を繰り返し出力（聴取・再生）する．
（3）学習者の音声入力（録音）を可能とし，学習者音声は学習者が求める任意の回数を繰り返し入力する．
（4）学習者音声は学習者が求める任意の回数を繰り返し出力（聴取・再生）する．
（5）再生・録音の回数などを記録し，練習終了後に学習者に提示する．
（6）モデル音声・学習者音声共に，高品質な再生音とする．
（7）学習者音声をファイルとして保存する．
（8）入力されたら瞬時に分析結果を表示する．
（9）学習支援情報（発話内容の日本語，状況などを示す画像，ヒントなど）を学習者の操作により表示する．
（10）学習者の発話録音開始の操作後，学習者の音声の入力が検知されるまで待機する．
（11）学習者の音声の基本周波数は測定される場合でも，一定以上の強度が検知されない場合は，再試行を促す機能を備える．
（12）学習者の発話時間をモデル音声の発話時間に自動的に調整する．
（13）性差・年齢差に関わらず，モデルと学習者双方のピッチ曲線をある程度近似させた上で，双方のピッチ曲線を重ね合わせて表示する．
（14）操作法は首尾一貫し，学習者に混乱や不安などの心理的な負担を感じさせないように，インターフェースを簡素化する．
（15）学習者の求めに応じて説明できる「オンラインヘルプ機能」を備える．
（16）学習中，任意の時間に学習を中断・終了できる．

3．9．2　教師側から見た機能等
（1）教師が各自の生徒の学習レベルやニーズ等の実状に合わせた教材を作成する際に，教材の作成方法（オーサリング）や全体像（コンセプト）に関する支援印刷資料が必要である．
（2）装置と共に提供されている教材を指導者が事前に点検・確認作業を

行い，授業の計画を立てるための支援として，表示される文字や音声が文字化されたものなど，教材素材の印刷物が必要となる．
（3）聴取の繰り返し回数や，言い直しの繰り返し回数，学習時間など，学習中の経過に関する資料を採取し，指導用の資料（CMIデータ）として保存できる機能を備える．

4節　本章のまとめ

　機械が生成する音声ではなく，人間が発話した音声をデジタル処理して学習・教育に使うことは，言語の認知・理解に大いに活用できよう．この機能を利用すれば，聴解練習に貢献できると思われる．
　一方，産出された発話を機械的に判定することは，限定的な利用方法はあり得るとしても，「教育的な配慮」をして「合格」とする場合や，仮に「誤り」と判定された発話の箇所が特定できなければ，更に，どのようにしたら改善できるかを明示しなければ，学習者の向上には直接つながらないことなど，学習者からも教師からも，判定の基準や判定後の指導に不透明な要素が残る．また，現実のコミュニケーションの場では，聞き手が発話音声を許容する範囲は様々な要因で変化する．この柔軟性を反映しない機械的な判定に同意できるかどうか，信頼すべき判定方法の保障が前提である．教師側の長年の念願として「機械による自動的な音声評価」が叫ばれてきたが，現段階では慎重にならざるを得ない．学習者は人間と人間の間でのコミュニケーションの場で学習結果を判定されることになることを考えれば，学習場面での最終評価者は教師が最適であり，発話指導にこそ教師の大切な役割がある．
　現在，様々な研究が取り組まれており，研究の進展により軽量／小型化・低価格化と共に，機能の信頼性の向上も図られると思われるが，本研究の結論としては，言語教育においては，認知や知覚の学習や指導にメディアが大いに貢献できるが，産出・発話に貢献できる面は少なく，むしろ教師との役割分担を考えることが現実的である．日本語教師としては，教育実践の立場からの発言をしつつ，関心を持って動向を注目しなければな

らない.

（注）
　当研究を進める中で，重点領域研究のE8班として同研究所から音声分析ソフトウェア「音声録聞見」（今川・桐谷 1989）及び「日本語アクセント練習プログラム」の供与を受けた.

第8章

日本語の学習・教育と画像・映像の利用

―― 日本語動詞の絵カードの作成とVOD教材の開発 ――

　視聴覚教育はメディアを利用した教育・学習の効果の研究から始まったが，現在，研究の範囲は，ラジオやテレビの教育利用または放送教育，教育メディア，カリキュラムや授業設計など，教育・教授の方法を研究する多様な分野が含まれている．メディアの違いが学習効果の差を生むのではなく，学習者の特性とメディアの使い方によって学習効果が異なるとして，視聴覚機器や視聴覚教材（伝達方法）の研究よりも，メディアが持つメッセージ性（伝達内容）と学習者や学習課題に関わる最適な関係を探ることが課題となっている．

　第二言語教育は，言語理論や言語教育理論を背景にしながら，視聴覚教具・教材・設備などのメディア利用との関わりの中で，視聴覚教育と密接な関係を保ちつつ進展した．近年は，科学・技術の進展と共に，学習素材の内容や提示方法が多様となり，教育の支援のためのコンピュータ利用への期待が高まると共に，学習者の反応の収集や分析に注目が集まり，マルチメディアと言語教育の関わりが教育工学研究としても議論されている．

　静止画像（写真やイラストなど）と動画像（映像やアニメなど）などの視覚的な資料は，非言語的な要素を持つ資料として貴重である．それらは言語話者の表情・動作，その背景となる自然や具体物の実物提示など，音声や文字の言語表現に含意できないことが含まれており，言語の教育・学習

に大きな役割を果たしている．

　パソコンの提示機能が大きく拡大して，静止画や動画は言語学習者に示すことが容易になった．マルチメディアとしてのパソコンの視覚資料の提示機能が言語の認知的な理解に果たす役割は大きい．技術的な改善も進んでいる．画像は，文字に比べて大きな記録容量となり，特に動く映像の場合は更に膨大な容量となる．画像は「圧縮」して小さなサイズとして利用したり，ビデオ教材をインターネットで希望する時間に視聴できるようにVOD（Video On Demand：要望に基づくビデオ配信）教材にしたり，受信しながら再生できる通信技術を用いたり，送受信のためのハードウェアの負担を軽減する方法が一般的となっている．サイズを小さくすれば再生速度が速くなるが，品質を優先すれば再生に時間がかかることもある．ビデオ映像のような大容量のデータを高速に通信できれば，言語学習の利用価値は高い．通信途中の回線の「流れ」を大きくして高品質な動画を高速に配信しようとするブロードバンド（broadband：広帯域）と呼ばれる通信技術に対する期待は大きい．しかし，利用者の受信環境や量的・質的に十分な学習コンテンツの供給態勢など，利用者・提供者の両方で適切な整備をすることが急務となっている．

　本章では，WWW（World Wide Web）のホームページの掲載を目的として作成・公開された「日本語動詞の絵カード」（水町・古賀 1998）と，バーチャル・ユニバーシティ研究として取り組んだVOD教材『日本語教育学への招待』の開発（松見ほか 2002）を通して得られた知見，更に，日本語学習用のビデオ作成をもとに，日本語CALLにおける視覚的な資料の作成と利用に関して検討する．

1節　ホームページで利用する
　　　日本語動詞の「絵カード」の作成

1．1　作成の目的

　外国語教育におけるカードの利用は，視聴覚教具・教材として，フラッシュカードによる文字の提示や写真・絵等によるイメージ提示など一般的

−152−

に用いられている．教師が授業に必要な内容を線画として描き，クラスに持ち込むこともある．『日本語教育用写真パネルバンク　衣食住と道具シリーズ』(1995) では，人や物の実物写真をクラスでも使えるカード型にして提供している．永保 (1995) は，様々な「絵」の使用法を示し，その中で動作に関する絵の使い方の例として，「絵の動作の動詞を言わせたり，書かせたりする」「その動詞を漢字で書かせる」「その動詞で短文を作らせる」「反対語の関係にあるものを言わせる」などを挙げている (p.208)．「絵カード」の利用法は教師の工夫により，多様な使い方がなされている．

　一方，インターネットで要求される教育・学習情報として，第1位は「教育実践報告」(35%) であり，第2位は「電子図鑑・画像資料」(21%) となっている (『インターネット白書'97』1997)．

　以上のように，日本語動詞の絵カードを作成し，それらをインターネット上で公開利用に供することは，日本語教育の観点からも，また，インターネットに求められている情報としても，意義深いことと考えられる．

　筆者らは，1996～1997年に，学部・大学院の授業で作成した「日本語動詞の絵カード」(149枚) をインターネットのホームページに掲載した．授業の目的は，受講生が作品の作成・公開の作業を通してコンピュータを用いた情報活用能力を高めることであったが，同時に，作成された作品を公開利用に供することにより，日本語教育に貢献することも目的であった．本節では，その概要を記し，意義などを考察する．

1．2　作成手順
(1) イメージ化容易度調査

　情報処理振興事業協会 (Information Processing Agency) 技術センターが開発した『計算機用日本語基本動詞辞書IPAL (Basic Verbs)』(1987) の日本語の基本動詞861語を用いて，描画しやすい動詞を抽出した．

　861語の中には，1動詞に1つの「意味」を持つ動詞もあるが，複数の意味を持つ動詞もあり，それらは異なった見出しの動詞として抽出した．その結果，1054の見出し動詞が得られた．

　1054の基本動詞について，どのような動詞がイメージ化しやすいか，す

なわち「その動詞について，どれくらい，頭の中で画像を思い浮かべ易い（想像できる）か」（イメージ化容易度）を調査した．15人の日本人母語話者に対し5段階評定尺度により行い，それらの動詞のイメージ化容易度を数値化した．調査の結果（表1）を基に，描画しやすい動詞としてイメージ性が高いと判断された動詞から順番に描画対象とし，「絵カード」を作成した．

（2）描画内容の決定

対象となる動詞が使われる場面は様々である．すなわち1つの動詞は多くの場面で使われるが，これら全てを絵カードとして作成することは不可能である．イメージ化容易度調査においては，被調査者は各自がもっともイメージ化しやすい場面を思い浮かべて評定したと思われる．そこで，画像作成者がもっとも描画しやすい例文を作成し，その内容に即した絵カードを描画するという手順を採った．描画者は，文例と共に，描画の下書きを手書きで提出し，受講生全員の討議を経て描画内容を決定した．

描画者は調査結果を参照して動詞を選択し，パソコン付属の描画ソフトにより作成し，ホームページに掲載した．日本語版とローマ字版の動詞リスト（描画者の氏名と共に）に例文（例：ボールを投げる）をつけた．任意の動詞選択（クリック）により，絵カード（例：図1）が表示される．

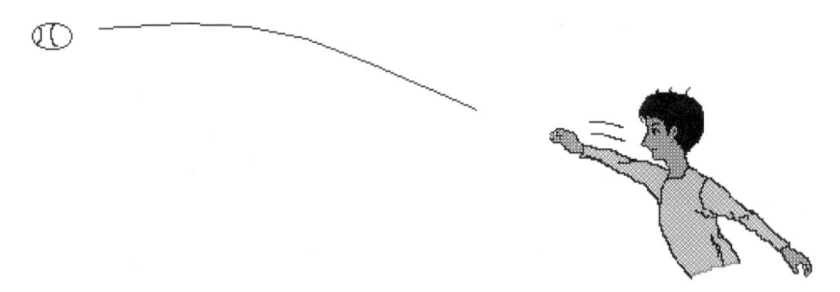

図1 「投げる」の絵カード

第8章 日本語の学習・教育と画像・映像の利用

表1 イメージ化容易度調査結果（上位，評定値1.9以内）

同じ評定値となった動詞	設定値
投（な）げる，飲（の）む，泳（およ）ぐ，洗（あら）う，殺（ころ）す，塗（ぬ）る，	1.1
撮（と）る，ぶつかる，握（にぎ）る，登（のぼ）る，踏（ふ）む，叱（しか）る，読（よ）む，壊（こわ）す，蹴（け）る，寝（ね）る，踊（おど）る，脱（ぬ）ぐ，	1.2
溺（おぼ）れる，刺（さ）す，吐（は）く，押（お）す，勉（べん）強（きょう）する，吸（す）う，吹（ふ）く，走（はし）る，着（き）る，座（すわ）る，囲（かこ）む，怒（おこ）る，盗（ぬす）む，運（はこ）ぶ，買（か）う，起（お）きる，泣（な）く，磨（みが）く，切（き）る，掘（ほ）る，打（う）つ，	1.3
産（う）む，貼（は）る，溢（あふ）れる，死（し）ぬ，持（も）つ，捨（す）てる，飛（と）ぶ，拭（ふ）く，食（た）べる，吠（ほ）える，来（く）る，叩（たた）く，削（けず）る，	1.4
引（ひ）く，引（ひっ）張（ぱ）る，隠（かく）れる，射（い）る，入（はい）る，覗（のぞ）く，開（あ）ける，書（か）く，消（け）す，笑（わら）う，乗（の）る，歩（ある）く，抱（だ）く，縫（ぬ）う，埋（う）める，折（お）る，鳴（な）く，浴（あ）びる，降（ふ）る，跳（と）ぶ，咲（さ）く，倒（たお）す，倒（たお）れる，下（お）りる，歌（うた）う，配（くば）る，割（わ）る，滑（すべ）る，焼（や）く，聞（き）く，並（なら）ぶ，閉（し）める，起（お）こす，編（あ）む，叫（さけ）ぶ，晴（は）れる，戦（たたか）う，揺（ゆ）れる，落（お）ちる，彫（ほ）る，	1.5
撒（ま）く，転（ころ）がす，逃（に）げる，隠（かく）す，映（うつ）す，謝（あやま）る，破（やぶ）る，売（う）る，拾（ひろ）う，縛（しば）る，縮（ちぢ）む，植（う）える，振（ふ）る，震（ふる）える，撃（う）つ，結（むす）ぶ，瘦（や）せる，見（み）る，光（ひか）る，	1.6
濡（ぬ）れる，噛（か）む，眠（ねむ）る，掃（は）く，太（ふと）る，跳（は）ねる，指（さ）す，止（と）める，凍（こお）る，蒔（ま）く，燃（も）える，背（せ）負（お）う，這（は）う，飛（とば）す，巻（ま）く，干（ほ）す，鳴（な）る，枯（か）れる，	1.7
移（うつ）す，開（あ）く，肥（こ）える，診（み）る，酔（よ）う，曲（ま）げる，見（み）舞（ま）う，立（た）つ，話（はな）す，刻（きざ）む，釣（つ）る，	1.8
摘（つ）む，散（ち）る，支（ささ）える，渡（わた）る，汚（よご）す，横（よこ）切（ぎ）る，燃（も）やす，重（かさ）ねる，勝（か）つ，昇（のぼ）る，消（き）える，腐（くさ）る，並（なら）べる，挟（はさ）む，教（おし）える，膨（ふくら）む，落（おと）す，履（は）く，置（お）く，耕（たがや）す，擦（すれ）違（ちが）う，慰（なぐさ）める，移（うつ）る，死（し）亡（ぼう）する，闘（たたか）う，回（まわ）す，開（ひら）く，敷（し）く，舞（ま）う，覆（おお）う，分（わ）ける，触（さわ）る，祈（いの）る，積（つ）む，遊（あそ）ぶ，言（い）う，沈（しず）む，追（お）う，	1.9

−155−

1．3　動詞を「絵」で表現する時の問題点

　下絵をもとに描画者全員と共に一枚一枚の絵と文例を吟味した．議論に決着がつかない場合は描画者のアイディアを尊重した．受講生は議論の過程で，動詞を「絵」として表現する時の困難点や要点を認識することができた．図案を決定する上で議論に上った問題点など，改善案も含めて，主な議論点を下記に挙げる．

（1）描画内容

　動詞のテンスやアスペクトがない「辞書形」が持つ意味は，基本的には抽象的であるが，「絵」として表現するには具体的な場面を伴うことになる．例えば，「飛んでいる」様子を絵に表すことはできるが，「飛ぶ」という意味を絵として表すのは厳密に言えば不可能である．そこで，画像はアスペクトやテンスの問題は捨象して描画し，その絵をもって「辞書形」の意味を表現するものとした．

（2）自動詞と他動詞

　例えば「火を消す」と「火が消える」のように，同じ絵がどちらにでも解釈できるものがある．「直説教授法では，他動詞よりも自動詞の方が教えにくい」（永保 1995）とされているが，絵による表現も自動詞に難しさがあった．解決案として，「人間を登場させると他動詞と解釈できる」との提案もあったが，決定的な解決案とはならなかった．

（3）反対の動作を表す対動詞

　「脱ぐ」と「着る」の意味は全く異なるが，動作の途中の仕草は一瞬同じとなる．そのため，描いた絵がどちらの動詞であるかを区別できなくなる．動作前と動作後の2つの絵を描き，動作の前後の間を矢印（→）で示すのは有効な方法であるとの結論を得たが，今回は実現していない．

（4）相対的な意味関係の動詞

　例えば「やせる」と「太る」のように，相対的な意味を持つ動詞は，両方の絵を描き，移動・変化前から移動・変化後の間を矢印（→）で示した．

（5）同義語・類義語

　「肥える」と「太る」は同義を共有する語である．前者は「体がふとる」（『例解学習国語辞典第五版』）ことであり，後者は「肉がつき，ふっくらす

る」(同辞書)ことである．反対語は共に「やせる」を挙げることができる．この他，「寝る」と「眠る」などがあったが，類義語を区別する描画技法についての結論は得られなかった．

(6) 焦点化の工夫

　一枚の絵を見る場合，利用者が画像のどの部分に注目して理解しようとするか，あるいは描画者が意図した内容が意図した通りに伝達できるかどうかは不明であるので，動詞が持つ状態・動作を表現している部分を拡大したり，誇張したり，円や矢印で注目点に誘導するなどの工夫を施した．

1．4　利用の可能性

　作成目的や手順の説明と共に，作成する前に予め著作権等についての説明を受講生に行い，掲載後の各自の作品利用についての著作権上の取り扱いを筆者に一任してもらったが，利用の目的・方法など一切の制約はないものとして公開することに合意を得た．

　絵カードは世界で共通に使える形式の画像ファイルであるので，日本国内外の利用に問題は生じないが，日本語版の動詞のリストを表示する場合は，日本語が使えるパソコンでなければならない．国外の利用者側のパソコンによっては日本語の例文が表示できないかもしれないので，英語版のリストも作成し，作成者氏名・動詞・例文を全てローマ字表記したページも提供した．

　「日本語教育への貢献」という目的を持って作成した「絵カード」の利用は次のように考えられる．

①ブラウザーを使って，例文つきの動詞リストのページを表示する．各動詞をクリックして，当該動詞の「絵カード」を表示する．

②ブラウザーの「印刷」機能を使い，表示された「絵カード」を印刷する．

③ブラウザーの「ファイル保存」機能を使い，利用者側のパソコンのハードディスクかフロッピーディスクに，ファイルの名称を付けて保存する．保存後は，パソコン側の描画ソフトを起動し，保存したファイルを読み出し，必要な場合は表示後に印刷する．

以上の操作により，動詞の導入，展開，定着など，使われる場面は異なるであろうが，教師は普通クラスの授業にこれらの「絵カード」を印刷して持ち込むことにより，教師が準備作業で自ら「絵」を描く手間を省くことが出来る．同様に，学習者もWWW用のブラウザーにより各「絵カード」を閲覧し，その例文と共に，未知の当該動詞の意味などを学習することができる．

　いわゆる描画の素人が個々に作成した「絵カード」は，描画の力量の違いがあり，数名で手分けして描画した全作品が均一に品質の高い絵にはなっていないので，全ての「絵カード」の利用価値が高いとは言えない．これまで数名の教師・研究者から，利用の問い合わせやコメントが数件寄せられた．また，日本語学習以外の使用のために，当サイトへのリンク希望が寄せられた．受講生の絵は「個性が出ていて面白い」という評価を寄せた利用者もあるが，利用価値が高いかどうかは，利用者各自が判断することであり，品質に差のある「絵カード」を掲載することは，素材提供の意義を失わせることにはならないと考える．

1.5　本節のまとめ

　「ことば」と「絵」との関係は複雑であり，言語学的にも心理学的にも十分な解明がなされているとは言えない．一方，教育学的にはすでに様々な利用がなされているという事実がある．「絵」から「ことば」が産出されるメカニズムを解明することや，描画内容と認知の関係などの基礎的な課題よりも，教育上の応用面を優先させ，実践経験の多い教育学上の視点から，日本語動詞の指導・学習に利用できる絵カードの作成に取り組んだ．

　「絵カード」の作成・掲載作業により，受講生は描画ソフト，ファイル転送作業，エディタによるHTML文書の作成，e-mailによる授業の感想文の提出など，コンピュータ及び数種類のソフトウェアを使えるようになり，第1の目的は達成した．しかし「日本語教育への貢献」という第2の目的が達成されたかどうかの結論は，利用者に委ねなければならない．

　インターネット上には膨大な数の静止画があり，世界中のどこからでも

（広域性），いつでも（任意性）見ることができ，利用者は価値があるものだけを選ぶことができる（選択性）という利便性を拡大させるために，日本語の学習者や教師の利用という特定の目的を持って，日本語動詞の静止画を掲載した本研究は，時間の経過と共に利用者が利用価値を判断することになるが，学習支援としてのコンテンツを具体化したことと合わせて，インターネットの広範な普及に先駆けて，日本語学習の視覚資料の利用法を提起したという点で日本語教育への貢献ができたと考える．

筆者らは，これらの「絵カード」を，日本語CALL試作システム（第9章に詳述）の機能の一部として，視覚資料提示の素材に用いた．

2節　ビデオ教材作成の視点

絵や写真が言語の説明資料として日常的に用いられているのと同様に，ビデオ映像も，擬似的な体験の見聞，時間の経過を伴う説明資料，非言語的コミュニケーションの実例など，通常，音声と同時に言語に関わる視覚的な資料を提供するメディアとして利用され，言語学習には不可欠な教材・教具となっている．動画と静止画の違いは，提示内容が「動くか，動かないか」であるが，どのような内容でいつ・どのように提示すれば言語学習に有益であるかなど，言語教育で映像が与える効果について，静止画よりも更に多くの議論の積み重ねが必要である．

視聴覚教育研究における映像メディアの利用法や分類には，言語教育の視点が欠ける場合がある．一般的な視聴覚教育の成果を踏まえつつ，言語教育特有の課題を検討する必要がある．特に言語教育においては，音声・文字・映像の3メディアが密接・複雑に関わっているので，各メディアの取り扱いや役割分担には学習支援の立場からの検討が必要である．

本研究では，言語学習に必要な資料全体を「言語資料」，語彙の読み方の発音や聴取用に用いる会話音声の例示資料を「音声資料」，会話の台本や語彙・文法の説明・解説などを文字化して画面提示する資料を「文字資料」，これら以外で視覚化できる資料を「映像資料」と呼ぶ．更に，映像資料のうち，登場人物が背景と共に画面に登場する映像を「人物映像」，

言語内容の理解に視覚的な補助として具象的な例示に用いる映像を「資料映像」とする．映像資料は「実写」映像を基本とし，実写が不可能な場合や具体的な「もの」を視覚的に示して言語内容の理解が促進される（と思われる）資料の場合には，イラスト・写真を用い，それらを資料映像と呼ぶ．なお，ビデオ編集の過程で，イラストと写真を静止画として「挿入」するか，静止画をビデオカメラで撮影して実写的に用いるかは，状況により判断した．

　藤森（2003）は，「映像の言語化」（言語による情報の付加・補完という作用）を経てその意味内容が特定される傾向を持つ，とする見解を紹介し，その見解に立って，映像メディアを静的な映像と動的な映像に分け，更にそれぞれを実物・写真・描画に細分化して，言語教育における映像メディアの特徴を述べた．また，町田・村上（1987）は，日本語教育におけるビデオ教材の利用の現状や展望を示した．本節では，筆者らが取り組んだ日本語学習者の映像教材作成を通して浮上した課題などを整理し，インターネットによるビデオ教材提供の意義を考察する．

2．1　日本語学習者用の映像教材

　筆者らが作成したビデオ教材には，①「日本人のボディ・ランゲージ」（川上忍），②「日本語の動詞」（加藤啓祐），③「私の食生活」（立花沙織），④『聴解：日本の生活「アパートに住む」』（水町伊佐男ほか），⑤『聴解：日本の生活「私の年中行事」』（水町伊佐男ほか），⑥「キャンパスライフ　食堂編」（大学院受講生），⑦「キャンパスライフ　交通編」（学部受講生），⑧『聴解：日本の生活「僕たちの日常生活」』（尹楨勲ほか）があり（カッコ内は中心となった作成者），インターネットで公開した．

　上記8種類のビデオ教材のうち，①②③⑥⑦は，ビデオ実写映像を映像資料とし，文字資料を別画面で提示する．また，④⑤⑧は，音声資料の聴解練習を中心とする総合的な日本語CALL教材の中で，映像資料・文字資料・音声資料の制御をしながら，言語資料として用いた．それぞれ作成目的と利用方法が異なるが，各ビデオ教材の特徴を3メディアとの関わりで表2に整理した．表中，各教材が該当する項目に○印を示した．

第8章　日本語の学習・教育と画像・映像の利用

表2　自作ビデオ教材の特徴（1）

資料の種類	資料の内容	具体例	①	②	③	④	⑤	⑥	⑦	⑧
音声資料	聴解教材	会話				○	○	○	○	○
	文・語彙	発音		○		○	○			○
	教示	テスト問題				○	○			○
文字資料	会話文	台本				○	○			○
	説明文	語句・解説	○	○	○	○	○	○		○
	教示文等	質問文・ヒント等	○	○	○	○	○			○
	翻訳	英・中・韓				○	○			△
	漢字の読み方	ふりがな								
映像資料	人物映像	会話者と背景	○	○	○	○		○	○	○
	資料映像	具体物の実写	○	○	○	○				○
		イラスト					○			
		写真					○			

翻訳の「英・中・韓」は英語・中国語・韓国語を表し，△は韓国語のみを表す

　町田・村上（1987）が示した映像教材に対する要望には，「1.登場人物の性別の違い，2.ストーリー性，3.内容の自然性，4.所要時間が長すぎないドラマ，5.日本事情を反映する内容と解説，6.非言語行動，7.普遍的で非偏向的なもの，8.待遇表現の豊富さ，9.目的別の高品質」（以上，筆者の要約）が挙げられている．上記8教材のうち，筆者が中心となって作成したビデオ教材（④⑤⑥⑦⑧）と上記の要約9項目の関係を表3に示した．

表3　自作ビデオ教材の特徴（2）

項　目	教材の特徴
1．登場人物の性別	若い男女を中心とした．
2．自然性	台本に基づく演技を出演者に依頼した．
3．ストーリー性	登場人物の会話により話題の流れを作った．
4．ドラマの長さ	各スキット1〜2分程度とした．
5．日本事情	スキットの中心的な話題とし，会話中に関連語彙を多用した．
6．非言語行動	④⑥は人物と背景．⑤⑦は映像資料，⑧は両方を適宜用いた．

7. 普遍的で非偏向的	複数の意見により台本を作成し，平均的な日本人の生活を反映させた．
8. 待遇表現	主に，くだけた表現（普通体）を多用した．
9. 目的別	主に聴解練習用で，中級以上の学習者を対象とした．

2.2 映像教材作成の留意点

以上，日本語教育のビデオ教材に求められるものと実現可能なことの接点を探った結果，ビデオ作成には，音声・文字・映像の密接な関係を同時に解決していかなければならなかった．筆者らがビデオ教材の作成過程で得た結論を下記に集約した．

（1）音声について

・聴解練習の目的ではないとしても，ビデオの持つ特徴を十分に活用するためには，音声を伴う映像資料が望ましい．

・聴解練習用に用いる自然会話の音声収録は，高度の専門的な技術を伴うほか，会話場面に相応しい施設・設備などが必要となるため，高額な費用がかかる．そのため，音声資料は，発話・会話音声は身近に利用できる施設等での収録を基本とする．

・施設以外での音声収録で録音した周囲の環境音は，聴解練習の支障とならない程度に用いれば，場面状況の提示のための学習支援となる．

・自然の発話・会話の中に，練習に必要な語彙・文法などが含まれないことが予想されるため，練習目的に沿った台本を作成し，出演者に演じてもらう．演技者には，自然さを失わないで，日常的に交わす「普通」の話し方をするように依頼し，また，多少の演技指導をする必要がある．

（2）映像について

・ビデオ映像中に登場する人物像（顔など）が数種類のスキットで同一となる場合，学習後期には，背景や人物の新奇性が失われ，映像の持つ情報性が希薄となるだけではなく，学習者が映像に「飽きる」恐れがあるので，人物映像，文字資料，映像資料との適切な使い分けが必要である．

・学習者が会話者に対して具体的なイメージを身近に持つために，会話者の顔・表情などをビデオ導入部に用いる．

・学習の目的を「聴解」練習とした場合，語彙の解説以外に，映像には聴解に必要な補助資料として，具体的な事物の視覚的な資料映像を提示することが学習支援となる．
・映像中に文字資料を含ませるのは，言語と視覚資料の無秩序な混在ともなり，学習内容の焦点化が困難になる恐れがあるため，映像以外の方法で文字情報を提示する．
・人物映像の出演者の印象は，教材全体の印象評価を左右する．資料映像を用いることは，登場人物に適切な演技者がいない場合の消極的な選択ではなく，言語内容の理解を促進する積極的な選択であり，学習支援として有効である．

3節　VOD教材の開発と学習者の印象

本節では，「バーチャル・ユニバーシティ」の研究からe-Learningの研究へ向かう研究の流れの中で，組織をあげて取り組んだVOD教材開発や利用環境整備，及び実験授業で得られた結果の概略を述べると共に，映像と学習支援の関わりを検討し，あわせて課題についても述べる．

3．1　研究の経緯

平成12年度に，文部科学省大学共同利用機関メディア教育開発センター（NIME：National Institute of Multimedia Education）のバーチャル・ユニバーシティ（VU）研究の一部として，広島大学「バーチャル・ユニバーシティ」プロジェクトが発足し，教育学研究科では，日本語教育学講座の全教官（16名）が参加して，18種類の「特別授業」をビデオに収録し，総称名『日本語教育学への招待』として日本語教師養成のためのVOD（Video On Demand）教材を作成した．同時に，その利用のために，WebCTを用いた利用法の研究を行うと共に，教育学研究科内の情報通信ネットワーク環境を整備した．

その上で，ネットワーク利用による実験授業を実施し，受講生に評定調査を行って対面授業と比較した．また，講師映像が持つ特徴を受講生の調

査から抽出し，映像のあり方を検討した．
（1）本研究の位置づけ

近年，IT（Information Technology）を利用した教育・学習の話題に登場する用語（「e-Learning」「サイバー～」「バーチャル～」「WBT（Web Based Training）」「オンライン～」「遠隔～」など）は，それぞれ類似した概念を表しているようでもあるが，異なった内容を含意しているようにも思われ，複雑な様相を呈している．

永岡（2001）は，バーチャル・ユニバーシティとは，「一定の定義はない」が，「キャンパスを持たず，高等教育に限定して，IT関連の技術を主たる教育提供手段とする機関や方式の総称」としている．本研究では，「キャンパス内でのIT利用により，単位授与を伴なう教育を実施する形態・概念」と考えて研究を進め，実験授業の実施を通して，教育の方法と内容を検討した．

なお，最終的には，この研究はe-Learningとして利用することに意義があると結論づけて，VOD教材のみを国内外に公開した．

（2）研究の体制

日本語教育学講座内に，バーチャル・ユニバーシティ（VU）研究プロジェクトが発足し，WebCTの利用研究及び日本語教師養成を主目的としたVOD教材『日本語教育学への招待』の開発に取り組み，その成果を実験授業で利用し，受講生の印象評定調査により，意義を考察した．

一方，実験授業の実施に向けて，教育学研究科内のハードウェア環境を改善するため，研究科内の関係委員会が中心となり，ネットワークの高速通信化に取り組んだ．

広島大学のVUプロジェクト委員の一部は，日本語教育VOD教材の利用に関する実験授業の評価やVU用のVODサーバ及びWEBサーバの整備に関わる研究に参加した．また，VOD教材の作成と利用に関する様々な助言と共に，サーバ管理の支援を受けた．

3．2　VOD教材の作成
（1）講義ビデオの作成

日本語教育系コース学部生を対象とした18科目の「特別授業」を平成12年度にビデオに収録した．収録内容の利用について，参加学生の承諾を得た．1授業につき編集後の仕上がりが各30分程度の教材作とした．各授業内容は，当該授業のダイジェスト版もしくはガイダンスとなり得る内容で，視聴者が当該授業の受講意欲を高める内容が望ましいものとしたが，最終的な授業内容は授業者に一任した．日本語教育プロジェクトは，授業者に対する統一した支援態勢を内取り，ビデオ収録・編集は外部の専門家に依頼し技術的な支援を得た．

（2）VOD教材化

「特別授業」として撮影されたビデオ映像をWeb動画配信可能なReal形式に変換した．VOD教材提示の画面レイアウトを検討した結果，学習画面には「講師映像の窓」と「補助資料提示の窓」を配置した．講義のタイトルなどの情報を追加した．学習画面のデザインを図2に示した．

この実現のためには，様々な専門的な作業が必要である．Web動画配信可能な形式へのビデオ素材のデータ変換，同時に表示させる補助スライドの作成，補助となるテキスト情報やハイパーリンクの追加，これらの同一画面での視聴（同期）を可能とするプログラミング（SMILを使用），及び，ホームページから視聴可能とするためのhtml文書作成などである．これらの作業のため専門的な知識・技能を有する人材を雇用した．

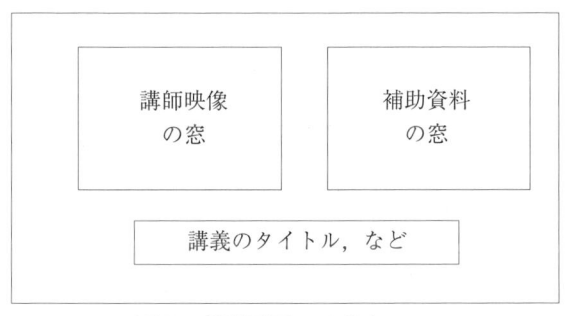

図2　学習画面のデザイン

3．3　教材の資料と利用環境の整備
(1) 資料の整備

　実験授業では，Webを用いてコース管理ができるソフトウェアであるWebCTを使い，18種類の教材名の表示，受講登録だけの限定的利用，指定されたVOD教材の視聴，クイズ（多肢選択法）への解答，更に掲示板に質問・感想の投稿を学習の流れとした．そのため，WebCTでの設定作業のほか，講師映像に合わせて表示させる補助資料とクイズの文字資料を作成した．

(2) 研究科内の情報通信ネットワーク環境の整備

　VOD教材を利用した授業の「評価」研究には，教室にコンテンツを高速に配信するための学部基幹ネットワークの整備が必要となるため，施設内の2つのコンピュータ教室，関係委員の研究室での視聴・利用を可能とする環境を整備した．その後，学部・研究科内での全面的な高速送受信が可能となり，VOD作成・利用・評価等の研究環境を整えた．

3．4　実験授業の方法と成果

　『日本語教育学への招待』の利用に関する評価を目的とし，担当委員との共同研究として，実験授業を平成14年1月～2月に行った．

(1) 実験授業の概要

　実験授業は，複数の教員によるオムニバス形式の講義と小演習としてのプロジェクトワークとから構成され，通常の対面式授業を基本とし，シラバスに示された授業内容とは別に，実験用の3コマ分を設定して行われた．受講生32名は，3種類のVOD教材を毎週1種類ずつ，指定された時間（1・2時限～9・10時限のいずれか1コマの時間）に個別視聴した．3種類の内訳は，1種類（全員に共通）と，残りの17種類からランダムに指定された2種類であった．

　実験授業用に準備された部屋でTAが操作指導を行い，各受講生がパーソナルコンピュータを操作（講義の音声はヘッドホンによる）しながら進められた．受講生は，1つのVOD教材を視聴した後に，その内容に関するクイズに解答し，当該教材に関する質問事項や感想などを「掲示板」に書き込

むよう教示された.

受講生は,3週にわたって3種類のVOD教材を個別視聴した後,VOD教材についての質問項目に筆記回答した.
①実験授業に関する5段階尺度での印象評定(27項目)
②感想(自由記述)
③インターフェイス等に関する5段階尺度での印象評定(23項目)

(2) 結果と考察

実験授業に関する印象評定の結果を解釈するため,実験授業に先立ち,担当教官によるオムニバス形式の講義が終了した時点で,同一の受講生を対象に対面授業について,同じ質問項目による調査を行った.対面授業と比較した結果,実験授業は,対面授業とほぼ同等の効果を持つとの結論が得られた(松見ほか2002).更に,講師映像効果について詳細な分析を行った結果(表4),講師映像は「授業の雰囲気」「教師の教授方法」「教師に対する印象」に強く関わっていることも分かった(中條ほか2005).

表4 マルチメディア授業の教材評価と授業評価の相関

教材評価項目		授業評価項目					
		1.授業への参加の態度	2.授業の雰囲気	3.教師の教授方法	4.他の学生との一体感	5.教師と学生のコミュニケーション	6.教師に対する印象
講師画像の効果	相関係数	0.366*	0.477**	0.554**	0.145	0.258	0.551**
	優位水準	0.026	0.003	0.001	0.392	0.123	0.001

**:相関係数は1%水準で有意(両側) *:相関係数は5%水準で有意(両側)

3.5 本節のまとめ

当研究により,デジタルコンテンツの作成と運用に関する具体的な課題が明確になると共に,実験授業によりVOD視聴に関する受講生の反応についての実証的な資料が得られ,言語資料が持つ様々な要素を検討することができた.

受講者に対して講師映像が持つ視覚的な影響がもたらす印象は,知識内

容の習得と併せて学習者の印象に強く関係すると思われ，登場人物に対する印象が教材全体の評価を左右する可能性がある．即ち，ビデオ素材に対する登場人物の印象と講義の知識との関わりは複雑であり，実験授業では，2つの窓により，両者を示したので，学習意欲と学習内容の習得の両面に有益であったと思われた．一方，両者を1つの画面で提示する場合には，人物と資料の提示内容について慎重な検討が重要となろう．

　また，当教材を用いて単位化するかどうかは，カリキュラムの位置づけや担当者の授業運営方針などの複雑な要素が関連する．「単位授与」に関わる教材を永続的・組織的に運用するには，様々な問題を解決しなければならない．『日本語教育学への招待』は，佐藤ほか（2005）で指摘された日本語教師養成に関わる「新教育内容」の科目が含まれており，日本語教師（志望者）への専門的な教育に有意義であり，社会貢献ともなると考え，講義映像と補助資料を同時に視聴できる内容のみをVOD教材として学内外に公開した．プロジェクト研究の結論として，単位授与との関わりは利用教師に一任し，学習者の視点を持つ「e-Learning」の具体的な議論の中で，日本語教育学分野での可能性と課題を深めるための基礎的な素材となった．

4節　本章のまとめ

　日本語教育の視点から貢献できる視覚資料の作成に焦点化し，視聴者に利用を一任するe-Learningの支援として静止画や映像資料を提供した．世界各地の日本語学習者あるいは教師にとって，「要望に応じて，いつでも・どこでも・何でも」視聴できる言語資料への期待は大きい．場所・時間・内容を主体的に選択して学習することが出来るコンテンツを提供すること自体に意義があると考えて取り組んだ．

　視覚資料として言語学習用に利用できる静止画の量的・質的な充実が望まれる．インターネットに掲載することは技術的に容易であり，また，それらは日本語CALLの素材としても利用できる．多くの日本語教師が発信者となり，静止画作成・公開し，他の教師と資料を共有することが望まれ

る．

　動画については，掲載可能なサーバが限られるため，日本語教師の情報提供は困難を伴うものの，言語教育に効果的な言語資料には専門的な言語知識を有する言語教師の関わりが不可欠である．同時に，高品質な資料の作成・公開には専門的な技術者が必要である．費用と時間をかけて，多くの専門的知識・技能を有する人材の協力体制を構築できるかどうかが問われる．

　当研究では，著作権や肖像権の問題をクリアするため，ビデオ作成に参加した学生・出演者に研究目的などを説明して同意を得た．また，環境の整備やビデオの収録・編集には専門家からの技術的支援の協力を得た．教材開発は多くの人の共同研究の成果であり，利用者はその成果を活用するだけでなく，自ら教材の提供者となって日本語教育へ貢献できる方法を模索するべきであろう．

第 9 章

マルチメディア日本語CALL教材開発の検討

——「動詞の勉強」と「作成支援・学習管理」のソフト試作を通して——

　本書の第 8 章までは，コンピュータが持つ文字の表示・検索機能，解答文字の入力方法の支援，解答文字の判定方法と結果に対する学習支援，音声による学習・教育，及び視覚的な資料による学習支援について論じた．それらは文字・音声・画(映)像の単一メディアの言語学習に関する支援が主な検討であったが，それらを実用的なコースウェアとして複合的に利用するマルチメディアのあり方を探る必要がある．

　音声や画（映）像のメディアを利用する前に，それらを作成する必要があるが，音声の作成は第 7 章で，視覚資料については第 8 章で述べた．日本語CALLの言語素材のうち，日本語教師としてもっとも基本となるのは言語（文字）素材の作成である．教育理念・指導の目的や内容や方法・学習支援の方法など，言語教育的な観点が具体的な「かたち」として凝縮されるのは言語素材であり，言語素材の作成に言語教師の専門性が顕著に現れるので，日本語CALLの開発に日本語教師の関与が不可欠であり，むしろ中心的な役割が求められると筆者は考える．

　本章では，文字・音声・画像を有機的に関連付けた日本語CALL教材とシステムを試作的に開発し，更に，日本語教師がそのようなCALL教材の言語（文字）素材を比較的簡便に作成するための支援の方法を，いわゆる「オーサリングツール」として具体化し，それらの作成を通してどのよう

な準備が必要かを検討した．

1節　Visual Basicによる「動詞の勉強」の試作開発

　第3章では，IPAL（Basic Verbs）で示された動詞とその記載項目を検索して日本語学習に応用する可能性を探った．そして，辞書的な利用を前提として記載項目を選択し，日本語動詞学習用のコースウェアをHyperCardにより作成した．

　第4章では，日本語動詞の活用練習のコースウェアをドリル形式で作成した．このシステムは，語幹・活用部分・文末表現など，いくつかの文字情報を自動的に組み合わせて表示するようにデザインされたものであり，音声や画像を提示するようにはされていなかった．また，1動詞に関連する様々な情報（文型，関連語，自動詞・他動詞の区別など）も排除され，動詞の「活用」部分だけに焦点を当てたコースウェアであった．しかし，日本語学習者側には活用以外の様々な面も学習したいというニーズがあり，動詞を多面的に学習できる別のコースウェアを開発する必要がある．

　一方，第5章では，MS-DOS版のN88-日本語Basicにより「敬語表現」学習のためのコースウェアを開発した際に，画面に表示した五十音図からひらがなを選択して解答文字を構成する「ひらがな転記方式」を開発し，キーボードに不慣れな学習者でもマウス操作により「文字を入力して学習を進める」ことが容易にできる道を開いた．更に第6章では，解答入力文字の正誤判定に多少の許容度を持たせるための「誤字検出」の機能を，Windows版Visual Basicのコースウェアでも実現した．

　また，第6章で，文字入力に対する正誤判定とそのフィードバックの有効性を示した．更に，第7章では，音声の入・出力機能の利用について論じ，第8章では，ホームページに掲載する画像やVOD教材の映像の利用について述べた．

　これらの開発研究で得られた知見をもとに，マルチメディアとして一体化したコースウェアを開発することにした．ドリル練習はCAI，辞書的学習はCALの側面を有しており，更に文字・音声・画像の一体化により，動

詞を多面的に学習できるCALL教材の作成を目指した．

　本節は，1997年度大学院授業科目「言語教育工学研究」の授業の一部に基づいている．コンピュータを中心とする「情報活用」の具体例として，パソコン操作，画像作成ソフト，音声収録とそのデジタルファイル化などの知識・技能を受講生が習得することがこの授業科目の第1目標であった．また，コースウェアの素材作成や試行調査を通して，オーサリングツールや日本語CALLに対する見識を深めることが第2の目標であった．コンピュータをはじめとするメディアの基本的な操作法の指導などを行い，教材の素材の適切性について授業中に全員で検討し，検討結果を受講生が作成した．従って本論は，授業報告の一面を持つが，コースウェアのデザインとプログラミング，試行調査の調査項目など，基本的な枠組みやコースウェアの基本的な事柄は筆者の提案に基づいている．

1．1　試作開発の経過

　学習画面における提示フレームのデザインや提示方法など，学習制御に関わるプログラムは筆者がWindows版のVisual Basicにより作成した．表示するべき学習項目は，受講生との検討を経て決定した．教授素材となる「文字情報」は受講生がグループ作業で作成し，それに基づき例文の音声と画像を受講生が分担して作成した．また，作成された素材については，画像の品質については厳しく求めなかったが，音声と文字情報の内容については，全員で検討し合意に達した内容に修正した．従って，画像以外は，日本語教育の立場から約10名により検討された結果と考えられる．

1．2　コースウェアの特徴

　1フレーム内で提示する情報は，①全フレームに共通に提示する項目（基本的提示内容），②学習者の操作により任意に提示する項目（任意的提示内容），及び③入力内容に応じてシステムから自動的に提示する項目（自動的提示内容）に分けられる．

　基本的提示内容には，例文，表示項目名称，画像，各種操作ボタン，指示文，氏名・番号・ファイル名・時間・学習回数・問題番号・残り問題数

などの学習者情報がある．任意的提示内容には，音声，漢字，語幹・種類，基本形，文型・自他動詞の区別，関連語，慣用表現１，慣用表現１の英語訳，慣用表現２，慣用表現２の英語訳がある．自動的提示内容には，正誤判定情報，誤字検出内容，誤字訂正個所，画像がある．学習者が操作する観点から，それらの項目・情報・操作を，システムが自動的に表示・展開する内容（上記①と③）と，学習者の操作により表示・展開する内容（上記②）とに分けて説明する．

　氏名と番号の認証作業の後，教材選択画面でコースを選択すると，学習画面となる．１コース20問（１動詞を１フレーム）とし，学習者は学習途中，任意に学習を終了できる．

1．2．1　基本的及び自動的提示内容
（1）文字情報

　「例文」として，動詞の辞書形を含む短文を基本的に提示する．ただし，動詞の部分を「ひらがな」で示し，その中に１個以上の□を含ませており，学習者が□部分を含めた動詞辞書形をひらがなで解答する（単語完成課題）ことを求めている．

　　　例）　　歌（うた）を□□う

（2）画像情報

　間接プライミング効果を期待して，問題（動詞）ごとの例文内容を絵として提示する．これらの画像は，例文をもとに受講生が分担してWindowsに付属の描画ソフトにより描画した．各フレームの表示と同時に，フレーム毎にBMP形式で保存した画像を画面表示する．その他，解答入力後の正誤判定ルーチンで誤字が検出されなかった場合には，システム内蔵の画像を利用して「正答画像」を表示し，誤答の場合は「誤答画像」を表示する．誤字が検出された場合には専用の画像はなく，問題提示の画像と同じである．

（3）文字表

　通常，解答方法としては選択式と記述式があるが，本コースウェアでは記述式とした．「ローマ字入力方式」「かな入力方式」の両方式が使用でき

る環境と共に，一種の「五十音表」となる「文字表」を画面に表示し，文字表内82個のボタン（記号と数字を含む）の一つをマウスでクリックすれば，当該文字が解答欄に転記される方式（ひらがな転記方式）を採用した．文字の配列は，学習者の混同が懸念される「表記が類似している文字」（例：清音文字と濁音文字）のボタン位置をあえて近くに配置した．ただし，これは仮の配置であり，画面のデザインの変更は容易にできる．

（4）解答記述欄

文字表の中からクリックされた文字が転記され，解答文字を構成して表示する「解答欄」を配置した．「文字表のひらがなをクリックして解答欄に転記する」旨の操作法の指示を同欄の横に併記した．

（5）学習制御ボタン

パソコンは全てマウス操作により選択・解答できるようにした．学習制御ボタンとして，「正しいかな」ボタン，「1文字けす」ボタン，「答えをけす」ボタン，「次へ進む」ボタン，「教材を選ぶ」ボタン，「おわる」ボタン，「聞く」ボタン，「使い方」ボタンを配置した．これらのボタンの機能は後述する．なお，「ひらがな転記方式」と「ローマ字入力方式」の間に差異はないとの学習者評定の結論に基づき，学習者は2方式のいずれでも解答入力は可能とした．

（6）学習管理情報

学習者自らが学習状況を把握するため，また，教師が学習者の状況を把握するため，指示文，学習者の氏名・番号，学習中のファイルの名前，学習中の現在時刻（時：分：秒），当該コースの学習回数，学習中の問題番号，当該コースの残り問題数を表示した．

（7）KR情報

システムは解答入力の正誤判断を行い，システムが持つ文字情報と比較し，完全に一致する場合，部分的に一致する場合，及びその他によって，表示メッセージが異なる．入力文字が「正答」と完全に一致した場合には「正解」として下記の5種類のKR情報（①あたりー！②ヤッター！③その通り！④なかなかやるねー．⑤はい，結構です．）をランダムに選択し，正答画像と同時に表示した．

正誤判断過程で「誤字」が検出された（誤字検出機能）場合には，誤字検出内容を示す14種類のメッセージと「誤字」の訂正箇所を表示し，学習者に修正を促した．入力解答の文字列を正解とする文字列と比較し，1文字の誤字（1文字欠落，1文字過多，1文字差し替え）を検出し，訂正箇所と間違いの種類を表示する．「一文字多いです」「一文字少ないです」などと表示する他，清音・濁音・半濁音，促音・非促音，撥音，長音（「う」の使用）の違いにより，例えば促音の解答を促す際には「小さな「っ」の文字を使いましょう」など，それぞれの誤字の種類に応じたメッセージを表示する．本システムで表示される14種類の「誤字」メッセージは以下の通りである．

① 一文字多いです．／をクリックすると□が消えます．
② 一文字少ないです．正しい文字を入れましょう．
③ 一文字違います．正しい文字を入れましょう．
④ 「゛」がついている文字を使いましょう．
⑤ 「゛」がつかない文字を使いましょう．
⑥ 「゜」がついている文字を使いましょう．
⑦ 「は」の行ですが，「゛」がついている文字を使いましょう．
⑧ 「は」の行ですが，「゛」がつかない文字を使いましょう．
⑨ 大きな「や，ゆ，よ」の文字を使いましょう．
⑩ 小さな「ゃ，ゅ，ょ」の文字を使いましょう．
⑪ 大きな「つ」の文字を使いましょう．
⑫ 小さな「っ」の文字を使いましょう．
⑬ 「ん」を使いましょう．
⑭ このばあいは「う」を使いましょう．

　この他，システム構造として，正答2，正答2に対するコメント，誤答1，誤答1に対するコメント，誤答2，誤答2に対するコメントを持たせた．即ち，正答は1種類とは限らないことを想定して，正答2を準備し，正答2が入力された場合には，正答2に対するコメント表示する．同様に，

誤答を2種類予測し，それぞれの入力に対するコメントを表示して，正答に導いた．ただし，これらを予測する必要がない場合には，データが空であってもよい構造となっている．下に例を示す．

　例）動詞「ドアを□□る」の例
　　正答1：しめる
　　正答2：とじる
　　正答2のコメント：同じように使えますが，「目をしめる」とは言いません．
　　予測誤答1：あける
　　予測誤答1のコメント：反対語です．
　　予測誤答2：しまる
　　予測誤答2のコメント：他動詞を使いましょう．

　それ以外は予測外の「誤答」とし，下記の6種類のKR情報（①ざんねん！②ちがう！③ちがいますよ．④そうじゃありません．⑤おかしいですねー．⑥そうかなー．）をランダムに自動的に選択し，誤答画像と同時に表示した．

1．2．2　任意的提示内容
(1) 文字情報

　学習者が任意に表示できる学習項目は，その表示位置を固定しており，それぞれ名称を付けている．名称とその表示内容は，「漢字」には動詞辞書形の漢字表記，「動詞の種類」にはローマ字表記の語幹と動詞の種類（1類・2類）の別），「基本型」には「マス形・ナイ形・テ形」，「文型」には自動詞・他動詞の区別と共に格形式（例えば，～が～を□□う）をそれぞれ表示する．以上は，初級学習者用の情報として位置付けられる．中級学習者用には，「関連語」として類義語・反義語などを表示する．更に，上級学習者用の情報として，「慣用表現」を通常2文提示し，それぞれの英語訳も任意に表示できるようにした．

これらの項目は，IPAL (Basic Verbs) に示された分類項目を資料とし，受講生と共に検討して得られたものである．結果的には，古賀・水町 (1996) の調査で得られた「日本語学習者に使える」とされた項目の約半数と一致した．目的が異なる調査であったので両者を単純に比較することはできないが，一致した項目は多くの人に支持される可能性を持つと考えられる．

(2) 音声情報

　一般的に言語学習には，音声による学習は必須と考えられており，本コースウェアでも音声素材を提供した．学習中に学習者が任意に「聞く」ボタンを押すと，例文が音声情報として提示される．聞く回数や聞くタイミングは学習者に任されている．

　本コースウェアでは，2通りの目的で音声素材を利用することが可能である．1つ目は，単語完成課題として視覚提示された動詞の解答が困難な場合に提示されることにより，聴覚的に解答を援助することができる．もう一つは，正答後に提示されることにより，動詞学習の強化・定着に役立てることができる．

　音声素材のインフォーマントは日本語母語話者（日本語教師志望の大学院生）であった．インフォーマントにはアクセントは正確を期すように努めるよう教示された．最終的には収録された音声を複数の日本語母語話者が聞き，アクセントに誤りがないことを確認した．録音室でテープに収録された音声は，Windows95付属のサウンドレコーダを用い，WAV形式で例文毎にファイル化された．コースウェア上では，Visual Basicのマルチメディアコントロールを利用し，プログラム上で指定される音声ファイルが再生される．

(3) 解答入力操作

　パソコンは全てマウス操作により選択・解答できるようにした．学習操作用のボタンとして，前述した「ひらがな転記方式」の文字ボタン82個の他，正誤判定のための「正しいかな」ボタン，入力中の解答文字を訂正する「1文字けす」ボタンと「答えをけす」ボタン，次のフレームに進むための「次へ進む」ボタン，別コースに変更するための「教材を選ぶ」ボタ

第9章 マルチメディア日本語CALL教材開発の検討

ン，任意に学習を終了することのできる「おわる」ボタン，例文の音声を聞くための「聞く」ボタン，及び操作上の説明を表示する「使い方」ボタンを配置した．

　前述した文字表の1文字をクリックすると，その文字が「解答欄」に転記される．解答中，学習者が解答文字の間違いに気づいた時に，「1文字けす」ボタンをクリックするとカーソルの左文字が1文字消去される．同様に「答えをけす」ボタンでは，入力済みの全文字が消去される．文字入力の終了の意志表示は，「正しいかな」ボタンをクリックすることによりシステムに伝える．

1．2．3　学習画面の例

　図1は，「うたう」を例に，上記で説明した学習項目や学習制御ボタン等を全て表示させた学習画面の例である．

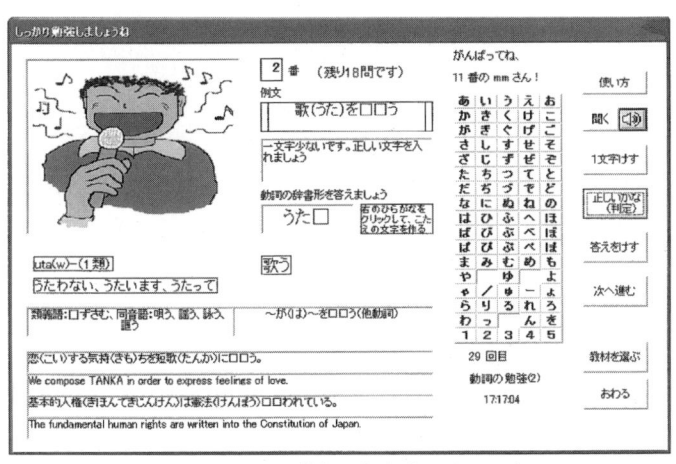

図1　画面例（「うたう」を例として）

1．3　試行調査

　身近な留学生を被調査者として，本コースウェアの試行調査を個別に行った．試行終了後，被調査者に印象評定を調査用紙に記入してもらった．
（1）被調査者

日本語学習歴は平均6.1年であった．パソコン経験年数は，平均3.0年であった．母語は，中国語（6名），韓国語（2名），マレー語（1名），英語（1名）であった．
（2）評定結果
　コースウェアの感想を下記の8項目について5段階評定で記入してもらった．「その通りだと思う」場合は1に，「全く違う」場合は5にマークをつけるよう教示した．各項目の簡略化した記述と平均値を表1に示した．

表1　コースウェアの感想

質問項目	評定値
① 初級レベルに役立つ	1.6
② 中級レベルに役立つ	1.8
③ 上級レベルの役立つ	2.7
④ このソフトは役に立たない	4.6
⑤ マウスの使い方が面倒	4.3
⑥ パソコンに慣れていない	4.2
⑦ ソフトの使い方が面倒	4.3
⑧ 他の動詞をこれで勉強したい	2.3

　以上の結果から，本システムは上級レベルにも使えるが，上級レベルより初・中級レベル向きのコースウェアであるとの印象であったと言える．また，操作に関しては特に問題はなかったと考えられる．このコースウェアで他の動詞の学習をするコースを追加・作成することに意義があると考えることができる．
（3）示唆される改善案
　被調査者には，上述の5段階評定の他に，改善への示唆や意見を自由記述してもらった．それらを簡略化した文面でここに採録する．
①類義語の使い分けの説明が欲しい（2名）
②絵と音声がよい
③動詞の種類（1類・2類・3類）の意味が不明
④対となる自・他動詞の例文と使い方の説明が欲しい
⑤もっと例文を多くして欲しい

⑥レベル別の学習が好ましい
⑦文型・関連語・自他動詞の区別が役に立つ
⑧正解の時に表示する画像の工夫がいる
⑨慣用表現が難しい
⑩語彙と聴解の改善に有効である
⑪例文の英語訳が欲しい

　これらの示唆・意見には，改善案としてすぐに採用できるものもあるし，デザインの変更をしなければ採用できないものもあるが，概してコースウェア開発時に予測できる内容であった．

1．4　本システムの総括と今後の課題

(1) 本システムの設計

　CALLでは，教授方略を検討する際には教授対象とする学習者のレベルを設定するが，それは学習項目や学習方法を制約することにもなる．CALLの基本的理念は，学習制御の主導権は学習者にあり，システムが提供する諸情報から学習者が選択して学習を進めることができるようにしておくことである．即ち，どのレベルの学習者にも利用可能である必要がある．

　CAIと比較してCALに関して指摘される欠点は，システム利用による効果を測定することができないことである．従ってシステムの善し悪しの議論は客観的な学習効果に求めることはできず，それぞれの学習者の主観的な判定に委ねられる．但し，多様なCALコースウェアが整備されれば，教師はそれらを取捨選択して，学習者ごとに教師が学習デザインを示して指導・助言をすることができる．本システムは多様なコースウェアの一部を構成できるものと筆者は位置づけている．

　本システムの特徴を簡潔にまとめれば，次の3点である．①日本語動詞の表記・形態・統語・意味に関する基本的な情報を提供している．②例文として示された短文には，視覚的情報（絵）と聴覚的情報（音声）が付随している．③例文中の辞書形のひらがな表記にはドリル的な要素を持たせている．

つまり，本システムの教授・学習方略は，ドリル要素を含む例文と視覚的情報を基本的に提示し，それ以外の諸情報の提示順序や表示・非表示の選択は，学習者に一任する，というものである．すなわち，情報の利用は学習者のレベルや必要に応じて進めることを可能にすることが設計の思想である．このような本システムの思想が有効に働くかどうかは，次の利用法とあわせて検討する必要がある．

（2）想定される学習の展開

　本システムは通常の一斉授業での利用には馴染まない部分がある．一斉授業では，当該時間の目標が設定されているが，本システムは特に到達目標はないからである．むしろ，教師は学習者のニーズやレベルを踏まえ，一斉授業外での個別学習の道具として本システムを利用することが，設計思想に近い利用法となる．教師が所属する組織の教育環境で，学習者にCALLシステムを「使う」場合，教師は間接的利用者であり，直接利用者は学習者である．

　本システムでは日本語学習者のレベルは特定していない．単語完成課題はCALLとしての機能を持たせているが，学習者は必ず解答しなければならない訳ではない．例えば，正解が簡単に想起できる上級者ならば，「慣用表現」だけを表示するかもしれないが，英語訳が有益かもしれないし有益ではないかもしれない．一方，初級者は，音声を聞くなどの支援情報の助けを借りて，解答にたどり着くかもしれないし，「慣用表現」を表示しても内容の理解には至らず，放置するかもしれない．

　つまり，ここで提供する情報は，学習素材であり，学習者に完全理解を求めている訳ではない．この情報から出発して他の学習場面で知識を深め・広める学習者もいるであろうし，このシステム内の情報の理解できる部分だけを理解することで，学習を終わる場合もあろう．システムとしては素材提供に徹し，学習者に学習内容も方法もすべて一任している訳である．

　この考えが利用者に受け入れられるかどうか，それ以外の有効な使い方があるのかなど，今後の試用を通して検討しなければならない．

（3）学習項目

本システムで採用した学習項目は，日本語教育の立場から検討を加えたが，被調査者の感想からもわかるように，まだ確立したものにはなっていない．コースウェアの設計思想により，採用する学習項目が異なることを暗示している．

例えば，本システムでは，アクセントについてはまったく取り上げられていない．活用の規則など，文法・形態的な説明情報もない．画像や音声も「例文」だけに添えられていて，他の文字情報に関する画像・音声も提供していない．

一方，何でもできる全能のシステムはあるだろうかとの疑問もある．また，完成したシステムが使いやすいかどうか，学習者側の立場からこれまで以上の工夫も必要であろう．本研究をもとに，試用調査などを通してシステムを検討する予定であるが，何が有効か，何が必要かなど，教育上の吟味・精選をした上で，学習項目を追加・変更したいと考えている．

（4）学習履歴

現在までは，教授・学習方略，表示デザイン，表示項目など，主にフレームレベルでの設計を中心に開発した．しかし，どのような学習者が，どんな項目を見たか，あるいは見なかったかなど，フレームにまたがる学習者の学習情報を収集して，自ら学習効率を上げるための自己分析資料を提供することが望まれる．同時にその情報は今後のシステム改善にも役立つ資料となるはずである．

1．5 本節のまとめ

試行調査の印象評定では，特に否定的な結果は得られなかった．むしろ，今後の追加作成を促す結果であったと言える．素材内容への意見は学習者により異なるが，マルチメディア利用への期待が窺える結果であった．

2節 言語素材作成支援と学習管理の検討と試作

前節では，キーボード方式とマウス方式の2方式による日本語CALLのドリルモードのコースウエア（学習ソフト）を作成し，試行や調査を通し

―183―

て同システムの実用化の見通しが得られたことを述べた．本節では，第5章3節で試作した学習ソフトの使用を前提とし，言語素材作成のための「教材作成支援システム」の開発と学習者のコースウェア利用に関わる学習管理・運用上の実践的な課題を探った．

2．1　言語素材作成支援ソフトの作成

　教師のCALLへの取り組み方の6分類（第2章，表1）には，それぞれ一長一短があるが，教師がCALL開発に参画する方法の一つに，教師が言語素材（文字データ）の作成を担当する「修正型」がある．自らシステムを開発することは困難である教師が，市販のCALL教材の単なる使用者に止まらず，自分が抱える日本語学習者のニーズとレベルに合致した言語素材をCALL用に作りたいと願う場合は，既存のシステムに各自の言語素材を組み込む方法を取る．

2．1．1　作成モードの選択

　初期画面で，教材の「新規作成」と「追加修正」のどちらかを選択する．どちらかを選択したあとは，次項の「作業の選択」に移る．「新規作成」では，教材名と作成者名，及び解答のための指示文を記入する．「追加修正」では，すでに作成した教材あるいは作成途中の教材のファイル名が表示されるので，使用者はファイル名を入力する．指定された教材をファイルから読み込んだあと，必要があれば出題文や指示文を訂正する．

2．1．2　作業の選択

　画面に4種類の作業項目（修正・記入（W），次頁表示（D），前頁表示（B），終了（Q））が表示され，使用者はその1つを選択する．なお，選択方法は，それぞれの選択項目の右側の（　）内の半角英文字1字を入力する．

　「修正・記入（W）」では，1頁画面・10項目のデータを順次記入する．データが不要の項目は[RETURN]（または[Enter]）だけの入力であるが，保存用のデータとしては，最低でも半角文字の「スペース」を1字入力すれば，外見上は文字が無くても，コンピュータはデータが有るものとして，

エラー扱いにはならずに保存される．「スペース」のデータが全くない場合は，本体の学習プログラムでデータ不足のエラーを起こすことになる．

「次頁表示（D）」では，作成途中の教材を呼び出して追加したり，作成済みの教材を一部修正したりする場合，必要な頁画面の番号を入力する方法もあるが，本システムでは１頁から20頁までを順次表示して，使用者が必要な頁まで手動でたどり着く方法をとった．

「前頁表示（B）」では，作成済みの頁を再度画面表示したい場合，１頁ずつ戻ることとした．

「終了（Q）」では，作成途中で中断するときに用いる．この時，ファイル名の変更をする必要があれば変更できる．データの保存は自動的に行う．

２．１．３　教材の入力・表示画面の構成

学習ソフトは，１教材20問題，１問題10項目で構成されている．それに合わせて，教材作成支援ソフトでは，１頁画面に10項目すべてのデータを表示し，また記入できるようにした．20頁画面を繰り返せば１教材が完成する．１頁画面の構成内容の項目を表２に，その具体例を図２に示した．

表２　１画面の表示・入力項目

使用する行	表示・入力内容
１行目	問題番号と教材名
２行目	第１正答，第２正答，第１誤答，第２誤答の各項目名
３行目	第１正答，第２正答，第１誤答，第２誤答の各データ（各10桁）
４行目	「出題問題」の項目名
5-7行目	出題問題のデータ表示（３行）
８行目	「第２正答」の項目名
９行目	第２正答のデータ表示（１行）
10行目	「第１誤答」の項目名
11行目	第１誤答のデータ表示（１行）
12行目	「第２誤答」の項目名
13行目	第２誤答のデータ表示（１行）
14行目	「第１ヒント」の項目名
15-16行目	第１ヒントのデータ表示（２行）

17行目	「第2ヒント」の項目名
18-19行目	第2ヒントのデータ表示（2行）
20行目	記入項目名
21行目	入力上の注意書き
22-24行目	データ記入（3行）
25行目	日本語入力機能に切り替えに使用

注：括弧内は，使用できる文字桁数あるいは行数，太字が入力項目

```
         ■出題番号……>1           ■教材名……>  b:RCHECK11>DAT
   （1）第1正答    （2）第2正答    （3）第1誤答    （4）第2誤答
         もうし           いい           いわれ           いう
```
（5）出題問題
初めて会った人「おなまえは　なんとおっしゃいますか．」 あなた　　　「田中と[いう]ます．」
（6）第2正答のメッセージ
じぶんのことを言う時は，「もうす」をつかいましょう．
（7）第1誤答のメッセージ
それは尊敬表現です．じぶんにはつかいません．（もうす）を使いましょう
（8）第2誤答のメッセージ
「いう」のマス形は「いいます」です．
（9）ヒント1
自分のことを言うので，「も□□」を使いましょう．　Use [moosu]. May I have your name? My name is Tanaka.
（10）ヒント2
初（はじ）めて：for the first time，会う（あう）：to meet， 田中（たなか）：name of a person

（5）出題問題データ記入欄

　　表示文字の訂正後は末尾文字の右までカーソルを移動して[RETURN]，無訂正は[RETURN]のみの操作とした．

初めて会った人「おなまえは　なんとおっしゃいますか．」 あなた　　　「田中と[いう]ます．」 _

　　　　　図2　データ表示・入力画面例（ワープロで再現）

2.1.4 記入欄と表示欄の分離

　上述のように，データ表示欄とデータ記入欄を分離した．試作プログラムでは，記入と表示を同じ欄で行ったが，数名に使用を依頼した際，データ修正時に項目の移動をカーソル移動キーにより行う誤操作が多く見られたからである．そうすることにより，カーソル移動キーの不適切な操作により生じる無関係の文字の取り込みを防ぐことができる．

2.1.5 データの入力

　日本語をデータとして入力するに当たり，ワープロ的な操作上の知識などが必要となるので，初期画面で次の説明・指示文を表示した．
（1）日本語入力
　本システムでは，「ローマ字入力によるひらがな表示」の機能により文字を記入する．いわゆる日本語ワープロソフトの文字入力方法と同じである．日本語入力・表示機能を使うためには，使用者は自らの手でこの機能が使えるように操作をする必要がある．
　正誤判定に用いる「解答」用の文字は「ひらがな」のみとしたが，提示問題・ヒント・各メッセージは，ひらがな・カタカナ・漢字・英数字・記号を用いるので，使用者はその表示機能を習得する必要がある．
（2）全角の空白文字（スペースキー）の使用
　正誤判定に用いる「解答」用文字の末尾に全角の空白文字があると，外見上は文字が見えないが，解答の一部となっているので，正誤判断の際に「正答」を解答しても「誤り」と判断されることになる点に注意が要る．
（3）カーソル移動キーの使用
　混乱を避けるために，カーソル移動キー4種類は使用しなかった．文字入力中にそれらを使用すると，入力内容の一部が消去されることがあるからである．文字を一部修正した場合には，末尾の文字の右にカーソルを移動した上で，[RETURN/Enter]キーを押さなければならない．

2.1.6 データの訂正手順

　1頁画面分の入力が終わったら，訂正箇所があるかどうかの問い合わせ

が表示される．その後の作業は以下の手順となる．
（1）訂正・無訂正の選択
　データの訂正には[Y]を入力する．「訂正なし」の場合は[RETURN/Enter]キーだけで訂正終了となる．仮に，思い違いなどのため訂正する必要がないものを表示する場合も[RETURN/Enter]だけの入力となる．
（2）入力
　データを訂正する場合，項目番号を入力する．データ記入欄に指定した項目の内容が表示されるので，入力作業に入る．
（3）訂正終了
　1項目の訂正入力が終われば[RETURN/Enter]を入力する．
（4）繰り返し作業
　1頁分のデータ訂正が完了するまで以上の作業を繰り返す．

2．1．7　データの保存

　操作ミスなどの誤操作によりプログラムが停止し，作成中のデータが保存する前に消滅することを防ぐため，1頁画面が終了し，次頁に進む時には，毎回自動的に保存する．

2．2　学習管理のプログラムの作成

　CALLの特徴の一つは，コンピュータが保存する資料を学習者や教師に提供できる点にある．コンピュータが持っている学習者個人の学習データを画面に提示することにより，学習の結果や進行について，学習者が確認したり，教師が指導したりなど，学習促進に用いることができる．本項では学習ソフトに関わる他の機能などについて検討する．
　CALLを実践する場合，本体となる学習ソフト以外にも必要なプログラムがある．本節では，学習管理システムと位置づけ，「学習者の氏名・番号登録」「教材選択・解答方式練習」「学習結果の一覧表示」「誤字の種類別検出回数等表示」及びそれらの元になる学習ソフトの各プログラムについて詳述する．

2．2．1　学習者氏名・番号登録

　本体の学習プログラムでは，初めに氏名・番号を自動的に読み込むので，事前に，学習者の氏名・番号のファイルを保持しておく必要がある．氏名はプログラム中に学習者への呼掛けとして画面に表示する．母語に漢字や英文字を用いない学習者もいるので，氏名はカタカナを使うことにした．番号は学習記録を保存する時のファイル名の一部に使用する．そのため，番号は正確を期して登録されなければならないし，また番号に重複があってはならない．学習者の氏名と番号は，予め，教師が特定の「氏名」と「番号」を決めておくほうが，管理上の混乱を回避できよう．氏名・番号登録は教師が人数分作成するのが最も安全であるが，学習者が各自の氏名と番号の登録ができるように，作成作業が簡便な「マウス」方式の記入方法とした．

2．2．2　登録手順

　初期画面では，フロッピーディスクドライブに氏名・番号のデータが存在する場合は，自動的に読みだし，その氏名・番号でよいかどうかを確認する．確認事項は「学習者の勘違いなどで，変更する必要がない場合」「学習者自身のデータ用フロッピーではあるが，氏名・番号を変更する場合」「他人のデータ用フロッピーを使用している場合」次の3つの場合を想定した．なお，ドライブに氏名・番号のデータが存在しない場合は，氏名・番号を新規に記入する画面を自動的に表示する．

　データ作成に関して，画面に表示されるカタカナ・英数字・記号から，マウスを使って文字を選んでデータを作成する．氏名はカタカナ表記を原則とする．番号は4桁とし，最初の1桁目は「姓」のローマ字の頭文字，2桁目は「名」のローマ字の頭文字，3・4桁目は11から99までの2桁の数字とすると重複は避けられよう．なお，学習データ用のファイル名は，この4桁の英数字のあと，教材番号をつけることにしてある．記入・作成された氏名・番号はフロッピーディスクドライブに保存される．

2.2.3 学習データの表示と保存

本体の学習プログラム終了時に次の項目を表示する．学習データは，学習者と教師の両方に利用価値があるので，詳しい内容を保存するが，学習プログラムの終了時に表示する項目は以下の通りである．

(1) 所要時間

1教材の学習開始のあと，1問毎に問題提示から正答入力までに要した秒数を算出し，解答が終了した問題分の秒数を合計し，時間・分・秒の形式で表示した．1教材が1回の学習で終了するとは限らないので，1教材を数回に分けて学習した場合も，前回分を加算して全体の学習に要した時間・分・秒を併記した．

(2) 得点

100点満点のうち，得られた得点とそのヒストグラムを表示した．

(3) 誤答回数

第1誤答，第2誤答を含め，誤答として処理された回数とそのヒストグラムを表示した．

(4) ヒント要求回数

ヒント1とヒント2を要求した回数とそのヒストグラムを表示した．

(5)「誤字」回数

14種類の「誤字」の種類別回数とそのヒストグラムを表示した．

(6) 学習回数

1教材が1回の学習で終わらない場合もあるので，当該教材を何回使用したかを示す数字を表示した．

(7) 残り問題数

未着手の問題数に加えて，得点計算で6点未満の場合も再学習課題として残りの問題数に入れた．次回に提示される問題数として用いた．

2.2.4 学習結果の一覧表示

学習プログラムを2回以上使用する場合，2回目以降には前回までの学習経過を学習者は知る必要がある．その場合には，「教材選択・解答方式練習プログラム」の初期画面で，要求に応じて当プログラムを呼び出す．

表示される項目は以下の通りである．図3に画面例を示した．

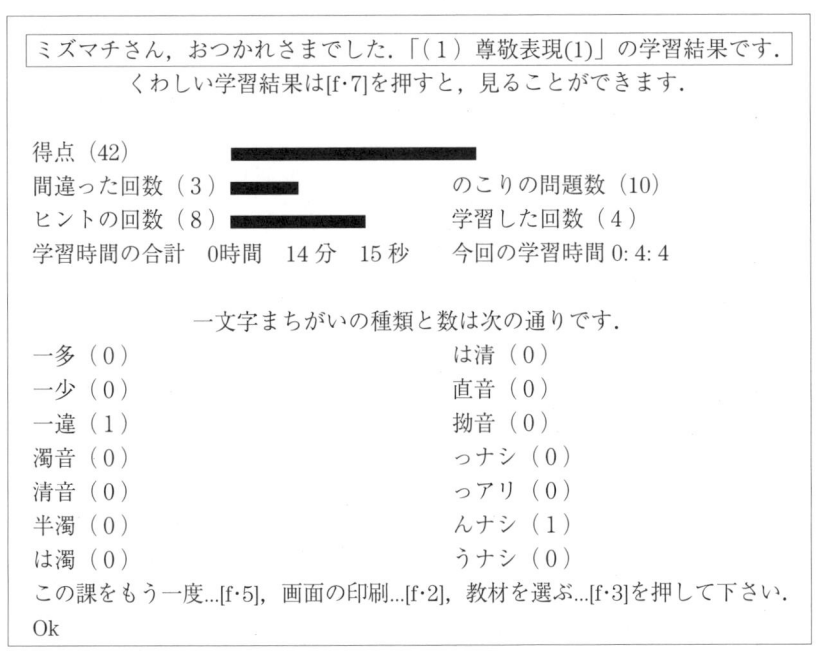

```
┌─────────────────────────────────────────────────────┐
│ ミズマチさん，おつかれさまでした．「(1)尊敬表現(1)」の学習結果です．│
│     くわしい学習結果は[f･7]を押すと，見ることができます．        │
│                                                     │
│ 得点（42）    ■■■■■■■■■■■■                             │
│ 間違った回数（3）■■■         のこりの問題数（10）            │
│ ヒントの回数（8）■■■■■■■■   学習した回数（4）              │
│ 学習時間の合計 0時間 14分 15秒  今回の学習時間 0:4:4         │
│                                                     │
│             一文字まちがいの種類と数は次の通りです．         │
│ 一多（0）                    は清（0）                 │
│ 一少（0）                    直音（0）                 │
│ 一違（1）                    拗音（0）                 │
│ 濁音（0）                    ッナシ（0）                │
│ 清音（0）                    ッアリ（0）                │
│ 半濁（0）                    ンナシ（1）                │
│ は濁（0）                    ウナシ（0）                │
│ この課をもう一度...[f･5]，画面の印刷...[f･2]，教材を選ぶ...[f･3]を押して下さい．│
│ Ok                                                   │
└─────────────────────────────────────────────────────┘
```

図3　学習結果の表示例

（1）学習管理に関わる情報

　教材番号，教材名，開始日，終了日，得点，誤答回数，ヒント回数，残り問題数，使用回数，学習時間を表示した．

（2）学習経過・結果に関する情報

　教材の1～20番の問題番号，得点，学習者の初回の解答内容，及び正答までに要した時間（分:秒）を表示した．また，解答済みの問題の正答のみを表示し，未解答の問題の正答は表示しない．未解答の問題の正答を解答する前に見ることを防ぐ目的のためである．

　また，その他の機能として，学習開始，プログラム終了，画面印刷，第1画面表示，第2画面表示，種類別誤字検出回数等表示の各機能を持たせた．

2.2.5 種類別誤字検出回数等の表示

1教材全体の結果ではなく，各教材の各問題の詳しいデータを求める場合がある．「学習結果の一覧表示」の最終画面で，当プログラムを呼び出すことができる．

1教材につき，問題毎の得点，「誤字」種類別検出回数，第1誤答・第2誤答以外の誤答回数，第1誤答回数，第2誤答回数，ヒント1の表示回数，ヒント2の表示回数，第1正答の解答回数，第2正答の解答回数，及び得点を一覧表示する．1画面に10問分の表を表示し，必要に応じて他の10問も表示できる．

また，その他の機能として，学習開始，プログラム終了，画面印刷，10教材学習結果一覧表示の各機能を持たせた．

2.2.6 教材の選択・解答方式練習

システムのたち上げと同時に当プログラムを実行する．複数の教材から学習者が任意の教材を選択する機能をもたせるのが第1の目的であるが，過去の学習経過を見ることもできる機能と解答方式に学習者が慣れるための練習機能を持たせた．また，氏名・番号登録プログラムを呼び出して，再登録ができる機能も持たせた．

(1) 教材選択

1画面20教材まで表示可能とし，1～10をAグループ，11～20をBグループとした．但し，新規の教材が作成されたら本システムに組み込むことを想定し，Bグループは空欄となっている．

学習者は，教材を選択する場合は教材番号を入力する．その後，次節の解答方式の選択に移る．

(2) 解答方式の選択と練習

選択された教材名を表示すると共に，解答方式の選択をさせる．「マウス」方式は[M]を，「キーボード方式」は[R]を入力する．

①マウス方式の説明

8種類の絵文字（アイコン）と注意事項を表示する．アイコンの1つをクリックすると，その機能の説明文を表示する．「かえる」をクリック

すると，キーボード方式の説明・練習画面に切り替わる．「はじめ」をクリックすると，「マウス」方式の学習プログラムを実行する．

②キーボード方式の説明

学習者は自らの手で日本語入力機能が使えるように操作をする必要がある．そのため，学習者に[CTRL]キーと[XFER]キーを押すよう指示し，その後「にほんご」と入力・表示させる．表示が終了し[RETURN]キーを押すと，「キーボード」方式の学習プログラムを実行する．[M]を入力すると，「マウス」方式の説明・練習画面に切り替わる．

③学習結果一覧表示プログラムの呼び出し

学習者の本システムの使用が2回目以降の場合，前回までの学習で，どの教材を学習し終わったか，学習すべき問題が残っているかなど，各自の過去の学習経過や結果を知る必要がある．その場合には，[99]の番号を入力したあとグループ名を選択すると，「学習結果の一覧表示プログラム」が実行される．

④氏名・番号登録プログラムの呼び出し

前述のように，学習者の氏名・番号登録は，事前に教師が作成しておく方が混乱は少ない．しかし，何かの手違いで，使用フロッピーが学習者本人のものではない場合もあろう．その場合に備えて，再登録を可能とした．[77]の番号を入力したあと，確認画面を経て，「氏名・番号登録プログラム」を実行する．

2．3　本節のまとめ

本研究は，システム開発の試作研究として行った．今後本システム用の教材作成を行い，システム使用を通して学習効果測定は別の研究で行う．更に，新たなシステム使用の印象評定や観察結果から，システム改善を図る予定である．

一方，画面構成や教材のデータ構造の基本的な変更をする余地は少なく，このオーサリングツールを利用することを前提とした場合は，ドリル演習モードとしての日本語CALLシステムの基本的な構造はほぼ固定せざるを得ない．つまり，オーサリングツールは，前提とする学習ソフトに束縛さ

れるので，両者は一体として機能することになる．ハードウエアやソフトウエアの進歩により，マルチメディアの利用が容易になり，音声や映像を更に積極的に活用した日本語CALLシステムにする必要もある．

3節　本章のまとめ

　本研究で試作したコースウェアにより，マルチメディア日本語CALL開発の要件を検討できた．また，教材の作成を支援するための「教材作成支援プログラム」を作成し，教材選択・解答方式練習などの他のプログラムから呼び出して実行できる．また，学習管理に関する要件を具体化した．これらのソフトウェアの試作を通して，教材作成や学習管理の課題が明らかになった．

　一般的な教材作成（オーサリング）ツールを駆使するのではなく，特定のコースウェアの方法を学習素材（データ）を入れ替えるだけの作業をすることにより，同一方針による類似の教材がより簡易に開発できることへの期待は大きいが．そのためには，もとになるコースウェアの仕様を確定しなければならない．様々な意見が交錯する中で，特定のコースウェアのための「簡易なオーサリングツール」を開発することは容易ではない．本研究では，一つの日本語CALLシステムと，文字データに限定した教材作成ツールの作成を試みたが，教材開発の簡易化は，特定の方式によるコースウェアが確定するまで待たなければならないと結論づけた．

　本研究で得られた成果は，マルチメディア日本語CALL教材開発の基盤として，次章以降の高度で実用性のあるコースウェアの開発に生かされた．オーサリングの簡易化のための条件整備の検討作業は将来の課題である．

第10章

高度なマルチメディア日本語CALL教材の開発と評価

―― 『聴解:日本の生活「アパートに住む」』(CD-ROM) ――

　これまでの各章で,日本語CALLの可能性と課題を検討した結果,日本語CALLシステムとして望まれる内容と方法,及び学習支援のあり方についての示唆が得られた.即ち,ITの進歩にあわせた電子メディア活用の重要性を指摘し(第1章),日本語CALLの基本的な取り組み方を整理し(第2章),日本語の文字情報の提示(第3章)・解答入力の課題(第4章)・解答入力支援(第5章)・解答支援(第6章)を具体例により提案し,マルチメディアとしての音声の利用(第7章)と画像・映像の視覚資料の利用(第8章)の留意点を整理した上で,これらを包括的に取り入れた日本語CALLのコースウェアを試作すると共に、学習管理について検討した(第9章).これらを実用に耐えうる高度な日本語CALLシステムとはどのようなものであるかを示すことが課題となった.

　学習者が多様化すると共に,教材の不足が叫ばれ,また,外国語・第二言語学習者の聴解練習の重要性が指摘され,有益な内容を持ち,効果的な学習ができる教材の開発が求められている.一方,教育・学習面での積極的な利用のあり方を探ることは社会的な要請でもある.これらの課題の解決に向けて,日本語CALLの聴解練習用教材について検討した(水町ほか2002b).その結果を踏まえ,「三ラウンド制の指導理論」(竹蓋1997)に基

づき，日本での住宅問題を話題として取り上げ，聴解練習を中心とした日本語学習用教材『聴解：日本の生活「アパートに住む」』を作成した（水町ほか 2003）．本研究では，広島大学に留学している日本語学習者による特別クラスを編成し，日本語CALLのコースウェアとして作成したCD-ROMを用いて試行を実施し，有効性と有益性を検討した．その結果，開発したCD-ROM教材は，日本語能力の改善に有効であり，また，印象評定調査では，学習者からの評価も高く，有益な教材であることが分かった．本章では，この結論と合せて，学習者の学習活動や意識を探りながら，利用法の留意点を含めた総合的な評価を行った研究について述べる．

1節　理論に基づく日本語CALL教材の開発

1．1　指導法
（1）「聴解」の学習・指導上の問題点

　Vandergrift (1999) は聴解について，言語スキルの面で「音の識別，語彙や文法構造の理解，韻律の解釈，それらの記憶保持と，社会・文化的な文脈の中での即時解釈」など，多くの要因が含まれていると述べ，「聴解」の複雑さを指摘した．また，「聴解」は，話し手の「くせ」など発話者の要因に依存している他，発話音声はノイズや速度により「聞きやすさ」が左右される．更に，「聴解」は，語彙リストや文法項目のように，学習の到達目標を設定することが困難である．

　これらのことが複合的に関連しているため，聴解力の養成・向上のための効果的な学習方略が確立していない．教師と学習者は共に「聴解」に関して，理論的な裏付けのないまま，経験に基づく方法を有効だと信じて試行錯誤を繰り返しているのが現状であり，教育・学習上の大きな課題となっている．この課題の解決のためには，聴解の学習ストラテジーを組み込んだ具体的なコースウェアを開発・実践し，学習者の反応や学習効果を検証することが必要である．

　また，「聴解」は単なる受動的な学習ではなく，能動的な学習活動である（Vandergrift 1999, Rivers and Temperley 1978）．能動的な学習活動を促進

させるには多様なタスクを課すことが有効であると考えられる．また，コンピュータは音声呈示と共に様々なタスクを制御することができるので，学習者は「対話的」（インターアクティブ）な活動による能動的な学習ができる．コンピュータによる学習は，教師要因を減少して，内容と方法に焦点を当てた教育研究が可能であるため，有効な指導方法の確立を図ることができると共に，コンピュータに記録された学習者の学習履歴を分析することにより，学習活動の実態を明らかにすることができる．

(2) 指導理論

　日本人英語学習者への指導を目的として開発された「三ラウンド制の指導理論」（竹蓋 1997）は，CD-ROM教材として複数のコースウェアが作成され，数年間に渡り多数の大学生が実践し，その効果が実証的に示されている．このシステムの大きな特徴は，1つの学習内容を3つのステップに分けて，「大まかな理解」「詳細な理解」「応用的・総合的学習」と進めることや，分散学習により同一内容を断続的に学習することである．これは，システム科学の理論に基づき，言語教育学や心理言語学の知見を有機的に組み込んだ指導法とされている．水町ほか（2002b）では，先行研究の成果と理論を背景に持ち，コースウェアとして開発され，教育に実践され，更にその結果が実証的に示されることが教育研究に求められると考え，入手可能なCALLのコースウェアを調査した結果，「三ラウンド制」がもっとも優れた指導法であるとの結論を得た．英語教育で効果的な指導理論は，外国語・第二言語教育としての日本語教育にも適用することができると考え，本研究では「三ラウンド制の指導理論」に基づいたCALL教材を開発することとした．本教材は，英語学習研究で開発された指導理論を基にしながら，日本語学習において必要とされる学習支援機能を充実させることによって，より効果的な教材を目指した．

(3) 英語学習用教材との違い

　英語の「三ラウンド制」教材では，他の聴解中心のCALL教材と同様に，音声聴取内容の確認が画面の文字を「読む」ことにより行われている．コンピュータ画面上に呈示される様々なタスク活動では，画面上の言語素材を読むことが不可欠である．日本語は漢字・ひらがな・カタカナ等多様な

文字を使用する言語であり，読むためには，日本語学習者は3種類以上の文字を学習し，それらの正しい使い方を学ばなければならない．中でも，漢字は中級以上の学習者にとっても困難な学習課題である．つまり，日本語学習用教材は，タスク活動に関わる様々な指示文や説明文を読むことの負担が大きい．日本人学習者のための英語学習教材と本教材とが大きく異なる点である．このことを含めて，本教材では学習者への支援を次のようにした．

　まず，漢字に対する学習支援として，漢字の読み方をひらがなで表示する「ふりがな」ボタンを配置し，学習者が任意に使用できるようにした．また，応用的・総合的な練習として，文字入力課題を作成し，聴解だけではなく，文字表記に関する学習の側面も持たせた．さらに，読解の比重が大きくなりすぎることを避け，学習内容の定着と学習進行の促進を意図して，4つの「言語ボタン」を常時表示した．日本語文の理解が困難な場合，当該ボタンのクリック操作により，英語，中国語（繁体字），韓国語（ハングル）のどれかの翻訳文を表示した．

　更に，文字の使用に関わる「空欄記入」のタスクでは，漢字や仮名を組み合わせて単語の解答を入力させ，正誤判定の際に「誤字検出」を行った．

　また，英語教育の「三ラウンド制」では，自然な発話速度に慣れることが重要とされているため，修正音声は支援対象となっていない．本教材では，「三ランド制」を基本的な指導理念として採用したが，修正音声使用の是非を検討するため，発話速度を約20%遅くした音声を聴取できる機能（以後，「ゆっくり」ボタンとする）を設けた．

1．2　教材の概要
（1）トピックの選定
　日本における外国人の住宅問題は，日本固有の社会習慣などがあるため，日本で生活する外国人にとっても，また，彼らに接する日本人にとっても大きな関心事である（総務庁1988）．大学に留学する外国人学生のための住宅問題の資料（広島大学資料）にも，同じ問題意識が現れている．更に，

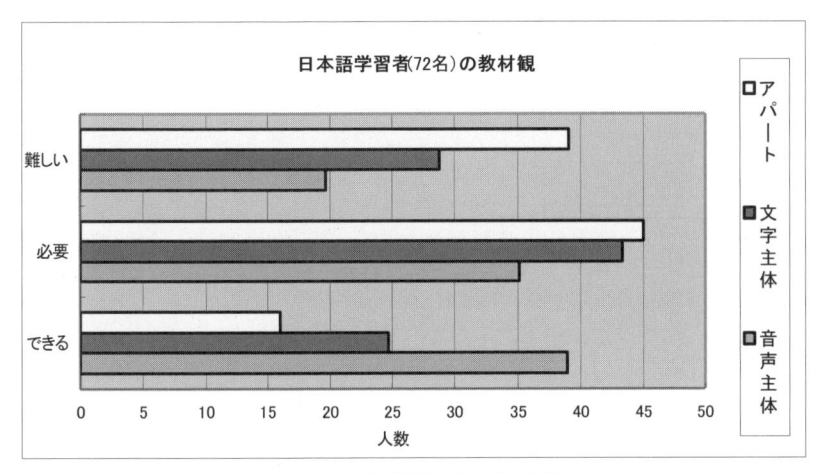

第10章　高度なマルチメディア日本語CALL教材の開発と評価

図1　日本語学習者の教材観

表1　教材の構成

コース名	レッスン名
アパートを探す	借りる条件を考える
	条件を比べる
	アパートを決める
アパートに入居する	生活を始める準備をする（１）
	生活を始める準備をする（２）
	生活用品を買う
アパートで生活する	ゴミを出す
	部屋をきれいに使う
	トラブルを避ける
アパートを退去する	引っ越しの準備をする
	荷造りをする
	引っ越す

日本語教育学会編（1991）による教材のニーズ調査を行った結果，「アパート」に関する教材は他の教材に比べ「難しく」，「必要である」との結果（図1）を得た．これらのことから，「アパート」に関する内容は日本事情の学習にもなると考え，教材内容を検討した（水町ほか2002b）結果，4コース（「アパートを探す」「アパートに入居する」「アパートで生活する」「アパートを退去する」）のそれぞれが3レッスンから構成（全12レッスン）される教材（表1）として，日本語CALLコースウェア『聴解：日本の生活「アパートに住む」』を作成した（水町ほか2003）．

(2) ビデオ教材と言語素材

本教材は「聴解」を中心としており，日本語母語話者の音声を学習者に提供する必要がある．そのため，日本人男女学生が留学生の支援をする場面を想定し，二人が交わす「普通体」（「くだけた」表現）による会話を本教材の中心的な言語素材とした．会話台本を作成し，広島大学のキャンパス内で，12場面の会話のビデオ収録を台本に基づいて行った．ビデオの登場人物は全コースを通して同じ男女学生1名ずつとした．さらに，ビデオ音声と同じ台本で，ビデオの登場人物とは異なる2人の会話音声を録音した（以後，「別の人の会話」）．また，ビデオで収録した会話内容と関連する電話での会話（以後，「電話の会話」）の台本を作成し，それらの会話音声を録音した．「別の人の会話」と「電話の会話」は音声のみで，台本の文字資料を提示する以外に，学習支援はない．

(3) 学習内容と主なタスク

学習内容となるステップ別の主なタスク内容は以下の通りである．

ステップ1は，「おおまかな理解」を目的とした．トップダウンの処理を意識し，コースやレッスンのタイトルと共に内容に関連する静止画像を呈示した．内容理解の手がかりになるように，会話に登場する語句を「大切な表現」として画面に提示し，聞き取れたものにチェックマークをつけさせた．また，「大切な表現」画面には「ふりがな」ボタンを配置した（図2）．

これは聴解の「練習」であり，「テスト」ではないことを基本とする考えのもとに，おおよその内容理解の支援をいかにするかが要点である．対

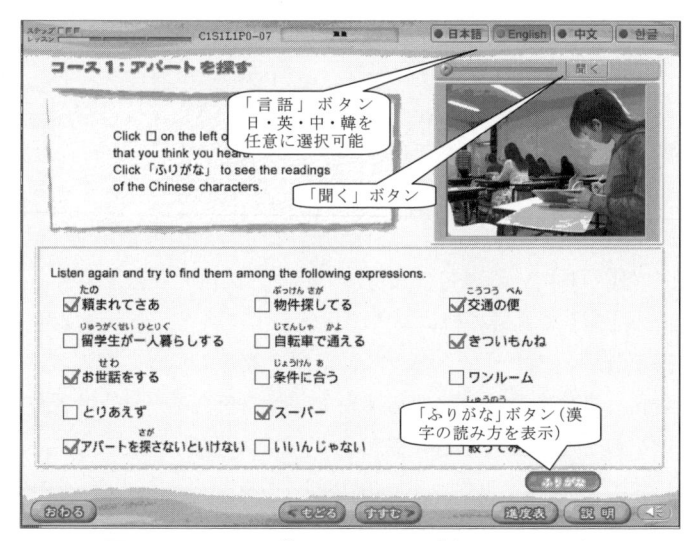

第10章　高度なマルチメディア日本語CALL教材の開発と評価

図2　画面例1（「ふりがな」と「英語」ボタン）

話的な要素を更に強くするために，正誤判定機能を追加した方がよいとの意見もあったが，次回の教材開発の課題とした．

　ステップ2では，ボトムアップ処理による理解を支援のため，2種類のタスクを課した．前半の課題では，1レッスンを複数のパートに分割し，それぞれの内容に関する質問に対して，3種類のヒントを順次提示して正解を探ることを課題とした．質問は，誰が・何を・いつ・どこで・なぜ・どのように，という5W1Hの観点から出題した．ヒント1では正解となる内容を別の視点から質問し，ヒント2では最も注意するべき部分に焦点を当てて聞くために，「示された表現の後の発言を聞く」ように指示し，ヒント3では正解を含む会話を文字として提示した．質問に対する「正解」を明示せず，学習者に解答を「考え」ながら，異なった視点から会話を何回も聞くことを通して聴解力を向上する課題である．

　この課題遂行では，正解が分からなくても，また，繰り返し「聞く」ことをせずに，次のパートに進むことが可能である．指示通りの活動を行わない学習者もいると思われるが，「聞いて分かる」まで繰り返し聞くこと

を徹底するように，学習者への指導・助言が必要であろう．

また，「語句の説明」ボタンを配置し，当該パートに関る語句についての説明文を，学習者の任意の操作によって提示できるようにした．当該語句の音声も説明文と同時に呈示し，自動的に聴取させた．いわゆる「辞書」の機能である．

前半の全パートの課題が終れば，関連する「言語的情報」を提示し，レッスン内で使われている語句や表現について，文法的な補足説明をした．

「言語的情報」の画面の後は，再びパート1に戻り，後半の課題に移る．パート毎に会話のスクリプトの一部に空欄を設けて示し，学習者は選択肢群から語句・表現を選び，空欄を補充する課題である．マウス操作により空欄に選択肢を移動して解答を進め，すべての空欄が埋まったら「決定」ボタンにより正誤判定を行う．正解後は，「ゆっくり」ボタンを表示し，学習者が任意の操作により約20％遅くしたスピード（修正速度）で会話の一部を視聴できる．

出題文中の空欄は，正解文字の多少に拘わらず同じサイズとし，選択肢欄には，正解の他，音声・文法・意味が類似する語句・表現を誤答として含ませた．問題と選択肢を見ただけで正解が得られないように，つまり音声を聞かないと正解を得にくいようにした．正誤判定の結果，正解は文中に残し，誤答は選択肢欄に戻って，出題文は空欄となる．この繰り返しにより，全ての空欄が正解となるまで，次のページには進めない．

後半の課題が終われば，関連する「文化的情報」を提示し，レッスン内で使われている語句や表現に係わる文化的なことがらの補足説明をした．

「言語的情報」や「文化的情報」は，聴解の理解の直接的な支援ではないが，言語的知識や文化的な知識の広がり・深まりの支援と考えた．これらの情報や説明は，本教材の目的が日本語文法や日本文化の体系的な詳細な解説ではないので，会話内容に関係する事項だけを扱った．

ステップ3は，応用的・総合的な学習と位置づけ，主に2種類のタスクを課した．前半は，丁寧体で書かれた要約文の空欄に正解語を構成解答する「空欄記入」課題とした．正誤判定の際，1文字の誤答に限り「誤字検出」機能（水町 1995）を持たせた．後半は，会話の全文を読み，各レッス

ン5問の選択式テストに答えるタスクを課した．さらに，「別の人の会話」ボタンと「電話の会話」ボタンを配置し，それぞれの会話が任意の操作によって聞けるようにした．これら2つの会話は，ビデオの会話の応用とし，質問などの課題は設けず，利用方法は学習者に一任した．

（4）対象とする学習者

トピック内容が「アパート」に関わることや「普通体」の文体による会話教材であるので，中級以上の学習者が対象と考えた．その適切さの裏付けを得るため，全台本のテキスト分析を行った．全12レッスンの会話で使用された漢字と語彙を，『リーディング・チュウ太』（川村・北村 2001）を用い，日本語能力試験の基準に基づいて分類した．各級の漢字および語彙の異なり語数を表2に示した．

表2 使用された漢字と語彙の異なり語数とその割合

	級外	1級	2級	3級	4級	合計
漢字	3	96	408	242	228	997
(%)	(0.3)	(9.8)	(41.8)	(24.8)	(23.3)	(100)
語彙	245	63	303	310	1024	1945
(%)	(12.6)	(3.2)	(15.6)	(15.9)	(52.6)	(100)

日本語能力試験では，1級は上級，2級は中級，3級が初級後半，4級が初級前半と設定されている．本教材における1級・2級及び級外の漢字と語彙の使用率は，それぞれ51.9%と31.4%であった．これをふまえると，学習対象は中級以上の学習者が適当であると判断した．

なお，本教材の学習対象者は，日本国内のみならず，海外の日本語学習者も含まれる．海外でのパソコン環境は必ずしも日本語環境が整備されておらず，多言語環境に対応できるパソコンが常に使えるとは限らない．基本的な日本語表示や翻訳文表示に支障がないようにするため，本教材はQuickTime 5を用いてコースウェアを駆動し，日本語文も翻訳文もすべて画像化した．台湾，アメリカ，ドイツ，韓国での試用では，QuickTimeのインストール時の表示以外は，教材に関わる文字表示についての不具合は報告されなかった．

2節　試行クラスでの実践に基づく教材の評価

2．1　目的と方法

　広島大学に留学する日本語学習者を対象に特別クラスを編成し，CALL教材『聴解：日本の生活「アパートに住む」』（CD-ROM）を利用した学習の試行を約1ヶ月に渡って行った．試行クラスの目的は，本教材を使用することによって，学習者の日本語力が向上するかどうかを検討することと，本教材に対する学習者の印象評定調査を行うこと，さらに，学習者の学習履歴を分析し，学習者が本教材中の機能をどのように利用しているかを知ることである．

　日本語力の向上を検討するため，学習開始時に「聴解テスト」（2種類），「語彙テスト」（2種類）を行った（以後，事前テストとする）．学習終了後にも同様のテストを行った（以後，事後テストとする）．事前・事後テストの得点を比較することにより，試行クラスでの学習前と学習後の日本語力の向上を検討することができると考えられる．

　CALL試行クラスは，2002年10月15日から同11月22日の間の平日，午後5時～6時に実施した．このクラスを受講した学習者は16名であった．学習者の日本語のレベルは，おおよそ初級後半から中級と考えられた．広島大学留学生センターのコンピュータ室に設置してあるMacintosh（24台）を用い，学習者の任意のペースで試行を進めた．教師は必要に応じて学習者に助言を与えた．すべてのコースの学習が終了した後に，事後テストを行い，さらに本教材に対する印象評定調査を行った．

　16名の学習者のうち，全てのテストと調査に参加した11名を分析対象とした．事前・事後テストの得点を表3に示す．分析対象の11名の母語は，中国語（4名），インドネシア語（4名），ドイツ語（2名），タイ語（1名）であった．

表3 事前・事後テストの結果

		M	SD
聴解テスト	事前テスト	6.6	2.58
(自作)	事後テスト	8.0	1.90
聴解テスト	事前テスト	4.6	2.25
(日能試)	事後テスト	5.5	2.07
語彙テスト	事前テスト	21.0	10.76
(読み)	事後テスト	26.9	8.00
語彙テスト	事前テスト	18.0	10.12
(意味)	事後テスト	26.7	7.62

注：*M*は平均得点を示し，*SD*は標準偏差を示す．

2．2 事前・事後テストの結果と考察

（1）聴解テスト

　聴解テストは2種類実施した．1つは，アパートに関する記事をもとに作成した聴解テスト（約8分）であった（以下，聴解テスト（自作）とする）．アパートに関するモノローグを聞き，それに関する質問に4肢選択回答させた．正答1つにつき1点，合計10点であった．聴解テスト（自作）は，事前・事後テストともに，同じ問題を使用した．

　2つ目は，平成13年度日本語能力試験から合計10問の聴解テストを作成した（以下，聴解テスト（日能試）とする）．事前テストは，前半5問が2級問題で後半5問が1級問題であった．事後テストは，前半5問が1級問題で後半5問が2級問題であった．両テストが異なるため，試行クラスに参加していない学習者8名（初級後半～中級）に同テストを実施し，両テストの得点について *t* 検定を行った結果，事前・事後テストの間に得点差はなかった（$t(10)=0.21$, n.s.）．よって，両テストの難易度に差がないことが確かめられた．

　2つの聴解テストについて，それぞれ事前・事後テストの得点間で t 検定を行ったところ，聴解テスト（自作）は，事後テスト得点のほうが事前テストよりも高い傾向がみられた（$t(10)=2.19$, $p<.10$）．このことは，CALL教材が有効であったことを示唆する．一方，聴解テスト（日能試）は，事前・事後テストの得点間に有意な差はなかった（$t(10)=1.24$, n.s.）．これは，

問題の難易度が高すぎたことによる床効果（floor effect）の可能性が高いと考えられる．

2つの聴解テストの結果から，少なくともCALL教材と関連のある聴解テストでは，教材の効果が示唆された．ただし，聴解テスト（自作）の内容は，CALL教材と関連がある．さらに，事前・事後テスト実施の間には1ヶ月あるものの，両者は同一の問題である．これらの要因が事後テストの得点上昇に関与している可能性が残されているため，聴解力の伸びについてはさらに検討する必要があろう．今後は，CALL教材と同様の内容を別の方法（例えば，テープのみによる聴解練習）で学習した学習者との比較によって，CALL教材の有効性を確かめる必要があろう．さらに，聴解（日能試）のようなCALL教材と関連のないテストによって，総合的な聴解力がどのように伸びたのかについても再度検討する必要があると考えられる．

（2）語彙テスト

各コースから漢字で表記される単語を10語ずつ，合計40語抽出しテスト項目とした．事前・事後テストのテスト項目は同じであった．テストでは，それらの単語の読み方をひらがなで記述させ，さらに単語の意味を日本語・英語・中国語のいずれか得意な言語で記述させた．正答1つにつき1点とし，読み方と意味のテストはそれぞれ合計40点であった．

事前・事後テストの得点について t 検定を行ったところ，読み，意味ともに事後テストの得点が事前テストよりも有意に高かった（$t(10)=4.17, p<.01; t(10)=5.28, p<.001$）．即ち，CALLクラスでの学習により，漢字語彙の読み方および意味について有意な得点の向上があった．

語彙テストは聴覚提示によるテストではない．しかし，このような得点の伸びが見られたことは，本教材が視覚呈示された語彙の学習に対しても有効であり，総合的な語学学習教材であることを示すものであろう．また，本教材の特色のひとつである漢字の読みの支援が有効に機能していると考えられる．

2．3　印象評定調査の結果と考察

本教材に対する学習者の評価を調査するため，44項目からなる調査表を

作成した．調査項目は，Squires and Preece（1999）および北神・井上（2000）をもとに作成した．Squires and Preece（1999）は，操作性（Usability）と学習の関係を考察した上で，信頼性（Credibility），容易性（Complexity），自主性（Ownership），協力性（Collaboration），課程・コンテンツ（Curriculum）という要素がどのように教育ソフトによる学習と関わっているかを指摘した．また，北神・井上（2000）は，18本のマルチメディア教育ソフトのユーザー評価から，マルチメディア教育ソフトに求められる特徴として，「目的志向性」「興味誘発性」「教育課題性」「制御容易性」の4つの因子を抽出した．本研究では，これらの研究をもとに，「目的志向性」，「興味誘発性」，「教育課題性」，「制御容易性」（操作性）の4グループの質問を設けた．

事後テストが終了した学習者に対して，各質問項目について「そう思う」(5) ～「そうは思わない」(1) の5段階尺度により評定してもらった．なお，否定的な印象につながる項目は逆転項目として換算した．

質問項目の中で，最も評定値が高かったのは，「練習の終わり頃，会話の原稿が見られるのがよかった」で，全員の評定値が5であった．さらに「自分がコースウエアのどこを勉強しているか分かるのがよかった」「文字，音，動画を一緒に見られるのがよかった」「画面が見やすかった」「別の教材でも勉強したい」「実用的である」「まとまりがある」「内容が特定されている」「興味をひく内容であった」などの16項目は，全員の評定値が4以上であった．なお，本教材の特徴である「ゆっくりボタン」については，11名中9名が5と評定したが，他の2名は3であった．一方，最も評定値が低かったのは「ゲーム性があった」「内容は単純でわかりやすかった」で，次いで「日本語のクラスと関係がある」「学習内容が豊富だ」であった．本教材で学習した日本語学習者は，全体的に高い評価をし，本教材が「有益である」と判断したと言える．

2．4　学習活動の検討

試行クラスで学習している間の学習履歴は，各自のパソコンに保存した．上記11名のうち，学習途中のパソコンの不具合や履歴登録の誤解などによ

り履歴に欠損が生じた3名を除く8名の学習履歴を分析対象とした．8名の主な学習履歴を表4に示した．

表4 学習者の主な学習履歴

学習者	クラスレベル	学習総時間	「音声聴取」ボタンのクリック回数			その他のボタンのクリック回数	
			聞く	ゆっくり	語句の説明	言語	ふりがな
A	2	14:00:00	735	61	895	470	16
B	3	12:03:36	611	0	235	13	10
C		12:28:14	897	11	488	386	16
D	2	15:57:51	924	57	212	240	19
E	4	7:52:33	482	1	509	11	20
F		5:24:04	224	4	209	0	0
G	4	5:27:04	277	1	7	0	8
H	3	9:01:14	738	39	296	243	18
平均		10:16:49	611.00	21.75	356.38	170.38	13.38

注：クラスレベルは，広島大学留学生センターの日本語クラスを示す．レベル1が入門期でレベル5が最も高いレベルである．レベル2はおよそ初級後半に相当し，レベル4は中級に相当すると考えられる．また，クラスレベルが空欄の者は，日本語クラスに所属していない学習者である．

学習総時間を見ると，8名の学習者は，学習時間が短い学習者（E，F，G，H）と，学習時間が長い学習者（A，B，C，D）の2つに分けられる．これは，学習者の日本語力のレベルとほぼ一致していると考えられる．
（1）音声聴取に関わるボタンの使用

学習者が本教材で学習中にどれだけ音声を聴取したかについては，音声聴取に関わるボタンのクリック回数をもとに分析した．

まず，「聞く」ボタンは，画面上に常に表示されており（図2，図3），学習者が任意に使用できるものである．平均クリック回数が最も多く，最少回数でも224回であることから，全体としてよく用いられていると言える．次に，「聞く」ボタンの使用回数について，課題の内容との関わりから分析するために，ステップごとの回数を調べた（各ステップの課題内容については，表5に示した）．例えば学習者Cはステップ1が93回，ステップ

2が533回,ステップ3が282回であった.他の学習者も類似の傾向を示し,ステップ2で「聞く」ボタンを使用した回数が圧倒的に多かった.

表5 「聞く」ボタンの課題別呈示内容

主なタスク	音声分割数	動画像
ステップ1	1（全体）	有
ステップ2の「質問・ヒント」	4〜5（パート）	有
ステップ2の「空欄補充」	4〜5パート	有
ステップ3の「空欄記入」	2パート	無
ステップ3の「テスト」	1（全体）	有
別の人の会話	1（全体）	無
電話の会話	1（全体）	無

注:「音声分割数」とは,各コースの会話全体をいくつに分割して呈示するかを示し,「動画像」は音声呈示時の動画像の有無を示す.

　ステップ2で音声聴取ボタンの使用回数が多かったことは,学習進行がボタンによってどの程度制御されているかに関わっていると考えられる.ステップ1は音声聴取に関しては学習者に一任した.ステップ2では,「質問・ヒント」課題の学習進行のボタン制御はしなかったが,「空欄補充」課題では正解と類似する「発音」「表記」「意味」「文法」を持つ語句を混在させ,会話音声と一致する選択肢のみを正解とし,ボタン制御を強くした.ステップ3の空欄記入も学習制御を強くしたが,この課題は会話音声そのものと一致した回答を要求するものではなく,会話の内容理解が要求されるものであった.すなわち,ステップ2では,ボタン制御が強い上,正解を得るには音声を何度も聞く必要があったので,「聞く」ボタンの使用回数が多くなったのであろう.

　「ゆっくり」ボタンは,ステップ2の空欄補充のタスクに解答し,一定の理解が得られた段階で「聞く」ボタンの右側に表示された.このボタンは,よく使用した学習者（A,D,H）と,ほとんど使用していない学習者（B,E,F,G）とに分かれた.この2つのグループは,学習者の日本語力のレベルとほぼ一致しており,日本語力が高い学習者は,「ゆっくり」ボタンをほとんど使用せず,日本語力が比較的低い学習者は「ゆっくり」

ボタンを使用していることがうかがわれる．「ゆっくり」ボタンの使用回数が多い学習者Ａ，Ｄ，Ｈは，印象評定調査の「質問に答えた後，『ゆっくり』の音声で会話を聞けるのはよかった」の項目に対して，全員が5と評定している．

「ゆっくり」ボタンについては，水町・多和田・山中（2002）でも述べたように，意見が分かれるところである．発話速度と内容理解との関係については，別途基礎的な研究が必要であろう．

このことから，日本語力が比較的低い学習者にとっては，修正音声が聞けることは学習支援となることが示唆される．

(2)「語句の説明」ボタン

「語句の説明」ボタン（図3）は，学習者Gがほとんど使用していないことを除けば，ほとんどの学習者がよく利用していると言える．このボタンは，語句に関する説明文を表示するためのもので，辞書的利用が主目的である．説明文の表示と同時に，自動的に音声が呈示されることになっており，音声聴取はあくまでも付随的なものであると考えられる．ただし，語彙テストの読みの得点が伸びていることから，単語単位で音声が呈示さ

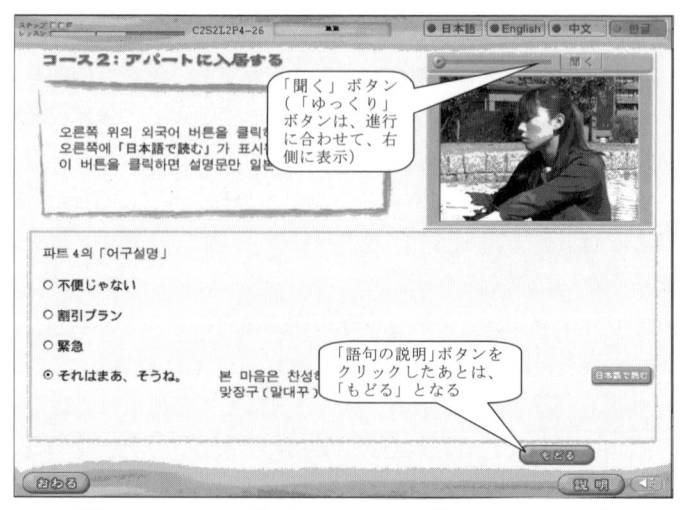

図3　画面例2（「語句の説明」と「韓国語」ボタン）

れることは，単語の音の学習にとって効果的な支援である可能性が示唆される．ただし，この点については，さらに実証的な検討が必要であろう．

(3)「読み」の支援にかかわるボタン

　読みの支援に関わるボタンとして，「言語」ボタン（図2）と「ふりがな」ボタン（図2）を配置した．「言語」ボタンをよく利用している学習者A，C，D，Hは比較的日本語力が低い学習者で，逆に日本語力が高いE，F，Gの学習者はほとんど使用していなかった．日本語力が高くなると，タスク活動の教示文や語句についての説明を日本語で読んで理解することが可能となるが，初級後半レベルの学習者にとっては，「言語」ボタンは必要な支援であることが示唆される．本来，本教材は中級の学習者を対象としているが，この結果から，初級後半レベルの学習者も，「言語」ボタンを有効に活用することによって，本教材の利用が可能であることが示されたと言える．

　また，「ふりがな」ボタンについても，同様の傾向が観察された．1回も利用しなかった学習者Gは，事前・語彙テスト（読み）の得点が40点中31点であり，本教材のほとんどの漢字が読めていたと考えられる．それに対して，事前・語彙テスト（読み）の得点が5点以下だった学習者A，Dは「ふりがな」ボタンを多用している．よって，「ふりがな」ボタンは「言語」ボタンと同様に，比較的日本語力が低い学習者にとっては，必要な学習支援であることが示された．

(4) 課題の再入力の回数

　ステップ2の「空欄補充」とステップ3の「空欄記入」課題（図4）の誤答判定後の再入力の回数について調べた．「空欄補充」課題は，与えられた選択肢の中から正解を選ぶのに対し，「空欄記入」は与えられた複数の文字から必要なものを選択し，さらにそれを並べ替えなければならない．よって，「空欄記入」のほうが難しい課題であると言える．それを反映して，誤答判定後の再入力の回数は，「空欄補充」が平均1.2回であるのに対し，「空欄記入」は平均11.4回であった．「空欄記入」では，会話の「普通体」と要約文の「丁寧体」の違いによる困難さもあったと考えられる．誤答処理の仕方によっては，学習者の達成感にも影響を与える問題であろう．

「誤字検出」機能により，回避できた部分もあるだろうが，問題作成の際に過度に難しくならないように注意を要する点である．

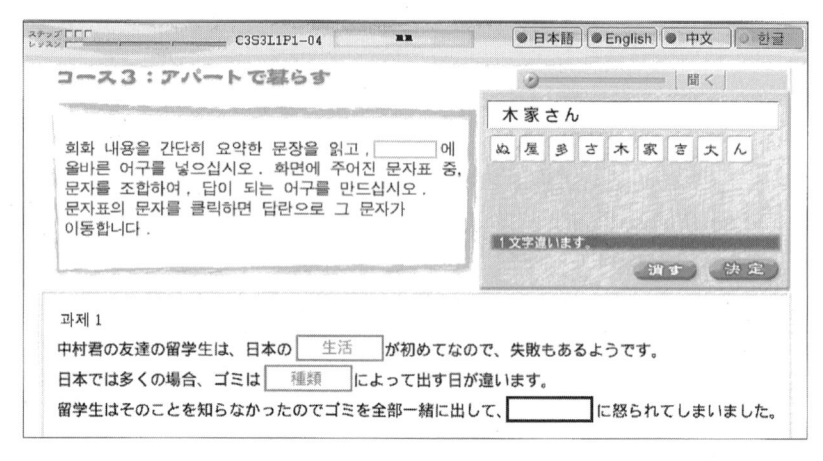

図4　画面例3（空欄記入）

3節　本章のまとめ

3．1　聴解学習

2種類の聴解テストから，少なくとも本教材と関連のある内容の聴解テストに関しては，試行クラス終了後にテスト得点の伸びが示唆された．

一方，学習履歴を分析した結果，音声聴取にかけた時間には学習者によって大きな差があることが明らかとなった．本教材は，画面の指示通りに進めれば数十時間を要するコースウェアであると考えていたが，最も早い終了者は約5時間半であった．このように，短い時間ですべてのコースの学習を終えた学習者は，本来の聴解練習として取り組んだのかどうか，疑問が残る．また，「聞く」ボタンの利用回数が学習進行の制御と関わっていることから，制御の強くない部分は，先に進みたがる傾向があることが示唆された．試行クラス中の学習者の中には，教材中の会話をじっくり聞くのではなく，教材全体を早く終わらせようとする者も観察され，学習に

かける時間が課題として浮上した．

このことから，学習開始前や学習中に教師から本教材の学習方法を指導し，学習の目標を徹底する必要がある．また，ステップ1の「大切な表現」とステップ2での「質問・ヒント」課題では，学習進行の制御を強くして音声聴取回数の増加を図れば，聴解力の向上が期待できるのではないだろうか．学習時間の長短と音声聴取に関する活動を更に探る必要がある．

「ゆっくり」ボタンは，日本語力が比較的低い学習者にとっては必要な機能であると評価されていることが示された．英語教育の「三ラウンド制」が主張するように，自然な発話速度に慣れることは聴解の練習上重要であろう．その一方で，学習者が受け取るインプットは理解可能なものでなければならないとする指摘もある (Krashen, 1982)．試行クラスで観察されたように，「ゆっくり」ボタンが，比較的日本語力の低い学習者が自然な発話速度に慣れるまでの橋渡し的な役割を担うことで，効果的な聴解練習が可能となる可能性も考えられるのではないだろうか．ただし，本研究の結果からは，実際に修正音声がどの程度の効果をもたらす学習支援となったかは明らかにならなかった．この課題については，今後，学習者に更に詳細な学習過程や意識を調査する必要があろう．

3．2 語彙学習

筆記による2種類の語彙テストの得点が有意に伸びていたことから，本教材の使用によって，単語の読みと意味の学習が進んだことが示唆された．本教材では「読み」の支援のために，「ふりがな」ボタンや「言語」ボタンを設置した．語彙テストの結果は，このような読みの支援が有効に機能していることを示すものであろう．また，応用練習として「空欄記入」課題を設け，文字入力による回答を求めた．このような練習も，語彙テストの得点の向上に貢献している可能性が考えられる．

印象評定調査では，「練習の終わり頃，会話の原稿を見られるのがよかった」という項目について，全員が5の評定をしている．すなわち，学習者は聴解練習の際に，音声聴取だけではなく，その音声を文字によって確認することが必要だと考えていると言える．聴解練習後に，文字によって

視覚的に確認することによって，効果的な単語学習が可能になったと考えられよう．竹蓋（1997）は，「聞くことの学習から他の技能への正の転移が相対的に見て最も大きい」と指摘している．本教材は聴解練習を主としたCD-ROM教材であるが，第二言語学習として多面的な要素を持つ，総合的な日本語学習教材であると言えよう．

3．3　今後の課題

　最後に，今後の課題について述べることで，本研究のまとめとしたい．

　まず1点目は，事前・事後テストおよび調査計画の改良である．本研究の目的の1つは，試行クラスを実施し本教材の有効性を検証することであった．試行クラスの結果，特に語彙テストにおいて得点の向上が観察され，本教材の有効性が示唆された．しかし，本教材の効果をさらに明らかにするためには，聴解テスト，語彙テストともに，CALL教材を使用せず同じ内容について学習したクラスとの比較を行う必要があろう．例えば，テープ教材による学習との比較，あるいは学習者が任意のペースで学習を進めるのではない一斉クラスでの学習との比較などがその方法として挙げられる．また，日能試聴解テストは問題の難易度が適切でなかったことが考えられる．よって，さらに問題を改善し，総合的な聴解力の伸びを測定するための適切なテストの作成を目指すと同時に，他のテストの試用も併せて検討する必要がある．また，学習にかける時間を再考する必要もあろう．

　2点目は，海外での試行クラスの実施の必要である．本研究の試行クラスは日本で行われた．よって，試行クラスの学習者は，本教材以外からも豊富な日本語の音声を聴取する機会に恵まれており，本教材の中心的トピックである日本の住宅事情についても，何らかの情報を得る機会があると考えられる．しかし，本教材は海外の日本語教育現場での使用も想定している．日本語環境にない学習者が本教材をどのように利用するかについては，海外で試行クラスを実施し，そのデータを分析しなければならない．韓国の大学で授業に本教材が用いられているので，その結果も今後の研究に生かしたい．

第10章　高度なマルチメディア日本語CALL教材の開発と評価

（注）

　本研究は，文部科学省科学研究費補助金特定領域研究（1）「高等教育改革に資するマルチメディアの高度利用に関する研究」（領域番号120）の支援により，研究項目A02「外国語教育の高度化の研究」の中で，計画研究カ班「外国語CALL教材の高度化の研究」（研究代表者：竹蓋幸生・千葉大学名誉教授，課題番号12040205）の「日本語班」として行った研究に基づいた．

第11章

ネットワーク利用の日本語CALL教材の開発

—— 『聴解:日本の生活「私の年中行事」』——

　『聴解:日本の生活「アパートに住む」』はCD-ROMのパッケージ型教材であった．試行クラスにおいて，学習効果の上昇と学習者の高い評価を確認することができた．しかし，第1章で便宜的に分けたパッケージ型とネットワーク型の長所・短所を更に詳細するため，特にインターネットを経由して，教材をサーバから学習者の端末機へ配信し，また，解答などの学習者の反応を端末機からサーバへ送ることにより，双方の情報を適宜に交換しながら日本語を学習・指導することに，どのような長所・短所があるかを詳細に検証する必要がある．そのためには，日本の文化をトピックとする教材を新たに作成し，学習の効果や学習者の評定調査を行い，ネットワークによる日本語CALLの内容と方法の適切さ・不適切さを見極めなければならない．

　本研究では，「アパートに住む」と同様の指導方法を持ち，異なったトピック内容でネットワーク利用の学習をすることを目的に，新たに開発した日本語CALL教材について，本章から第14章までに分けて述べる．学部生の卒業論文（古賀 2003）が発端となり，その後の開発研究チームが大幅に手を加えて，『聴解:日本の生活「私の年中行事」』として完成させた．このCALLシステムには2つの利用方法があり，「インターアクション版」と「ブラウジング版」と呼んでいる．「インターアクション版」は学習者

が使う学習ソフトである．「ブラウジング版」は，学習ソフトに使われた言語素材（ビデオ・音声・タスクなど）を教師が視聴・閲覧することができるようにした素材集であり，教師支援として用いた．

本章では「インターアクション版」の主要部分を中心に説明し，この教材のトピック内容や聴解練習の基本的な考え方の他，聴解練習のためのタスク，及び学習の支援に関する概要を述べる．なお，第12章ではシステムの利用法や実践事例について，第13章ではCALL教材開発に関わる指針や背景，更に第14章では「ブラウジング版」の利用を含めた教師支援について述べる．これらを通して，具体的なコースウェアの内容を述べるほか，ネットワーク型日本語CALL教材の利用に関する提案をする．

1節　コースウェアの概要

1．1　コースウェアの要点

この教材を利用するために，利用者（学習者と学習ソフトを試してみようとする教師も）は利用登録をしなければならない．利用者がこの教材の勉強の途中で中断しても，次回に利用する時，中断した箇所から再開できるようにするには，利用者の利用状況・経過を登録者毎の履歴データとして保存しておくことが必要だからである．本教材サイトに登録された個人情報の取り扱いについては，「利用規定」（プライバシーポリシー）に掲載している．これらの利用手続などきについては別の章で述べる．

一度，本教材の「お試し版」で，学習の流れや教材の概要などをつかんでおくと，本書の内容が具体的に理解できよう．基本的には「挑戦」モードで学習したあとで，「復習」モードが使えるようになっているが，「お試し版」では，全14コースのうち，「6月」のコースを「復習」モードとして使える．なお，「お試し版」を含めた全コースの教材を利用したい場合は，「全コース利用登録」のページを使って，日本語学習の期間や母語などの必要な情報をサーバ管理者に知らせ，認証名とパスワードの発行後，コース学習を始めることになる．教材全体（全コース）の構成は後述する．

1．2　学習内容の選定と言語素材の作成

1．2．1　トピック内容の検討

　学習者の興味・関心・ニーズは多様であり，学習素材としてのトピックも多種多様である．一般的に日本語学習者は「文化」に関心を持っており，「年中行事」にも高い関心を示していることは日本語学習者への調査（第2章）にも現れている．しかし，教材としての取り上げ方は教材作成者によって異なっている．本教材では，「日本事情」の観点から「年中行事」を中心テーマとした．

　日本の「年中行事」は，その起源が宗教や農耕であったり，海外からの影響を受けていたり，様々な内容を持っている．そこで，日本語教科書やWEBサイト等での「年中行事」の取り扱いを検討し，本教材に含むべき行事や語句を選定した．「年中行事」とは「一年のうちで決まった時期に行われる公事や行事」（現代国語例解辞典）とした上で，日本語教科書28種43冊について「年中行事」の取り扱われ方を調査した．調査の結果，年中行事を扱っている教科書（18冊）のうち，取り上げてある項目（行事）の種類は最多が46項目であり，語彙の説明・ふりがな・挿絵・学習者の母語による説明などの有無については，それぞれ教科書により異なっていた．また，年中行事に関するWEBサイト8箇所と市販の紹介本4冊も検討資料とした．それらの資料のうち，4種類以上に取り上げられている行事や語句（表1）を基本的に共通性の高いものとして取り上げた．

　この資料を基本とし，更に教材としてまとまりを持たせるために，会話の主人公が一般的な女子大学生（基本的には選定者）との認識で，選定者が身近に経験できる行事や語句を表1の「3種類以下の出現回数」から適宜追加して，全14コース（各コース3行事，1月と12月は行事が多いのでそれぞれ6行事を2分割）として，合計42の「行事」を採用した．つまり，1月から12月までの1年間を14コースに分け，それぞれ3テーマを割り振り（表2），それらをスキットとしてそれぞれの台本を作成した．

表1 調査に現れた「年中行事」に関する行事と語句（2種類以上出現）

出現回数	行　事　と　語　句
18	正月，こどもの日
14	ひなまつり
13	七夕，お盆，
12	節分
11	体育の日，花見，お月見，クリスマス
10	文化の日
9	彼岸，年賀状，大晦日，七五三
8	成人の日
7	春分，勤労感謝の日，天皇誕生日，建国記念の日
6	みどりの日，憲法記念日，敬老の日，秋分，元旦
5	大掃除，梅雨，門松，おせち料理
4	初夢，暑中見舞い，初詣，ゴールデンウィーク，海の日，土用，忘年会，お歳暮，しめ飾り，引越し
3	餅つき，花祭り，盆踊り，衣替え（6月），年越しそば，鏡餅，田植え，花火大会，鏡開き
2	お墓参り，八十八夜，半夏生，二百十日，夏至，国民の休日，社日，流し雛，潅仏会，ねぶた祭り，十日夜，亥の子，重陽の節供，茶摘み，父の日，母の日，祇園会，夏越の祓い，十三夜，夏祭り，紅葉狩り，年の瀬，除夜の鐘，小正月，終戦記念日，お宮参り，年始まわり

表2 コースに含まれるスキットのテーマ

コース	スキット1のテーマ	スキット2のテーマ	スキット3のテーマ
1月前半	元日	初詣	雑煮，初売り
1月後半	七草がゆ	鏡開き	成人の日
2月	節分	建国記念の日	バレンタインデー
3月	ひな祭り	春分の日	年度末
4月	エイプリルフール	お花見	ゴールデンウィーク
5月	憲法記念日	子供の日	母の日
6月	衣がえ	梅雨	父の日
7月	七夕	海の日	海水浴
8月	暑中見舞い	花火	お盆
9月	お月見	敬老の日	秋分の日
10月	お宮参り	体育の日	お祭り
11月	文化の日	七五三	勤労感謝の日
12月前半	忘年会	天皇誕生日	お歳暮
12月後半	クリスマス	正月の準備	大晦日

1．2．2　教材の素材と構成

　学習を進める中で，それぞれの「行事」に関し，42のトピックの具体的な話題を会話文とする台本を作った．会話文を作るに当たり，表1の行事と語句を参考に，言語的・文化的な知識を学習することができるように，関連する語句を会話文に適宜含めた．

　一人の日本人女子大学生が経験する日本の「年中行事」について，家族や親しい友人男性と交わす会話の内容の聴解練習を主な目的とする教材とした．日本人が「普通に」交わす会話とすることを念頭に置き，日本語能力試験の基準の語彙や文法にはこだわらず，日常的な「くだけた」会話とした．登場人物は，私（京子：大学3年生），父（健一郎：40才代），母（広子：40才代），弟（直樹：高校2年生），友達（保：京子の大学の友人）であるが，この他，話の中に話題としてだけ登場する人物には，兄，祖父，祖母がいる．「6月」のコースのスキット1の台本を図1に示した．

---

① 京子：あら，制服違うわね．
② 弟：衣がえだからね．
③ 京子：暑くなってきたしね．私もそろそろ半そでの服，着たいな．
④ 弟：そうだろ？お母さんにそう言ったら，「自分でしなさい」って言われたよ．
⑤ 京子：当たり前でしょ！夏物と冬物の入れかえって意外に大変なのよ．
⑥ 弟：タンスをもう一つ買ったらいいのに．10月の衣がえの時も楽だし．
⑦ 京子：置くところないでしょ．
⑧ 弟：まあね．
⑨ 京子：押入れにしまうのも大変なのよ．家族全員分やってたらお母さんヘトヘトよ．
⑩ 弟：お姉ちゃんはどうするの？
⑪ 京子：自分でするわよ．あ，そう言えば，冬のコート，クリーニング屋さんに預けたままだったわ．

図1　「6月」のコース・スキット1の台本

表3　『聴解：日本の生活「私の年中行事」』の教材構成

コース名	レッスン名	スキットタイトル
1月前半	①1月1日　元日	家族と過ごす元日
	②1月2日	初詣のデート
	③1月3日	お汁粉を食べて，母と私はデパートへ
1月後半	①1月7日	七草がゆが食べたい
	②1月11日	「鏡開き」には二つの意味がある
	③1月第2月曜日　成人の日	成人式は振袖がいい
2月	①2月3日　節分	豆をまいて，福を呼ぼう
	②2月11日　建国記念の日	建国記念の日って何？
	③2月14日　バレンタインデー	チョコレート，どうする？
3月	①3月3日　ひな祭り	母に買い物を頼まれた
	②3月21日ごろ　春分の日	母たちはお墓参りに
	③3月下旬	年度末は引っ越しで大変
4月	①4月1日　エイプリルフール	弟の友達の家が火事に?!
	②4月上旬	友達とお花見に行く
	③4月29日　みどりの日	ゴールデンウィークが始まる
5月	①5月3日　憲法記念日	おじいちゃんの忘れられない日
	②5月5日　子供の日	強い男の子になろう
	③5月第2日曜日　母の日	お母さんに感謝しよう
6月	①6月1日	衣がえは自分でしよう
	②6月中旬	梅雨．うっとうしい毎日
	③6月第3日曜日　父の日	日ごろの父の苦労に感謝
7月	①7月7日　七夕	母の願い事は…？
	②7月第3月曜日　海の日	水着が欲しい
	③7月下旬	海水浴で日焼け
8月	①8月上旬	暑中見舞いを書かないと
	②8月中旬	お盆といえば盆踊り
	③8月	花火大会に行こう
9月	①9月第3月曜日　敬老の日	プレゼントは何にしようか
	②9月中旬	バイト先で優雅にお月見を
	③9月23日ごろ　秋分の日	秋分の日は秋の彼岸の中日
10月	①10月（1）	お宮参り．母は若かった
	②10月第2月曜日　体育の日	お父さん張り切る
	③10月（2）	お祭りに行こう
11月	①11月3日　文化の日	文化勲章は欲しくない？
	②11月15日	七五三．着物を着せたいのは誰？
	③11月23日　勤労感謝の日	明日はもみじ狩り
12月前半	①12月（1）	忘年会．お酒はほどほどに
	②12月（2）	お歳暮には何がいい？
	③12月下旬	明日は天皇誕生日
12月後半	①12月25日　クリスマス	いろいろな行事をこなす日本人は…
	②12月30日	お正月の準備をする
	③12月31日　大晦日	これをしなきゃ一年が終わらない

台本作成に当たっては，数名の若い女性からの意見で台本を数回修正し，会話の流れの不自然さなどがないように注意を払った．作成された会話文の台本は，テーマ毎に1スキットの会話を1レッスンとし，レッスン名とスキットのタイトル名を決めた（表3）．この台本に基づいて音声提供者に演じてもらい，会話の音声を収録し，更に，別途録画した映像を合わせて編集し，ビデオ教材とした．ビデオ編集後のスキットの時間は約1～2分であり，全スキットを通して視聴すると，約50分の長さとなった．

中級以上の学習レベルの日本語学習者を対象と考えて，多くの教科書に見られる「丁寧体」ではなく，「普通体」の会話とした．周囲の留学生から，日常生活で耳にする日本語が「教科書で勉強した日本語と違うので戸惑いを感じる」との意見が多くあったことが，その理由の一つである．

日本の文化についてのトピックを扱う際は，「年中行事」の受けとめ方やかかわり方が各家庭・各個人により異なる面があるので，「日本文化とは何か」という一般化した設定ではなく，日本人の一般的な家庭で交わされる個人的な会話とした．その点から，教材名を「私の年中行事」とした．

台本を「リーディングチュウ太」（川村・北村 2001）の「チュウ太の道具箱」（日本語文の形態素を解析し，日本語能力試験の級別に使用語彙と漢字に分類する）で分析した結果，中級レベルの内容として妥当であろうと結論づけた．

2節　コースウェアのデザイン

2.1　学習指導の方法

「聴解」教材とし，また，「三ラウンド制の指導理論」を採用することとしたが，その理由は第10章と同じである．コース内の具体的な流れは，図2のような順序となる．

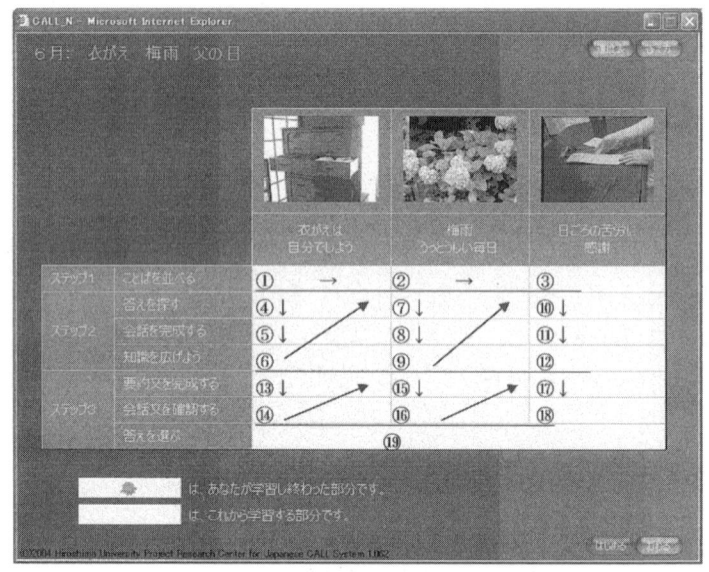

図2　1コース内の学習の流れ（画面は「6月」のコース）

2．2　画面のデザイン（設計）と機能

各ステップの主なタスクを提示するに当たり，画面構成を検討し，基本的に次の役割を持たせた．なお，画面の文字のフォントとサイズを検討した．また，文字表示に用いる文字セットはUnicodeである．
（1）画面のデザイン（図3）
画面に表示する内容により，表示位置を固定化した．
①ビデオ提示部（画面右上）
②問題・タスク提示部（画面下半分）
③指示・教示部（画面左上）
④コース名・スキットタイトル提示部（画面左上隅）
⑤学習支援ボタン群（画面右上隅）
⑥学習操作ボタン群（画面右下隅）

-224-

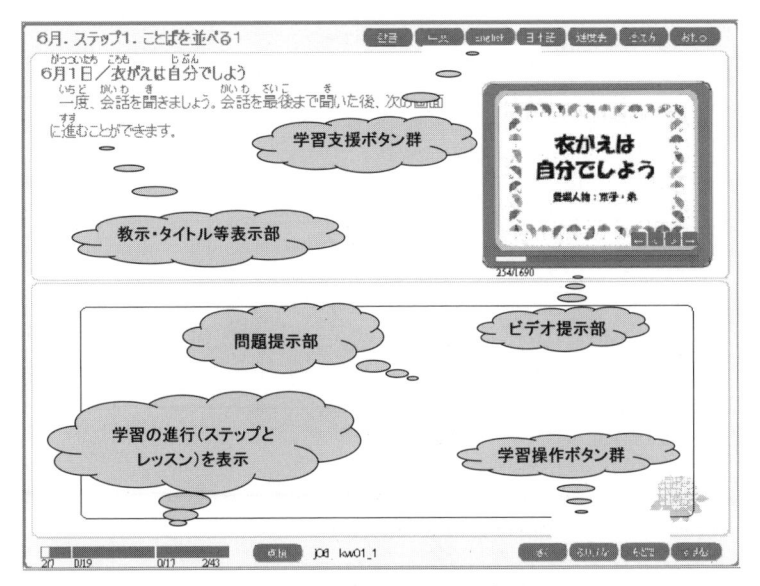

図3 基本的な画面設計

　なお，これらの固定的な画面配置を基本としながら，下記の表示については，基本構成画面の「入れ替え」や「重ね表示」とした．ステップ3「空欄記入」のタスク提示・解答は，ビデオ表示部を使った．ステップ2「語句説明」では，ボタンクリック時に「指示・教示」に語句のリストを，特定語句のクリックにより「語句説明」は問題提示部の右半分を使い，教示文や問題提示に重ねた枠内にそれぞれの情報を表示した．
　全体的な理解を助けるために，タイトルが左上に示されるほか，「きく」ボタンをクリックすると，ビデオ画面に会話者名が表示され，タイトルが読み上げられたあと，会話の音声が聞こえてくる．操作を促すために，次に操作するべきボタンを点滅させた．

3節　タスクの内容

　「アパートに住む」と同一の作成方針であったが，改善した点もあるの

で，その違いを含めて，教材の内容を詳細に説明する．

作成した会話台本に基づき，下記のタスクなどの言語素材を作成した．画面での学習活動の具体例，また，その作成方針やシステム開発担当者に渡すための資料の書き方は別の章で述べるので，本章では概略を述べる．

3．1 ステップ1のタスク

ステップ1のタスクは「発話順序選択」（ことばを並べる）である．選択肢となる語句や表現を会話文から抽出した．学習者には語句・表現が，グループ毎にランダムに並びかえられている（図4）．

発話された語句・表現を聞こえた順序通りに選ぶタスクである．図4に問題提示部と解答部だけを示した．「きく」ボタンをクリックすると，会話音声（スキット）を聞きながら，ビデオを見ることができる．

トップダウン的な理解を意識した活動である．このステップでは，会話の細かな単語や意味を理解しようとしないで，会話の流れや話題など，おおよその理解をして全体的なことをつかむことに努力し，分からない単語などがあっても，あまり気にしないことが大切である．細かなことはステップ2で勉強することになる．

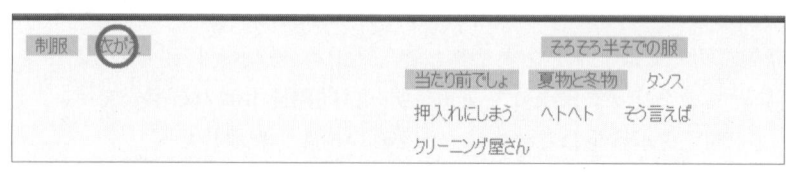

図4 ステップ1・「ことばを並べる」タスクの例

画面右側には，会話で用いられた「語句・表現」群が並んでいる．スキットの会話を2～3のグループに分けてあり，グループ毎に色分けをしてある．色分けされたグループの順序は大きな流れを示している．図4の例は，「6月」のコースで，レッスンは「6月1日，衣がえは自分でしよう」である．

タスク内容は，各グループ内で用いられている「語句・表現」を順番に

選んで，会話全体の流れをつかむことである．グループ内の語句・表現はランダム化されて表示される．学習者は，会話に用いられている「語句・表現」をマウスで選ぶ．

　一度，スキットを視聴した後，画面右に示されているいくつかの「語句・表現」を聞こえてくる順番にクリックすれば正解となり，その表現が左側に移動し，○印が示される（図4）．正しい順番でない場合は×印が出て，その「語句や表現」は左側に移動しない．全てが正解なら，会話の発言の順序通りに並べたことになる．正解の後には簡単なアニメーションが表示される．間違いの多さ・少なさにより，異なった種類のアニメーションが表示される．

　3回連続して間違うと，最初から強制的に聞いてもらうことになる．よく聞かないで適当に解答することを避けるためである．

3．2　ステップ2のタスク

　ステップ2のタスクは「ヒントつき質問」（答えを探す）である．質問文と3種類のヒントが「すすむ」ボタンを押せば順番に画面に提示される（図5）．会話を部分的に細かく理解しながら，ボトムアップ的な理解を促す活動である．「きく」をクリックすると，スキット全体ではなく，該当する発話群の会話が聞ける．ステップ2には2つのタスク以外に，補足的な知識としての情報及び「語句の説明」があるが，次項で説明する．
（1）ヒントつきの質問（「答えを考える」タスク）
　スキットの内容に関する質問を読み，それに対する答えを考えるタスクである．「すすむ」をクリックするたびに，ヒントが3種類表示される．ヒント1では，同じ解答内容を別の角度から質問する．ヒント2では，解答となる発話が聞こえる位置を教える．ヒント3では，解答となる内容を含む発話を文字として示す．質問に対する「正解」は表示されない．つまり，正解であるかどうかは画面に出ないので，学習者が自ら正解かどうかを判断する．学習者は，正しい答えを考え出すだけではなく，その内容を理解して，正しい答えを確かめながら，「聞いて分かる」まで，同じ内容を数回繰り返して聞くことが大切である．

このタスクでは，システムは正誤判断をしない．即ち，3種類のヒントは，画面提示されるだけで，学習者は正解を入力し，システムが入力内容の正誤判断をすることを意図的に避けている．繰り返し「聴く」ことと，正しい内容を「自ら考える」ことを通して内容の理解を深めることが大切であるとの考えに基づくが，期待したほど学習者が「考える」ことなく，安易にページをめくることが観察され，インターアクションを強めた方がよいとの意見もあり，この進め方には賛否がある．インターアクションの場合は，「選択式」や「語句入力」が考えられるが，選択肢により安易に正解を与えたくないことの他，ワープロ的な入力操作・漢字変換による学習者の負担との関わりや，他のタスクとの兼ね合いもある．図5の例は，3つのヒントが全て表示されている画面例である．

図5　ヒントつき質問の画面例

（2）空欄補充（「会話を完成する」タスク）

ステップ2のもう一つのタスクは「空欄補充」（会話を完成する）である．会話文中に設けられた空欄に正解と2つの誤答を含む選択肢群（図6）の

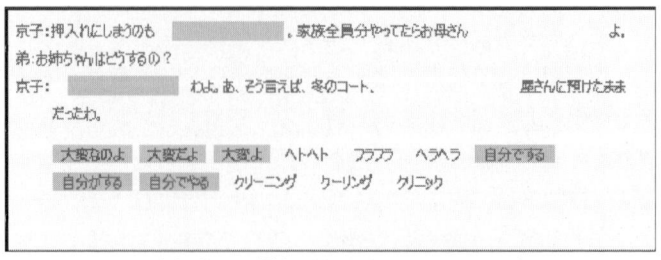

図6　空欄補充（「会話を完成する」タスク）の例

―228―

第11章　ネットワーク利用の日本語CALL教材の開発

中から，空欄と選択肢をマウス操作で選ぶ．
　このタスクでは，「答えを探す」タスクとは別の部分から出題される．
　会話の文の途中に空欄がいくつか設けてある．会話文の下にまとめて示してある選択肢欄の語句から正しい答えを選ぶ．選択肢の選び方には3つの方法がある．
　①空欄をクリックしたあと，正解と思う選択肢をクリックする
　②選択肢の一つをクリックしたあと，該当する空欄をクリックする
　③選択肢の一つをクリックしたあと，そのままマウスのポインターを該当する空欄に移動する（ドラッグアンドドロップの操作）
　どの方法で解答しても，指定した選択肢が空欄に移動する．全ての空欄への記入が終ると，画面の一番下・中央に新たに「OK」ボタンが現れる．これをクリックすると，それぞれの解答内容の正誤判断をパソコンが行う．答えが間違っていれば，その欄の選択肢（解答）は，下方の選択肢欄に戻り，該当箇所は再び空欄になるので，他の選択肢を選び直す．全ての欄が正解になったら，次の課題に進むことができる．
　発話された語句と同じ語句・表現を答えてもらうために，発音・表記・文法の観点から，正解と類似する語句・表現（表記された文字だけでは，文法的・意味的には正解となり得る）を意図的に含めた．発話音声をしっかりと聞いてもらうため，音声と全く同一内容の選択肢を選ぶことを求めている．ゲーム的な感じで答えることができるが，答えを早く出して正解すればいいと考えてはいけない．前後の文の意味なども考えながら，何度も繰り返して聞くことが大切である．
（3）「補足情報」（「知識を広げる」タスク）
　「語句説明」は，会話内容を理解するための直接的な支援としたために，示された意味は，その語句の一部にすぎない．また，文化的な内容を詳しく説明することができないこともある．そのことを補い，言語的・文化的な知識を広げてもらうため，補足的な説明を提示した．学習者の任意の操作によるページ提示ではなく，誰でも必ず通過する必須ページであるが，この内容の理解にかける時間は制御していないので，学習者の関心により内容理解にかける時間は異なる．

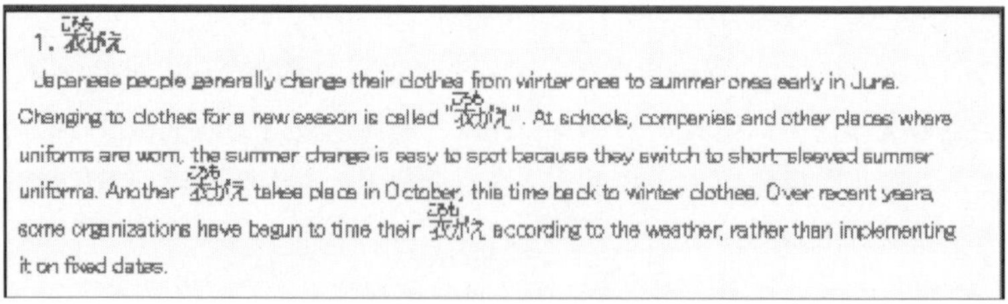

> 1. 衣がえ
> Japanese people generally change their clothes from winter ones to summer ones early in June. Changing to clothes for a new season is called "衣がえ". At schools, companies and other places where uniforms are worn, the summer change is easy to spot because they switch to short-sleeved summer uniforms. Another 衣がえ takes place in October, this time back to winter clothes. Over recent years, some organizations have begun to time their 衣がえ according to the weather, rather than implementing it on fixed dates.

図7　補足的な説明の英語翻訳ページの例

　図7は「衣がえ」について補足的に説明した英語翻訳ページの例である．

　本教材は文法の体系的な知識や包括的な日本文化の知識の習得を目指していないので，取り上げる項目やその説明内容は製作者の判断によるものである．あくまで「補足」なので，会話内容の背景的な知識を広げるのに役立つことが狙いである．

3．3　ステップ3のタスク

　ステップ3には，2つのタスクと会話文の確認画面がある．総合的・応用的な練習である．
（1）「空欄記入」（「要約文を完成する」タスク）

　ステップ3の一つ目のタスクは，「要約文を完成する」である．選択肢の文字群からマウスでクリックしながら語句を組み立てる．空欄の語句に使う文字群は，該当する空欄ごとに表示される文字群が入れ替わる．また，文字群の文字の並ぶ順序は，問題毎にランダム化される．

　解答入力の後は，「採点」ボタンにより正誤判断を行い，1文字の間違いに限り「誤字検出」を行い，正解へと誘導する．

　「空欄記入」がステップ2の「空欄補充」と異なる点は，① 空欄を持つ問題文が会話を要約した文であること，② 空欄に答える語句を，選択肢の文字群からいくつかの文字を選んで組み立てること，③ 正誤を判定するときに，一文字の誤りに限り，「誤字検出」を行うことである．

　ひらがなやカタカナだけで解答する「かな版」と漢字を含む解答をする

「漢字版」を設けた．「かな版」は漢字圏・非漢字圏の学習者に同等の難易度の課題となること，また，「漢字版」は非漢字圏の学習者の漢字学習につながるように意図した．要約文の空欄に対応した文字群が，右上欄（ビデオ表示に用いていた欄）に解答記入欄やボタンと共に現れるので，その文字をクリックしながら解答語を組みたてる．

図8は「かな版」の解答後の「誤字検出」結果を表示した例である．

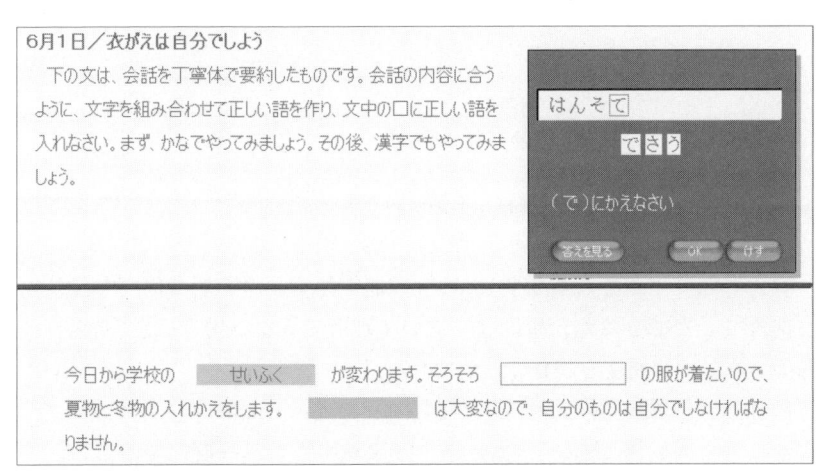

図8 「要約文を完成する」タスクの画面例

漢字圏・非漢字圏の学習者にとって，難易度は変わらないタスクとして「かな」版を課したが，一方，非，漢字圏の学習者にとっては漢字の学習になるタスクとして「漢字版」が必要と考えた．

このタスクは，「聴解」能力と直接の関係はないが，会話の要約文により，普通体と丁寧体の違いを理解してほしいとの願いと共に，文字による言語の産出を通して，主体的な学習の取り組みを期待している．

(2)「テスト」(「答えを選ぶ」タスク)

ステップ3の二つ目のタスクは「テスト」（答えを選ぶ）である．これまでに理解した内容に対して，質問文に対する正解を4選択肢から選び，選択肢の文頭にある四角（□）をクリックするとチェックマークがつく（図

−231−

9).正しい答えだと思えば,「採点」ボタンをクリックして,正誤を確認する.2回間違うと,正解の選択肢が自動的に赤色で表示される.3つのレッスンの全タスクが終わってから出題される.各レッスンから1～2問の出題で,合計5問ある.厳密な意味での「テスト」ではなく,「テスト」形式による練習の意味が含まれている.

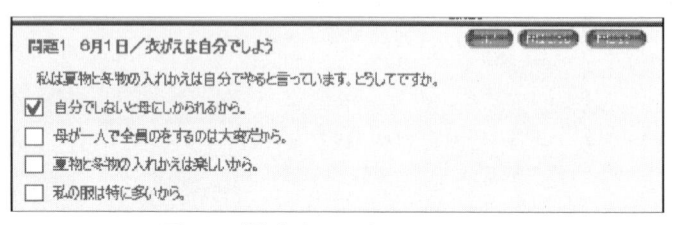

図9 「答えを選ぶ」タスクの画面例

　音声として出題される質問文は,「問題を聞く」ボタンで何度も繰り返し聞くことができるが,質問文を聞いて理解できない場合は,「問題を読む」ボタンで質問文を読むことができる.

　図10は,「問題を読む」ボタンで質問文を表示し,解答のチェックマークをつけた画面例である.「もどる」ボタンで前のページに戻ることができるが,このタスクでの解答は,1回目の採点結果だけを「学習履歴」として残す.

(3) 台本を読む・聞く(「会話文を確認する」)

　これまでの練習では,タスクや「語句説明」で取り上げられなかった部分もある.つまり,練習や説明で行うことが出来なかった部分を含めた会話文(台本)全体を読んで,細部の確認を行うことができる(図10).タスクとは位置づけていない.

　これより前に台本を見たいとの希望もあるかもしれないが,「聴解」の練習が主目的なので,台本を「読んで分かる」前に「聞いて分かる」練習をすることが大切であると考え,台本は最後の段階で提示する.

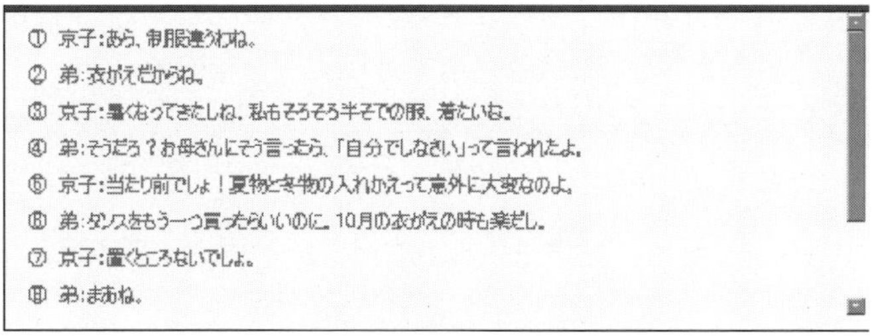

第11章 ネットワーク利用の日本語CALL教材の開発

図10 「会話文を確認する」の画面例

4節 学習支援の内容

　上記「必須」の学習の流れ以外に，学習者が「任意」に選択することができる流れを設けた．「必須」のタスクを遂行する中で内容理解を支援するためには，学習者が任意の操作により，選択的・主体的・効率的に学習を進めることができる内容（任意項目）が必要である．そのために，説明文などの翻訳（中国語，英語，韓国語），漢字には「ふりがな」，「語句説明」，を準備し，更に空欄記入のタスクでは誤字検出による解答支援を行った．

4．1　辞書的な支援
　ボトムアップ的な理解による学習では，文章中に理解できない語句がある時は，通常，辞書を使って意味などを調べる．CALLコースウェアでは一般的な「辞書」機能を持たせて，学習者が自分で検索して調べるように設計することも技術的には可能であろうが，検索のためのパソコン操作法を習得しなければならないので，日本語学習から離れた活動を強いることにもなり兼ねない．また，聴解練習を主な課題とする場合，聞いて分からない場合に辞書を引くこともできない．
　そこでステップ2には，「語句説明」ボタンを設けた．学習者が必要に応じて任意に操作する．このボタンをクリックすると，会話に用いられた語句のうち，難しい（と開発者が判断して抜き出した）語句のリストが画面左上に現れる．更にそのうちの一つの語句をクリックすると，右下にその

-233-

意味が表示され，同時に，その読み方の音声が聞こえる．説明内容は，通常の辞書と同じような一般的な説明ではなく，会話の当該箇所を理解するための支援として，その語句の意味・用法を特定した簡潔な説明とした．具体的・視覚的に分かりやすい語句（具象名詞）は，静止画（写真やイラスト）を添え，語句の前に■のマークをつけ，説明文と同じ箇所に表示した．

図11の画面例は，語句のリストのうち，「押入れ」をクリックした後，更に英語のボタンをクリックした場面である．

学習者によって困難と思える語句は異なるが，教材が説明用に取り上げた語句は，おおよそ2級レベル以上とした．中には，説明が不必要な語句が入っている場合もあるだろうし，説明が必要な語句が入っていない場合も考えられる．すべての学習者が必要・不必要とする語句を事前に決めることはできない．ただし，説明がある語句は，その場で解決できるが，説

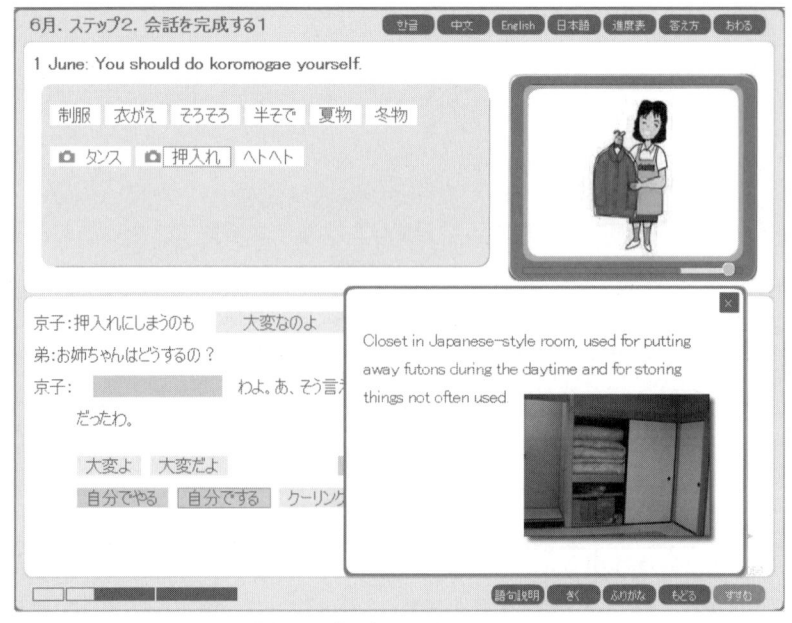

図11 「語句説明」の画面例

明がない語句などは，学習者が各自の辞書で調べなければいけないことは，通常の教科書での学習と同じである．説明用の語句リストに含まれていない語句は，ステップ3で台本全体を示すので，その段階で確認したり調べたりすることになる．

4．2　母語による支援

　学習活動をする中で，説明の日本語や指示文などが理解できないで，学習が進まないことも懸念される．ヒントや説明そのものの日本語が理解できないときは，それらは役にたたない情報となる．説明の日本語は出来る限り簡易になるように心がけたが，学習目標の言語の説明を目標言語で簡潔に説明することは至難の業であり，限界がある．そこで，本教材では，読解の比重が大きくなり過ぎることを避け，学習内容の定着と学習進行の促進を意図して，「言語（翻訳）ボタン」を設けた．母語による理解が必要な学習者は，必要に応じて英語，中国語（簡体字），韓国語（ハングル）のどれかのボタンをクリックすれば，その言語による翻訳文をいつでも表示することができる．3ヶ国語の翻訳に際して，英語・中国語・韓国語に該当する単語があれば，その翻訳語を使ったが，該当する表現がない場合は，日本語の説明を翻訳する，あるいは，母語で適切な説明をするようにした．結果的には，その判断は翻訳者に一任した．

4．3　漢字の読みに対する支援

　日本語は漢字・ひらがな・カタカナ等多様な文字を使用する言語であり，「読む」ためには，日本語学習者は3種類以上の文字について，既習・未習得に拘らず，正しい知識が求められる．とりわけ，中級以上の学習者にとっても漢字は学習困難な課題である．

　このため，日本語学習用教材は，タスク活動に関わる様々な問題文・指示文・説明文を読むことに対する学習者の負担が，英語学習用教材より大きい．したがって，本教材では「読み」の支援のために，母語による説明のほか，教示文・説明文・問題文などに使われるすべての漢字をひらがなで表示する「ふりがな」を学習者が任意に表示できるようにした．「ふり

がな」ボタンを設け，学習者のボタンクリック操作により，その画面に出ている全ての漢字に読み仮名が表示される（図12）ほか，ボタン操作をしなくてもポインター（画面上の矢印）が通過する時にその漢字だけの読み仮名が表示される．

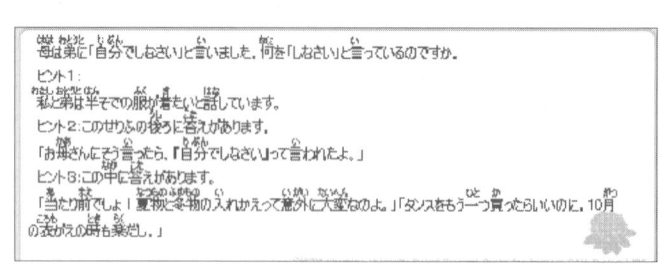

図12 「ふりがな」ボタンの使用例

4．4 解答入力判定後の支援

　ステップ3では，応用的・総合的な練習として，文字入力課題（空欄記入）を作成し，聴解だけではなく，文字表記に関する学習の側面も持たせた．つまり，文字を組み合わせて解答語を入力し，解答文字の正誤判断を自動的に行ない，1文字に限り「誤字検出」をして，正解に導く工夫をした．誤字検出機能は，日本語が清濁の文字・促音の有無・長音の表記・拗音と直音などの間違いの訂正に有効であることはすでに示した．

　解答の語句を組み立てたら，「OK」ボタンをクリックする．画面例では，正解の「はんそで」に対し，「はんそて」と答えたために，「て」を「で」に変えるようにメッセージが表示されている．クリックした文字を解答欄

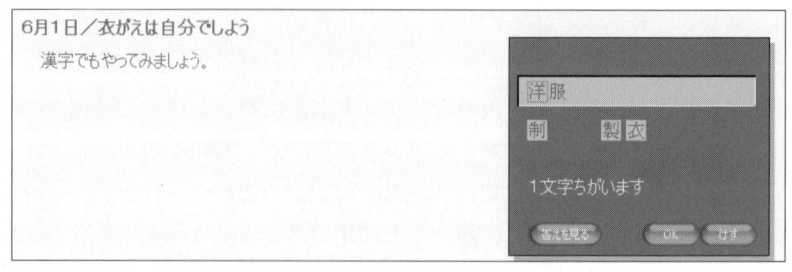

図13 「要約文を完成する」タスクの「漢字版」の例

から消すためには,「けす」ボタンをクリックする.「答えを見る」ボタンをクリックすると,正解が表示されるので,自ら正解語を入力する.「かな版」が終われば「漢字版」(図13)となる.

4.5 学習や操作に関する支援

　パソコンを使って学習する限り,何らかの操作上の知識は必要であるが,学習者の操作上の負担を軽減するため,パソコンに習熟していなくても,日本語学習が可能となるように,マウス操作を基本とし,クリックして学習を進めるための各種のボタンを設けた.

　パソコンを操作して学習を進めることに不安がある学習者にとって,キーボードからの入力は一つの壁になり兼ねない.できる限り簡易な操作になるように,開発側の配慮が必要になる.マウスによるパソコン操作は,キーボード操作よりも簡易だと思われるので,本教材ではマウス操作だけで,学習ができるように設計した.大きくは「学習支援」(表4)と「操作支援」(表5)のボタンである.「ボタン」とは,画面上に示される小さな「枠」のことで,その枠をクリックすると,それに割り当てられた機能が働くようにプログラムされている.

表4　学習支援に用いる主なボタン名と機能

ボタン名	機能
進度表	コース別に,どのステップやレッスンの学習が終了したかがわかる.
日本語	画面の指示文や説明文を日本語で読む.
English	画面の指示文や説明文を英語で読む.
中文	画面の指示文や説明文を中国語の簡体字で読む.
ハングル	画面の指示文や説明文を韓国語(ハングル)で読む.
ふりがな	漢字の読み方を見る.
語句説明	ステップ2で,各課題の語句の説明を見る.またその発音を音声で聞く.
答えを見る	クリックすると正解を見ることができる.
問題をきく	テストの質問文を音声で聞く.
問題を読む	テストの質問文を文字で確認する.

表5 操作支援に用いる主なボタン名と機能

ボタン名	機能
すすむ	次の画面を表示する．
もどる	一つ前の画面を表示する．
おわる	学習を終了する．
きく	ビデオと音声を視聴する．
とめる	ビデオや音声の視聴をやめる．
けす	空欄に入れた文字を消す．
OK	解答を入力したあと，解答が正しいかどうかを確認する．
採点	テストの解答が正しいかどうかを確認する．
答え方	画面で使われているボタンの機能などの説明を見ることができる．

　なお，「進度表」のボタンをクリックすると，それまでの各コースの学習進行の様子が表示される．各コース・各ステップ毎に，「得点［挑戦］」，「［復習］」，「学習時間（分）」が示される．「得点［挑戦］」は，ステップ3の挑戦モードの「テスト」で解答したときの得点で，初回の採点結果である．「［復習］」は，復習モードで解答した「テスト」の得点で，やり直すたびに，採点結果が反映される．「学習時間（分）」は，学習にかけた合計時間が分単位で表示される．それぞれの学習者が全体的な学習進行状況を参考にすることができる．

5節　本章のまとめ

　本教材は，英語学習用として研究・開発された指導理論を基にしながら，日本語学習において必要とされる学習支援機能を充実させることによって，より効果的な教材を目指した．本章では，コースウェアの構成や指導内容・方法及び学習支援内容に焦点を置いて概要を述べた．その利用方法や開発過程には次章以降で詳しく述べる．

第11章　ネットワーク利用の日本語CALL教材の開発

（注）
1．静止画は，小林正樹著『年中行事カットCD-ROM』（2003年：株式会社マール社発行）のイラストを本教材のために無償で使用する許可を著者と出版社から得た．写真は，開発者の家族・親戚・知人・友人から提供してもらった．動画像は，関連する映像を教師が撮影したほか，ビデオ編集の業者からも提供してもらった．
2．インターアクション版のコースウェアシステムは，広島大学「日本語CALLシステムプロジェクト研究センター」（水町伊佐男・センター長）が独立行政法人国立国語研究所の受託研究「ネットワーク型日本語学習用CALL教材の開発研究」（平成15年度）と同「コンピュータ利用言語学習推進のためのネットワーク教材と運用の評価に関する開発研究」（平成16年度）に基づく活動として開発した．

第12章

ネットワーク利用の日本語CALL教材の実践と評価
―― 韓国の大学での「私の年中行事」の授業利用と個別利用 ――

　前章で『聴解：日本の生活「私の年中行事」』の骨格を述べた．ネットワーク利用を前提とした教材であるので，パッケージ型とは異なる利用方法となる．

　本章では，同教材を利用するための環境や教材の学習までに必要なネットワークの事柄と共に，教材利用に供した内容を事例研究として紹介し，ネットワーク型日本語CALL教材の実践例から可能性と課題を示す．

1節　システムの利用

1．1　パソコン環境を整える

　「私の年中行事」をインターネットで利用する場合には，表1の環境が必要である．利用する前に多少煩わしい作業をしなければいけないので，パソコンをネットワークの端末機として使う場合の基本的な事柄を取り上げるが，全ての詳細な説明は本論の目的ではないので，基礎的な知識と技能の一部に留める．現代社会の情報利用者に求められる努力に負う部分が生じる．

表1　利用するパソコンに必要な環境

事　項	要　件
（1）OS	Windows 2000/XP
（2）画面	1024×768 以上
（3）通信回線	ADSLなどブロードバンド回線（1.5Mbps以上）
（4）ブラウザ	Microsoft Internet Explorer 6.0 以上
（5）ブラウザの設定	ActiveX　JavaScript　Cookie が有効であること
（6）必要なプラグイン	Macromedia Flash Player

（1）Windows 2000またはWindows XPで日本語が表示できるパソコンを使う．この機種ではメモリーの心配はいらない．同じWindows のパソコンでも，機種が異なると正しく動作しない．Macintoshのパソコンでも正常に作動しない．
（2）パソコンの画面の質（モニターの解像度）の設定は，「1024×768」以上を指定する．変更する必要がある場合は，「コントロールパネル」の「画面」のページで，数種類の中から該当する設定を選ぶ．
（3）パソコンがインターネットに接続できる通信機能を持っていることが必要である．電話回線を使う場合も電話以外の回線を使う場合も，「1.5Mbps以上」の通信速度が確保できることが必要である．この教材ではビデオ教材を使っているので，ブロードバンドの受信環境でなければ視聴する場合に支障がおきる．それぞれの接続環境に応じて，パソコンの「ネットワーク接続」を設定しておく．
（4）インターネットを閲覧するソフト（ブラウザ）は，「Microsoft Internet Explorer 6.0 以上」であることが必要である．これ以外のブラウザや「6.0」より以前のInternet Explorer では正常に視聴できない．
（5）ブラウザの設定を「ActiveX, JavaScript, Cookie が有効であること」にしておく必要がある．この設定をしなければ画面表示がうまくできない．
（6）この学習ソフトはMacromedia 社のFlashというソフトウェアを使って作られている．教材がパソコン上で動作するためには視聴用のソフトFlash Player がインストールされていなければいけない．当教材サイトの画面の一部にある「必要な環境」のページからダウンロード（無料）できるようにリンクを張ってある．

第12章　ネットワーク利用の日本語CALL教材の実践と評価

（7）その他，パソコンに，マウスなどの「ポインティングデバイス」（画面上で表示される矢印が動く機能）が必要である．通常のパソコンには付属している．また，ヘッドホン（あるいはヘッドセット）があれば，周囲の人に迷惑をかけないで音声を聞くことができる．音量については，パソコンの画面右下の「スピーカーアイコン」をクリックして，無音状態になっていないことを確かめた上で音量を調整する．

以上のように，利用の環境を整えるには，パソコンについての知識・技能が必要になるが，設定の仕方などが不明な場合は，詳しい人に教えてもらうなど，何らかの方法で解決しなければならない．

環境が整ったら，コース全体利用の登録をする前に，必ず「お試し版」を使って，支障がないかどうかを確かめることが大切である．ただし，「お試し版」は「復習」モードを使っているので，全コースを利用する「学習の流れ」と異なっている．

1．2　サイトのトップページの情報

ウェブサイトの「私の年中行事」の最初のページは，図1のようになっている．このページには，「初めての方へ」「利用登録」「このサイトについて」のページがリンクされている．

「初めての方へ」をクリックすると図2が表示される．「このサイトについて」には，この教材開発の体制に関わった人たちの名前や役割なども載せた．「利用登録」をクリックした場合のことは，次の項で説明する．

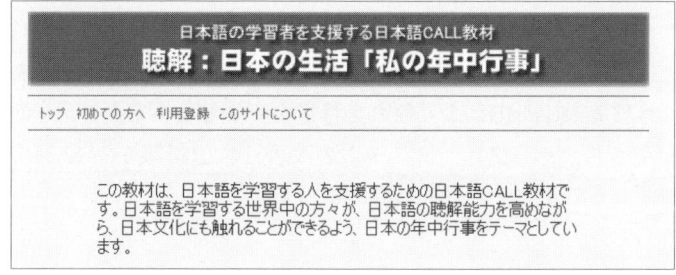

図1　「私の年中行事」のトップページ（部分）

図2のトップページからリンクできるページのうち，「初めての方へ」

-243-

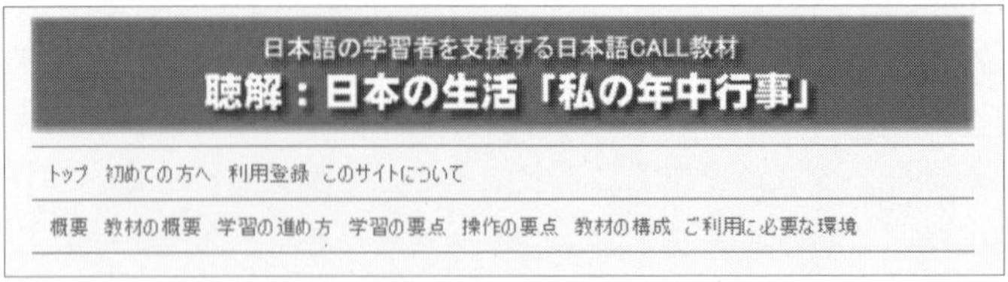

図2　「初めての方へ」のページ（部分）

には「概要」「教材の概要」「学習の進め方」「学習の要点」「操作の要点」「教材の構成」及び「ご利用に必要な環境」のページ，「利用登録」には利用規約と登録フォーム，及び「このサイトについて」には開発の企画・制作の体制や関係・協力者のそれぞれを掲載した．本書で取り上げた内容も掲載されているので，画面上で利用前に読むことができる．

1．3　利用者登録

　利用者の登録をしなければ，教材は使えない．利用者毎に学習の進行をサーバで記録し，ログインしたUserID（該当する登録者）がどこまで学習が進んだかをサーバが調べて，該当するタスクを自動的に表示するために必要である．この機能により，コースの途中で学習を中断しても，次回に学習を再開するときに，前回中断した箇所から勉強を再開することができる．また，利用者毎に，いつ・どのくらいの時間をかけて勉強したかやタスク内の勉強の様子（例えばステップ3の「テスト」の得点）を「学習履歴」として保存して，指導上の資料とすることができる．これらの情報は個人情報の一種であるが，サーバでは，個人を特定できる情報は保有していないので，管理者もUserIDにより個人を特定することは出来ない．学習履歴として保存されたデータは，システムの改善，学習指導やCALL研究の資料として使われるが，それ以外の目的に使われることはない旨を「利用規約」に示した．

　クラス利用の登録と個別利用の登録方法を分けた．
（1）個人の希望により利用する「個別利用」の登録

全14コースを個別に利用しようとする人は，利用者登録画面で，下記に示す事項の記入欄に入力して，サーバ管理者に「送信」してもらった．
　①電子メールのアドレス（1文字の間違いもないように正確に記入する）
　②性別（欄の右にある下向き矢印をクリックして，男・女の一つを選ぶ）
　③居住地（上と同じく，住んでいる国・地域を一つ選ぶ）
　④母語（上と同じく，母語または第一言語を一つ選ぶ）
　⑤年齢（年齢の数字を記入する）
　⑥日本語の学習経験（日本語学習した期間を月単位の数字で記入する）
　⑦備考（何か，管理者に知らせたいことを記入する）
　画面では，①④⑥の項目には＊が付いている．必ず入力しなければいけない（必須）項目であり，それ以外は，記入しなくても構わない．
　記入が終わったら，右下の「送信」ボタンをクリックすると，これらの情報が管理者に送られる．「送信」する前に，「利用規約」を読んでもらうことが前提である．個人・団体の申し込み，禁止行為，利用者情報の取り扱い（学習履歴の学術利用など），免責について記載してある．「送信」した場合は，これらのことを承諾したことになる．
　なお，管理者側は登録情報を受け取ったら，E-mail欄に記入されたアドレス宛に，利用者登録番号（UserID）とパスワード（Password）を知らせる方法を採ったが，メールアドレスの不正確な記入のために，登録者に届かない例が少なからずあり，そのために多重登録する学習者がいて，サーバに余分な負担がかかった．通知方法については検討を要する．
（2）授業として用いる「クラス利用」の登録
　一方，クラス利用の場合には，利用を希望する教師に発行希望数のUserIDとPasswordを事前にメールで通知した．この区別をすることにより，個別利用者とクラス利用者の違いを開発側が把握することができるので，学習履歴を加工してクラス利用教師に知らせることができる．

1．4　登録後から学習開始まで
（1）利用者認証（ログイン）
　学習を開始する際は，発行されたUserIDとPasswordを教材サイトのログ

イン画面で入力し,「Login」ボタンをクリックすると,教材利用や電子掲示板の利用などの選択画面となり,全コースの教材を含めたいくつかのサービスが利用できる.
(2) コース選択
　「私の年中行事」と記載されている部分をクリックすると,最初の学習画面として「コース選択」画面(図3)が出る.

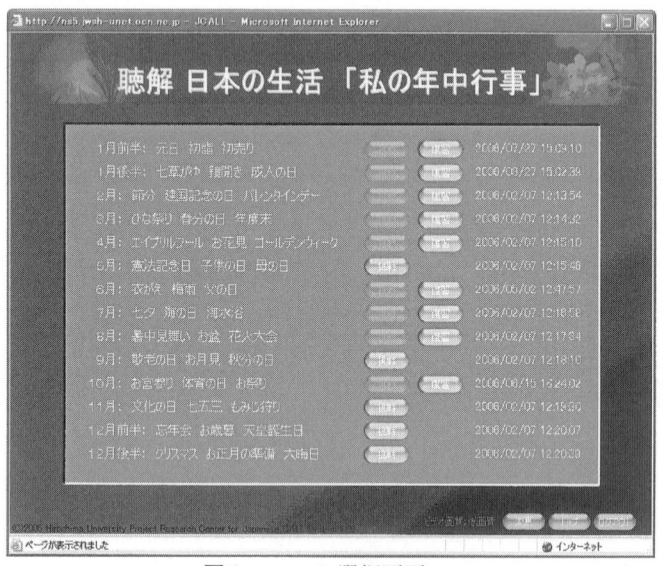

図3　コース選択画面

　個別利用者はどのコースから始めるかを任意に決めることができる.学習形態として,「挑戦」モードと「復習」モードがあるが,「挑戦」モードが終わったコースにだけ「復習」モードのボタンが表示される.「挑戦」モードでは,「すすむ」ボタンをクリックすると,サーバが把握している各利用者のUserIDに保存されているデータに基づき,学習するべきステップ・レッスン・タスクの画面を自動的に表示する.図3で,中央右よりに2つ並んでいるボタンのうち,左が「挑戦」で右が「復習」である.「復習」モードでは,それぞれの練習形式(タスク)を自由に選べるが,「挑戦」

モードでは，学習の流れが決まっている．

　図3の画面右下の3つのボタンは，次の機能を持っている．

①「変更」では，ビデオの画質を3種類から選べる．ボタンをクリックすると，「ビデオ画質：」の右に「低画質」「標準」「高画質」が順番に表示される．「低画質」（約3KB）は，通信速度が遅いパソコンを使う人に，少しでも速くビデオをサーバから送信するために，画面の質を落としたファイルなので，ビデオ画面が少し粗く見える．「高画質」（約20KB）は，通信速度が速い環境の利用者のためのファイルで，「標準」（約10KB）はその中間である．初期画面では「低画質」になっている．特に変更しなくてもいいが，低画質が気になる場合は，使用する通信環境に合わせて変更する．

②「トップ」では，直前のトップページに戻る．

③「ログアウト」では，学習を終了して，当サイトの接続を終わる．なお，学習開始後，15分以上にわたり無反応と判断される場合は，学習を中断したものと見なされ，自動的にログアウト状態になる．

2節　学習活動の要点

　基本的な学習活動については前章で述べたので，本節ではそれ以外の学習活動の要点を述べる．

2.1　「三ラウンド制の指導理論」の理解

　一つのスキット（レッスン）を3つのステップに分け，更に，分散学習により学習することが「三ラウンド制の指導理論」及び本教材の特徴であり，他のコースウェアと異なる点である．この方法は，学習効果があると検証されているが，この分散学習の特徴を十分に理解しない学習者や教師に戸惑いが見られることもあった．例えば，一つの会話を最初から全て分かろうとせず，ステップを追って少しずつ，そして3つのレッスンを断続的に繰り返し学習するように仕掛けられている．学習の流れは図4となる．

```
コース学習開始→
→　ステップ1・レッスン1→ステップ1・レッスン2→ステップ1・レッスン3→
→　ステップ2・レッスン1→ステップ2・レッスン2→ステップ2・レッスン3→
→　ステップ3・レッスン1→ステップ3・レッスン2→ステップ3・レッスン3→
→　コース学習終了
```

図4　「三ランド制」の学習の流れ

ステップごとの学習内容や支援内容は第11章で述べたが，主な学習活動を簡単にまとめると表2となる．

表2　ステップごとのタスクの名前と内容

	ステップ1
ことばを並べる	会話をきいて，聞こえた順番にキーワードを並べる．
	ステップ2
答えを探す	三つのヒントを手がかりに，質問の答えを会話から探す．
会話を完成する	適切な語を三つの選択肢から選んで会話の空欄に入れる．
知識を広げる	日本語や日本文化に関する用語などを詳しく説明します．
	ステップ3
要約文を完成する	会話を要約した文の空欄に適切な語を組み立てて入れる．
会話文を確認する	耳だけで聞いていた会話文を，目で見て確認する．
答えを選ぶ	三つのレッスンに関する質問の答えを四つの選択肢から選ぶ

ステップでの学習活動に入る前に，ステップ1では図5，ステップ2では図6，ステップ3では図7を，それぞれ表示した．それぞれの練習課題に対し，学習者が取り組む姿勢の要点を示している．

> 会話の流れを全体的につかみましょう．細かな部分がわからなくてもあせらなくていいです．会話のおおよその内容を理解することが大切です．

図5　ステップ1に入る前の教示文

> 会話の内容や表現を細かく勉強しましょう．表現の意味や説明を理解するだけでなく，聞き取れるようになることが大切です．文字を見て分かったと思うだけではいけません．文字を見なくても会話が分かるようになるまで聞きましょう．

図6　ステップ2に入る前の教示文

> 会話の全体を文字で確かめながら，内容を総合的に理解しましょう．

図7　ステップ3に入る前の教示文

2．2　利用上の留意点

（1）個人情報の扱い

　個人情報保護の観点から，予測外の事態で個人情報が流出することを避けるため，E-mailなどの登録内容の一部は発行直後にサーバから削除し，研究・教育に必要な最低限の項目（母語，学習歴，年齢など）だけを保存して，管理者にも個人が特定できないようにした．

（2）UserIDとPasssword の管理

　UserIDやPassword が他人に知られないように，適切な管理が求められる．それらの問い合わせに管理者から答えることはしなかった．発行されたUserIDとPasswordは1年間有効とした．

3節　授業や個別利用による実践事例

　本節では，日本語を学んでいる学習者を対象にして，韓国の大学で同教材を利用実践した2例を紹介・検討し，ネットワーク型日本語CALL教材による日本語の学習と授業の方法を例示すると共に，利用実践に参加した学習者の印象評定の分析を通して，その成果と課題を明らかにする．

　本研究は，広島大学「日本語CALLシステムプロジェクト研究センター」の活動として，開発した上記教材をインターネットで公開（平成16年6月）し，個別利用教材として提供した．数ヶ月の試用・点検・改善を重ね，平成17年2月からクラス利用に提供し，併せてクラス利用教師への支援を行うと共に，教師支援（詳細は第14章で述べる）を行った．

下記の両大学での実践内容については，各大学の環境や授業運営方針などに基づき，各担当教師が立案・実施した．開発側への報告の内容に基づき，韓国の2大学の実践の概要をまとめた．

3．1　サイバー外国語大学校での実践

　サイバー外国語大学における指導実践は，2005年3月から同6月までの15週間（13週が講義，中間テストと期末テストの各1週），日本語学習者2学年生を対象に，本教材を日本語聞き取りのクラスとして，自由選択科目で利用した．本研究として支援したのは，ブラウジング版により教材の事前閲覧・試聴，ネットワーク教材の提供，受講生のUserIDとPasswordの事前発行と教師への通知，学習履歴の整理と教師への通知，及び試験問題自動作成であった．

3．1．1　履修

　学期が始まる前に大学全体で学部別に科目別のサンプル講義が学生達に提供され，直接視聴した後に受講申請をするようになっている．「年中行事」教材のうち，本科目では「お試し版・6月のコース」をサンプル講義で提供し，大学のホームページに掲載して，講義開始前に講義に対する紹介を行い，受講生を募集した．

　このページには，各種のメニューがあり，様々な学習者支援をしている．毎週，一週ごとのコンテンツがオープンされ，該当する週の講義をクリックしたら学習画面に入る．教員やチューター（TA）が学生に伝えたい内容を告知したり，「オンライン講義聞き取り」「告知事項閲覧」「科目・講義紹介」「学習活動室」（課題提出などが出来る）「成績照会」（進度と参加度を見ることができる）「学習者リスト」（この科目の受講者）「教授との学習相談のメニュー」で構成されている．

　なお，本科目の受講に当たっては，各自が自宅に所有するパソコンを任意の時間に使い，問題が生じた場合は24時間体制のパソコン専門家の支援（help-desk）を受けることができる．

　「日本語の聞き取り」のお試し講義のページで，講義概要を述べ，受講

要件，受講申請手順，簡単な教材案内などを掲載した．受講届けを受理した後の指導・管理については，以下のメニューと内容をホームページに掲載した．

（1）告知事項

「講義管理」に入ると，初めに講義計画（シラバス）と教員紹介が画面に現れる．授業別に「講義計画記載欄」があるので，「講義計画」として授業内容を述べた．また，授業に関するその他の案内や告知をした．例えばＩＤやパスワードに関する情報，接続方法，出席・進度率，受講方法，試験，レポート，特別講義などの案内のほか，講義日程及び講義概要，学習時間，科目についての事項や教員とチューターが学生達に伝えたい内容が告知できる．

（2）学習支援

学習支援（活動支援）はオンライン学習活動が行われる場としていくつかの「部屋」が設けられている．担当教員と共にチューターが講義に関し学生と意見を交換することができる学習資料，学生達が自由にコミュニケーションできる自由掲示板，チーム別にプロジェクトを行えるチームプロジェクト，試験，討論，クイズ，課題，アンケートの各「部屋」で構成されている．

この中には，①講義録（「私の年中行事」の内容を13週に分けて毎週講義題目などを通じ簡単に記し，その週ごとに出欠席が自動的にチェックされた），②講義Q&A（担当教員とチューターに，受講生が講義に関する全般的な質問やシステムトラブルに対する担当教員とチューターの回答．学生達相互の意見交換など），③学習資料室（教師または受講生による日本の年中行事に関連した補足教材），④自由掲示板（受講生の意見，担当教員への個人的な質問など）があった．

（3）学習の管理と支援

日本語聞き取り専用のホームページの掲示欄に，本教材の特別講義とコンテンツに関した内容などを含めて，総合的な感想を提出期日（締め切りを記載）までに，提出するように掲示した．

出席率と進度率は，コンテンツの学習時間と進度が自動的にチェックさ

れ，これを基準に算出した．ただ，ログインだけで出席にならないように，各受講学生の個人別活動状況をチェックし，手動で調整・評価した．事前に通知していた評価方針に沿って15週を一つ一つ点数化した結果で判定をした．

受講学生の名簿をもとに個人メール，外大個人メール，携帯メールと3種類の方法で管理し，全体告知が必要な場合，グループで発送して管理した．その中でも携帯メールで確認する受講生が多いことが判明した．発信者は携帯メールに送信した後，それを補うように各個人メールに送信することが多かった．送信済みメールに関しては，特に送信記録が残る機能がないことから，日本語聞き取りホームページの掲示欄に送信後，その送信内容に関し確認するように明記した．その際に同じ内容をもう一度告知欄に記載し三重体制で送信漏れがないように行った．教材の運用開始時には，システム利用に関する問い合わせが寄せられた．

（4）その他

送信済みメール閲覧，BBS（電子掲示板），チューター掲示板，電話を用いて指導した．

3．1．2　成績評価

試験は一学期に中間試験と期末試験を行い，広島大学から直接受取った問題と音声ファイルを登録してオンライン上で行った．サーバで自動生成された試験問題3種類をダウンロードし，50分50問（最初の35問は音声聞き取り，残り15問は漢字の読み書きとその意味の記述）として，オンラインで実施した．

成績評価に先立ち，本科目の評価基準に対する評価反映率を明示した．即ち，項目と割合は，試験（50%），クイズ（10%），課題（10%），進度（10%），学習参加度（10%），出席（10%）とした．

試験問題を登録し実施の方式を決め，試験担当の技術者が試験をファイルで登録し，広島大学から提供された試験問題を掲載・点検した後，指定された試験日程に実施した．試験の採点は，客観（選択肢）式テストは自動採点され，主観（記述）式テストは教員が手動で採点した．採点終了後

は，学生が成績を照会することが出来るようにした．試験の実施中には試験進行状況が把握でき，試験スタートと終了時間が画面に自動的に表示され，試験項目別の誤答統計及び受験者の誤答統計を表示した．

この他に，試験中のトラブル発生に備え，担当チューターや試験担当者が待機した．試験前には試験告知をし，科目別に受験方法などの試験に関する案内をした．オンライン試験ではチャットを防ぐためにメッセンジャー使用禁止，及び試験中には他のエクスプローラとかプログラムへの移動禁止などの措置を取った．

通知済みの評価反映率により項目別点数が入力されると総合成績が自動的に計算されたが，最後に担当教員が内容を詳細に確認し，学習者別に個人事情を考慮して手動で調整した．事前に提示していた評価方針に沿って点数化した結果，90.7％の受講生に合格の判定をした．

3．1．3 受講生の評価

本科目は2年生の科目として運営されており，ほとんどの日本語学部2・3年生が受講した．相談コーナーを設け，担当教員やチューターに個人的に学習に関する様々な相談をした．

一学期間の受講後に，受講生が講義内容などに関して5点満点で評価をした．その点数化された結果から講義の長所・短所を詳しく把握でき，これからの講義運営に役に立つ資料となった．画面表示についての不具合の指摘も含まれたが，受講生の利用環境を周知して不具合を回避できた受講生もいたので，現在は不満点に関しては改善されたと判断できる．本科目に対する学生達の意見は非常に高いものと評価された．例えば次のような項目が高く評価（各文末の数字は，5段階評定による平均値）された．

-全体的に私はこの講義に満足する．（4.3）
-この講義のコンテンツは全体的な構成と学習量が適当であった．（4.1）
-この講義のコンテンツは技術的な欠陥による受講のトラブルがほとんどなかった．（3.9）
-このコンテンツは多様な学習方法があり，講義内容がよく構成させている．（4.3）

| -このコンテンツの方法は学習効果を上げるのに効果があった．(4.2) |

図8 高い評価の項目

3．2 南ソウル大学校での実践

　以下は，南ソウル大学校で2004年度と2005年度の複数の日本語授業科目で実践された事例である．この実践例で開発側が支援したのは，ネットワークによるCALL教材の提供だけであり，クラス利用のための試験問題作成や学習履歴の整理などの支援は行わなかった．

3．2．1 履修

　クラス別受講者数は表3の通りである．新学期が始まって2週目の授業で，当CALL教材を紹介し，その後の2週間で利用方法などについて説明を行った．

表3 年度別・科目別受講者数

年度	学期	学年	科目名	人数
2004	2	4	応用日本語文法	11
				14*
	2	2	日本語文法2	19
				12
2005	1	2	日本語文法1	51
				16
	1	4	日本語学セミナ1	18
				16*

注：各学期に同一科目名が2クラス開講された．＊印は夜間クラスで，その他はすべて昼間クラス．

　受講生はネットワークに個人的に登録した後，授業時間外に個別に当教材を学習し，毎週の授業で進捗状況を報告した．つまり，授業の一部ではあるが，副教材のような形で使用し，教師はクラス授業で個別学習を促し，学習意欲の継続となる役割を務めることを意図した．そのため，教師は受講生の率直な意見・感想の収集に努め，自発的な学習の促進に努め，干渉をできるだけ控えた．

授業では，1台のパソコン画面を投影して全員が教材の同一画面を見ながら，各受講生は学習内容を発表した．利用に際しての問題点の解決策のほか，教材内容についての話題も含まれ，学生どうしの意見・交流・問題点の解決の場となった．学習者自らが学習履歴を点検できるため一定の達成感を実感できること，授業以外に個人的に勉強ができることが長所であることなど，各自の経験談や賛同・異見など，学生の発言は活発であった．

3．2．2　成績評価

授業のはじめに出席のチェックを兼ねて毎回語彙テスト（5から10問程度）を行った．教師が音声で出題し，受講生は漢字で解答を書いた．語彙テスト内容は，テキストの語彙が半分とCALL教材の語彙が半分で，出題形式は，短文を書くことや語彙の意味についての詳しい説明を求めるものであった．毎週の語彙テストの成績は上昇傾向にあり，結果は成績にも反映した．

中間・期末テストでもCALL教材の中で使われた語彙をテスト問題に含めた．中間テストと期末テストの結果では，厳密な資料ではないが，語彙量の増加が観察された．受講生は，CALL教材の語彙も期末試験の問題となることを承知しており，受験対策として出題範囲の語彙を丸暗記した可能性もあるが，いずれにしても，CALL教材使用は，語彙量の増加と語彙力の向上に繋がったことを示唆する結果と受け止めている．

3．2．3　受講生の評価と課題

担当教師の観察と考察は以下の通りであった．

クラス発表での発言は，学習意欲の向上に関わる内容が多く含まれていた．また，「楽しい」授業であったとのコメントが個人的に多く寄せられたが，5種類のタスクがゲーム的な要素となって「楽しい」雰囲気になったとの印象を持った．

クラスでの発表では，上述のほか，操作ミスの話題や「アパートに住む」の教材と同様に教材内容についての質問が多かった．特に「1月のコース」

内容についての質問が多かったが,コースが進むにつれ質問は減少した.2年生の授業では,日本文化の授業を履修していない学生にはCALL教材の説明だけでは会話内容の理解が困難であったと思われる.

受講生にとっては,日本語能力試験と日本留学試験（EJU）の準備のため,日本語の聴解力を向上させるのが学習の目的となっている.韓国では日本語能力試験の1級を取ることは就職に直結する問題である.聴解の教材が少ない韓国では,聴解練習用のCALL教材への期待は大きく,この教材が学習者の日本語の能力,特に聴解の向上にいい影響を及ぼしたと思われる.中間・期末テストの結果から,本教材が聴解・語彙の学習に対して有効であることが示唆されたが,受講生の発言から,本教材が総合的な日本語の教材となり得る可能性も読み取れた.

以上のことから,聴解練習用CALL教材を授業時間外に個別的に使用し,日本語の授業のクラスで学生どうしの討議を重ねた結果,当教材が韓国語を母語とした日本語学習者の日本語力向上の一助となり得ることを確認できた.

4節　CALL教材の利用に関する学習者の評価

個別利用とクラス利用の登録者の発行ID数は640を超えた（平成17年11月25日現在）.本節では,利用者の印象評定調査や学習履歴を分析して,当CALL教材の総合的な評価をする.

4．1　個別利用

（1）概要

開発側が支援している個人利用の利用状況（平成17年4月19日現在）は以下の通りである.

①利用者の数：1時間以上利用者121名,1時間未満利用者123名

②1時間以上利用者の特徴：男性52名・女性69名,平均年齢30.7才,（19才-51才),

③平均日本語学習歴：15.7か月（1か月-35か月）

④学習時間：平均約7時間（「復習」などを含む）（約31時間-約1時間）
⑤ログイン回数：平均19回（最多92回-最少2回）

(2) 印象評定調査と「テスト」の得点

コース1～コース7の終了者にウェッブ上で，北神・井上（2000）に基づいた印象評定調査を実施した．回答結果（5月初旬まで）の概要は表4の通りであった．

日本語能力試験合格者数（学習開始時，申告者50名）は表5であった．

中級以上の学習者を対象としたが，初級学習者も取り組みかたによっては利用が可能であることを示している．

また，学習者の質問グループ別の評定平均値は表6となった．

表4 回答者の概要

回答者数	89名（男性32名，女性57名）
母語	韓国語87名，日本語2名
居住地	韓国87名，その他2名
年齢	平均約33歳（最年長52歳，最年少20歳）
日本語学習歴	平均約32ヶ月（最長32年，最短10ヶ月）

表5 学習開始時の学習レベル

級	人数
1	26
2	12
3	8
4	4

表6 グループ別平均値

質問グループ	平均値
目的志向性	3.8
興味誘発性	3.9
制御容易性	3.6
教育課題性	3.8

全体的に好意的な印象を持っていると思われるが，「アパートに住む」（CD-ROM）の評定結果（全グループとも4.0以上）と比較すると平均値は低い．CD-ROMとネットワークの違いか，トピック内容による違いかなどの原因を今後詳細に検討したい．

高い評定値であった項目と低い評定値であった項目は，それぞれ表7と

表8に示した．

表7 高い評定値（4.0以上）の項目

目的志向性	4.0	日本語のクラスと関係がある．
興味誘発性	4.3	日本事情の学習に役立つ．実用的である．日本語の学習に役立つ．
	4.1	日本語の「普通体」の学習に役立つ．教育的である．まとまりがある．
	4.0	やる気をおこさせる．学習内容が豊富だ．
御容易性	4.2	おもしろかった．
	4.0	興味をひく内容だった．ストーリー性があった．
教育課題性	4.2	練習の終わり頃，会話の原稿を見られ（読め）るのがよかった．
	4.0	自分がコースウェアのどこを勉強しているかが分かるのがよかった．自分の学習の過程を評価しながら勉強することができた．音質がよかった．質問に答えたあと，音声で会話を聞けるのがよかった．マウスで文字を選んで答える時，一文字間違いについてのヒントが出るのはよかった．文字，音，動画を一緒に見られることがよかった．

表8 低い評定値（3.1以下）の項目

目的志向性		なし
興味誘発性	3.1	全体が把握しやすい．
御容易性	3.1	ゲーム性があった．娯楽性が強かった．
	3.0	内容が硬すぎた．
教育課題性		なし

習得の状況については，7コース終了者48名の「テスト」（ステップ3）の平均得点が，約79点（最高100点，最低約43点，標準偏差13.3）であった（図9）．

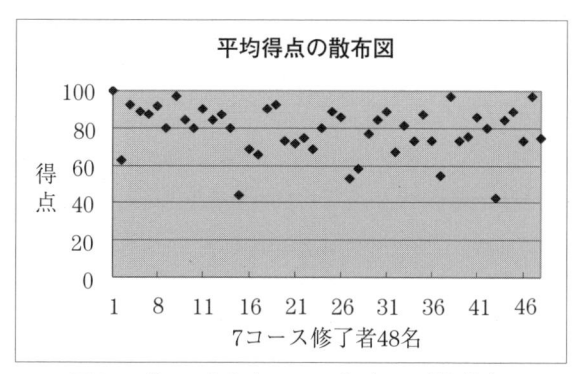

第12章　ネットワーク利用の日本語CALL教材の実践と評価

平均得点の散布図

(図：横軸「7コース修了者48名」1〜46、縦軸「得点」0〜100の散布図)

図9　「テスト」（ステップ3）の平均得点

4．2　クラス利用

（1）印象評定調査の実施

　サイバー外国語大学校は，引き続き当教材をクラス利用中であるが，本稿では既にクラス利用が終わった1学期の印象評定結果をもとに利用者の印象を考察した．

　クラス利用の受講生は98名であった．その中で，一回目の印象評定調査では59名が，二回目の印象評定調査では40名が回答した．そのうち，欠損値が含まれている資料を除き，出席率が100％（教材を全て利用した受講生）の韓国在住の韓国人で日本語学習暦が6ヶ月以上の回答者を対象とした．その結果，一回目の印象評定調査においては36名，二回目の印象評定調査においては24名のデータのみを対象にして分析を行った．

　印象評定調査は，学期中の中間テスト後と期末テスト後にネット上で2回行われた．一回目は北神・井上（2000）を参考にした「4因子」による評定であり，二回目は「3ラウンド制」に関する評定であった．両印象評定調査における回答者の概要は，表9と表10に示した．

表9　一回目の調査の回答者の概要

回答者数	36名（男性11名，女性25名）
母語	韓国語36名
居住地	韓国36名
年齢	平均約35歳（最年長52歳，最年少20歳）
学習歴	平均約31ヶ月（最長12年，最短8ヶ月）

表10　二回目の調査の回答者の概要

回答者数	24名（男性7名，女性17名）
母語	韓国語24名
学習歴	平均約33ヶ月（最長10年，最短12ヶ月）
総合評価点	平均約90点

（2）一回目の印象評定調査結果の検討

　一回目の印象評定調査では，各質問項目について「そうだ」(5)～「ちがう」(1) の5段階尺度により評定してもらった．なお，否定的な印象につながる項目は逆転項目として換算した．この調査では，総平均値が3.9（表11）であり，全体的に高評価とは言いがたい結果となった．

表11　グループ別平均値（一回目）

項目	平均値
目的志向性	4.0
興味誘発性	3.8
教育課題性	3.9
制御容易性	3.9
総平均値	3.9

　質問項目の中で，最も評定値が高かったのは，「日本事情の学習に役立つ」で，評定値が4.4であった．日本語の学習と日本事情の学習が同時にできるということが高く評価されたと思われる．そのほかにも「実用的である」「まとまりがある」「日本語の学習に役立つ」「日本語の「普通体」の学習に役立つ」「教育的である」「やる気を起こさせる」「おもしろかった」などの22項目は，4以上の高評価の平均値が得られた．

一方，評定値が最も低かった「全体が把握しにくい」(逆転項目)については，「三ラウンド制の理論」では，一定のルールに従って学習が行われるため，学習者にとっては学習の流れに違和感があったのであろう．次いで評価が低かったのは，「娯楽性が強かった」「内容が堅すぎた」(逆転項目)「ゲーム性があった」など興味誘発性の項目が多かった．

(3) 二回目の印象評定調査結果の検討

二回目の印象評定調査では，一回目と同じく5段階尺度により評定してもらった．今回の調査においては，総平均値が4.2 (表12) という非常に高い平均値が得られた．

表12 グループ別平均値（二回目）

項目	平均値
ステップ1について	4.1
ステップ2について	4.1
ステップ3について	4.1
共通する学習支援について	4.3
全体的な印象について	4.3
総平均値	4.2

質問項目の中で，最も評定値が高かったのは，「話し言葉や「くだけた」表現の学習に役立つ」で，評定値が4.5であった．これは，他教材では容易に学習できないという本教材の特徴が著しくあらわれており，学習者の要望に沿ったものと言える．そのほかにもステップ1から3までの質問をはじめ「指示文やメッセージが適切である」「「ひらがな」は役に立つ」「翻訳は役に立つ」「ビデオ教材の品質がいい」「音声の品質がいい」「効果的な学習方法である」「完成版ができたら使ってみたいと思う」などの全29項目の中で27項目が，4以上の平均値として高評価であった．

一方，「課題のヒントは適切である」「写真・画像の品質がいい」は3.8の平均値であった．低評価とは言いがたいものの，前述の25項目より相対的に低い項目であった．

また，自由記述の多くは教材の有益性の指摘であった．しかし，「時間切れによる自動ログアウト」に対する不満が寄せられた．ログイン時間を

学習時間として計る方法への疑問にもつながる問題であるが，今後，対応策の検討が必要であろう．

以上のように，当教材は総合的に「有益である」と受講者は判断したと受け止めることができる．

（4）講義Q&Aによる分析

サイバー外国語大学の「講義Q&A」では，学生たちの講義に対する質問などを自由に載せることができるようになっており，それに対して担当教員またはTAがコメントをした．1学期（2005年度前期）を通して，全20件（韓国語）の質問が寄せられた．その分類と件数を表13に示した．

表13　質問の分類と件数

分類	項目	件数	総件数
①教　材	システム	1	12
	使い方	2	
	不具合	4	
	評価	5	
②授　業	授業	1	3
	試験	2	
③その他	その他	5	5

これらを更に詳細に検討した．

①「教材」

「不具合」「使い方」「システム」の順に多く，教材に関する評価が最も多かった．「システム」では「教材の進度率」に関する質問，「使い方」では「ステップの順番を自分で決められるか」「次週のビデオも聞ける」，「不具合」では「画面」「エラー」「空欄補充」「パスワード」に関する不具合が報告され，それぞれコメントをつけられた．「評価」では「教材の称賛」「教材による学習意欲の増加」にまとめることができる．

②「授業」

「ステップ3「答えを選ぶ」の点数は成績に反映されるか」に関する質問が寄せられ，「試験」では，「試験問題数」に関する意見が寄せら

れた．
③「その他」
その他の質問及び意見としては，「学生の悩み」「教師への感謝」が主たる内容であった．

また，クラス受講に関する調査が別途行われたが，教材に対する好印象の結果が得られた．高い評定値であった項目を図10に示した．

-全体的に私はこの講義に満足する．（4.3）
-この講義のコンテンツは全体的な構成と学習量が適当であった．（4.1）
-この講義のコンテンツは技術的な欠陥による受講のトラブルがほとんどなかった．（3.9）
-このコンテンツは多様な学習方法があり，講義内容がよく構成されている．（4.3）
-このコンテンツの方法は学習効果を上げるのに効果があった．（4.2）

図10 クラス受講に対する印象評定調査で高い評定値を示した項目

4．3　総合的考察

サイバー外国語大学校での15週にわたる利用の実践は，他の参考例のない手探りの試みであったので，開発側と実践側との緊密な連携が不可欠であったが，双方の努力により，日本語学習と授業の実践は実施計画を最後まで遂行することができた．特に，実践側で様々な学習支援体制に基づき担当教員とチューターの緻密な指導が行われたことにより，クラス運営も円滑に行われたこと，また，開発側の教師支援もクラス運営に一定の役割を果たしことが大きな要因であったと受け止めている．

4．3．1　成果

本研究では，開発側で提供した教材を用い，教師支援と学習者支援による「クラス利用」の可能性を試み，二回にわたる印象評定調査を通して，

受講生の教材に対する印象が明らかになった．中間的な印象と異なり，本教材が全コースを終了した場合には，教材の趣旨などが理解されたと考えることができる．つまり，教材利用の途中段階においては，受講生の戸惑いまたは不慣れから高評価とは言いがたい印象を持った（一回目の印象評定調査の結果から）ものの，本教材を最後まで学習し，教材の全体像が把握できた受講生には高い評定値が得られた（二回目の印象評定調査の結果から）と考えられる．

「講義Q&A」のメニューは講義に関する質問及び意見の掲載を目的としているにもかかわらず，教材に対する称賛などが多く，教材の評価が高かったということを意味しているものの，教材や授業などにおける課題も浮き彫りになり，今後の改善のための参考資料となった．また，二回目の調査における自由記述で，教材の有益性が述べられたこととあわせて考えると，本教材が好意的に受け入れられたと判断できる．

南ソウル大学校の「クラス利用」においては，教師が受講生の自発的な学習を促すという本教材を利用した授業の実践例は，対面式における授業例として他の教師の参考になる事例となろう．

4．3．2 課題

本研究における課題としては3点があげられる．
（1）受講前の指導について

印象評定調査で相対的に低評価とされた「全体的な把握」などの項目については，3つの改善策が考えられる．

一つ目は，授業の前にあらかじめ「教材の概要」「学習の進め方」「教材の使い方」などの事前の情報提供により，授業内容に関する説明の工夫である．

二つ目は，「講義Q&A」の「システム」「使い方」「不具合」について，受講者各自の環境確認の不徹底さもあったと思われ，使用方法の周知を図ることである．

三つ目は，CD-ROMでの学習では，学習者は教材を早く終わらせようとする傾向があったが，ネットワークでの学習でもあり得ることであるので，

学習者に対して本来の学習目的である「聴解練習」を意識させ，全体の学習にかける時間を増加させるための方策が必要であろう．

以上のように，受講前の学習内容や環境の周知・確認を徹底する方法を確立する必要がある．

（2）受講中の指導について

相対的な低評価項目に関わることや「興味の継続」に関わる要素は，学習の初期段階においては学習者の学習意欲喪失へとつながらないように，同時に，受講結果は成績や卒業単位に関わる場合は，大学全体の方針との兼ね合いの中で，受講中の指導や試験実施の体制を更に強化することも含めて，教師やチューターと共に指導体制を更に綿密にすることが求められる．

つまり，受講前の指導と共に，教師側の積極的な関与が学習者の継続的な学習やより効果的な習得のためには不可欠であろう．

（3）システム上の問題

二回目の調査における低評価項目のうち，「品質」については，ネットワーク回線の環境の問題と関わることであり，本システムだけの課題ではない．ネットワーク利用の言語学習の立場から，映像品質の向上がブロードバンドの普及による環境改善に期待をもって注目する必要がある．

また，「課題提示の適切さ」については，学習のシステム制御に関わることであり，今後の参考にし，機会があれば検討したい．

5節　本章のまとめ

今回の実践と調査から，以下の点が明らかになった．

（1）二回にわたる印象評定調査を通して，受講生の教材に対して好印象を持ったことが明らかになり，当教材が日本語の学習に有益な内容と方法を持っていることを確認することができた．

（2）当教材が，ネットワーク利用による日本語学習に有効であることを示すことができた．また，学習の指導においては，対面式での学習指導と同じく，教師の指導の重要性が明白となった．

（3）主教材や副教材としての利用方法を具体的に示すことができ，教材利用の形態の多様性と課題を示す事例研究となった．

第13章

CALLコースウェアの開発と日本語教師
――「私の年中行事」の開発における教師の役割――

　「教材」という表現には，教える材料のもとになる素材と共に，その素材を扱う作成者・教師が考える指導・学習の方法についても含まれる．学習者から見れば，学習するべき「内容」(contents) が目の前に示されるので学習対象物 (learning object) またはコンテンツとも言われる．教材の開発には，教育観や理論的な背景に基づき，教育実践上有益な内容と方法の具体化が求められる．本書では，CALL教材を言語教育に関わる一般的な広い意味に，コースウェアと学習ソフトをほぼ同義としてコンピュータ側に寄った意味に，そしてコンテンツを言語材料に寄った意味に使っている．

　CALL教材の開発は，システム開発の技術論だけではなく，言語教育側からの教育論が不可欠である．特に，コースウェア（学習ソフト）のあり方は，教師が基本的な事柄（構成・学習方法・提示順序などの教育上の配慮など）のデザインをしなければならない．また，学習ソフトは指導システムの方針を初めとして，開発体制や開発にかける予算など，様々な要素を考慮して取り組まなければならない．「三ラウンド制の指導理論」を応用した日本語CALL教材の『聴解：日本の生活「アパートに住む」』(CD-ROM) や『聴解：日本の生活「私の年中行事」』（ネットワーク型）の学習ソフトの開発では，開発プロジェクトにより，日本語教師が素材を作成し，専門

的な技術者がプログラミング等のシステムを構築した．つまり，教材の目的や内容・方法に関する基本的な計画の立案は日本語教師の役目であり，その指針・要望をもとに，具体的なデザイン（設計）を技術者に依頼し，コースウェアやシステムを構築してもらった．その開発結果の概要及び詳細は別の章で述べた．

　本章では，「アパートに住む」と「私の年中行事」の開発・実践から得られたことをもとに，作業の内容と流れ，特に日本語教師として開発に関わる時に検討するべき事柄や教師の役割を中心に概観する．「何をどのように作るか」の検討から，具体的な学習ソフトを完成するまでのコースウェア開発の過程を8過程に整理し，教師が取り組むべき内容を多面的・具体的に示すと共に，原稿作成の方針と記述例及びその他の検討内容を詳細に，更に開発の意義など，日本語CALL教材開発に関わる指針や背景を明らかにする．

1節　CALL教材開発の過程と具体例

1．1　指導の内容と方法の検討

　教師の教育観，学習者のニーズ，カリキュラム実施運営上の制約，環境の整備など検討するべきことは多岐にわたっているが，開発目標の設定に関わることなので，教師が「何を，どうしたいのか」を明確にすることが最も肝要であり，そのために十分な検討を要する．「何を」については，「アパートに住む」と「私の年中行事」のトピック選定の理由をニーズ調査に基づきすでに他の章で詳細に述べた．「どのように」に関わる学習方法の検討は，どのような言語スキルに焦点を置くか，どのような対象者や学習レベルを想定するかの検討となる．

　本研究で検討した基本的な方針は，①聴解を中心とする言語スキルの向上を目指す，②「三ラウンド制」による学習ストラテジーのもとで複数のタスクを遂行しつつ学習を進める，③日本語中級以上の学習者を対象とする，④自主的な学習を可能にするために多面的に学習支援をする，⑤文化的な知識と言語的な技能の両面の習得を目標とするなどであり，高度で実

用に耐える教材を目指した．

１．２　文字素材の作成

　文字素材の案出は日本語教師の経験と知識が基づくことになり，教材作成の上で基盤となる最も肝要な作業である．言語素材の内容は，学習者のレベル設定と指導目標により異なり，様々な取り組み方があり得る．いわゆる自然発話に基づくオーセンティック（authentic）な教材は，収録内容とその文字起こしの結果が言語素材となる．

　本研究では，基本となる会話文の台本を作成し，それに基づき５種類のタスク（発話内容の出現確認，ヒントつき質問，多肢選択式空欄補充，文字選択による空欄記入，多肢選択式テスト）と補足的な説明，語句説明及び教示文などを文字素材とした．特定のトピック（「アパート」や「年中行事」）に限定し，親しい者同士が日常的に交わす普通体のくだけた表現から成る会話台本としたため，使用語彙等の制限は設けなかった．台本は，日本語教育のテキスト解析ソフトにより使用漢字と使用語彙を分析した結果，中級レベル以上の学習者を対象とすることが妥当であろうとの結論を得た．文字素材に基づき収録したビデオ素材や音声素材を合わせて言語素材とした．原稿作成の具体例は次節で述べる．下記は各ステップのタスクなど作成時の要点となる基本的な留意点である．

（１）表記のしかた

　文字素材の原稿作成に当たって，下記の点を複数の作成者の間の指針とした．

　①漢字・語彙使用の方針
　　・基本的に常用漢字を用いたが，日本語母語話者が日常的に使う日本語を学習素材とするという観点から，強い制約を設けない．
　　・トピック特有の表現には，日本語能力検定試験の級外の漢字や語彙も使う．
　②数字の使用（カッコ内は例示）
　　・数えられるものはアラビア数字（１月１日，12時，５センチ，第２日曜日）

・語彙的なものは漢数字（一種，一番初め，一年で）
③「　　」の使い方（カッコ内は例示）
　・言い換えの表現（たまには：「時には」）
　・縮約形などの元の表現（こないだ：「この間」を縮めた言い方）
　・辞書形など（辞書形は「いじめる」）
　・その他，強調・引用など
④長音の表記
　・基本的には長音記号（ー）は用いないことにしたが，例えば，考慮中を表す「うーん」は否定の「ううん」と区別するために用いたものなどもある．
⑤？や！の記号の使用
　　疑問の時は「？」を，強調していることを示す時は「！」を用いた．
（2）音声・表記のバリエーション
　日本人の日常的な言語使用を基本としたため，音声とその表記を完全に統一することは難しい．会話の音声とスクリプトの表記が必ずしも一致していない例をいくつか挙げる．「～位」の言い方には，「～ぐらい」と「～くらい」があるが，スクリプトでは「くらい」となっていても，音声では「ぐらい」となっている．感嘆詞「あ」などは，表記では「あ」となっていても，会話では「ああ」とか「あっ」となっていることもある．これらの音声と表記が完全に一致していない部分を私たちは発話のバリエーションと考えた．

　また，例えば「気を遣う」という表記は，辞書によっては「気を使う」を優先的に用いている場合もある．表記では「ふうん」となっていても「不運」ではなく，相づちの「ふーん」である．会話で用いられた語が漢字で表記されたり「ひらがな」で表記されたりしている部分もある．できる限り統一を心がけたが，中・上級者には日本語の表記にバリエーションがあることを知ることも日本語学習の一端でもあるので，敢えて完全な統一はしなかった．

　以上のような取り扱い方は，教材中の説明には取り上げなかったが，指導者・教師が教材説明の中で補足的に取り上げるのも一つの指導内容とな

り得よう.

1．3　学習支援の検討

　CALL教材では，コンピュータ画面上に提示される様々な言語素材を読みながら，学習者は課題に取り組む．特に，聴解教材では，音声聴取内容の確認は文字によって行われる．日本語CALL教材では，漢字・ひらがな・カタカナ等多様な文字による指示文や説明文を読むことの負担が大きく，英語CALL教材と異なる点である．

　本教材では，コンピュータ画面上に提示される様々な言語素材を読みながらタスク活動を行い，理解を深めてゆくことを流れとした．つまり，強制的な流れ（必須部分）である5種類のタスク遂行の課題を基本とし，それ以外に，学習者の任意の操作に基づく選択的な流れ（任意部分）を設けた．その過程の中で，日本語を読むためには，中級以上の学習者にとっても「漢字」は大きな課題であるので，読解の負担を少なくし，学習を支援することを意図して数種類の「学習支援ボタン」を設けた．

　主なボタン名は，①「ふりがな」ボタン（漢字に対する学習支援として，漢字の読み方をひらがなで表示する），②「言語ボタン」（英語・中国語・韓国語の翻訳），③「語句説明」ボタン（「辞書」機能として，漢字の読み方や発音と意味を提示する）である．これらは，いずれもボタンにより学習者が任意に操作できるようにした．更に，応用的・総合的な練習として，ステップ3では文字入力課題を作成し，文字表記に関する学習の側面も持たせた．

　英語教育と日本語教育では，目標言語と学習対象者が異なるので，学習者に対する支援が異なる．「アパートに住む」と「私の年中行事」の学習方法に関して，英語CALLと最も大きな違いは学習の支援方法であった．その違いは下記のようにまとめることができる．

（1）漢字の読み方に関する支援としての「ふりがな」

　文字使用に関する支援として英語学習と日本語学習が異なる点は，日本語学習者の漢字使用に対する配慮である．本教材では，漢字に対する学習支援として，漢字の読み方を付することができる「ふりがな」ボタンを配置し，学習者が必要に応じて任意に使用できるようにした．「アパートに

住む」の試行結果では,「ふりがな」ボタンの使用回数は,全員がその支援を受けたことを示しているので,ボタンは必要であったこと,また,学習者間に大きな使用回数の差異があったことから,任意の使用という制御方法が適切であると考えた.その上で,「私の年中行事」では,ポインターが通過するときにも,該当する漢字の読み方を示す機能を追加した.

(2) 学習者の母語による翻訳

英語の「三ラウンド制」は,英語による問題提示をするが,説明言語は日本語である.英語教育では,目標言語(英語)についての説明は,日本人のみを学習対象としているので日本語でよいが,日本語教育では世界の学習者を対象としているので,学習者の多様な母語に対する対応策が必要となる.本教材では,中・上級学習者を対象としたため,説明文や指示文などの表示文字は,基本的には目標言語の日本語を用いたが,目標言語による教示・説明だけでは学習の進行や内容理解に支障が出る懸念があるため,学習者の母語による「翻訳」を追加した.しかし,世界のすべての言語を追加するのは不可能であるため,最も多くの学習者の支援になることが予想される英語と,筆者らの身近な日本語学習者の中で最も需要が高いと思われる韓国語と中国語の3言語による翻訳を学習者の任意の操作により表示することとした.「アパートに住む」の試行のボタンの使用回数の分析から,それらは大いに学習支援となったことが伺える.

また,本教材の翻訳は,日本語の聴解練習を進める上で支障がないようにするための手助けの一つであり,あくまで,学習の進行を促進する上で必要な指示文や説明の日本語を理解するためのものと考えた.従って,厳密な意味での翻訳(逐語訳)ではなく,全ての日本語を翻訳した訳でもない.翻訳者が異なれば,翻訳内容も異なることは有り得る.

(3)「語句説明」ボタン

語句説明ボタンを設け,本教材の聴解に必要と思われる語句についての説明と共にその読み方(音声)を提示した.更に,具象的な名詞の静止画(ビデオ映像からの一コマ,イラスト,写真)を併用した.

(4) 表示文字の提示

英語の「三ラウンド制」の教材は,日本での使用が前提であるが,本教

材の対象者は，日本国内のみならず，海外の日本語学習者である．海外でのパソコン環境は必ずしも日本語環境が整備されているとは言えないし，また，多言語環境に対応できるパソコンが常に使えるとは限らない．そのため，基本的な日本語表示や翻訳文表示に支障がないようにする必要がある．「アパートに住む」は，QuickTime 5 を用いてコースウェアを駆動する中で，日本語文も翻訳文もすべて画像化することにより，言語表示の課題の解決を図った．海外の試用では，QuickTimeのインストール時の表示以外は，教材に関わる文字表示についての不具合は報告がないので，文字表示の課題は克服できたと考えられる．一方，「年中行事」では，ネットワークを用いるため，すべてを画像とするには通信の負荷が大きくなることが懸念されるため，Unicodeによる文字表示とした．

（5）修正音声の是非

　英語教育の「三ラウンド制」では，自然な発話速度に慣れることが重要とされているため，修正音声（通常より意識的に発話速度を遅く修正した音声）による支援は対象になっていない．本教材は，英語の「三ラウンド制」の基本的な考えに同意をしていが，発話速度については，学習者や教師により意見が分かれた．そこで，「アパートに住む」では，自然な発話速度を失うことなく，しかも，多少スピードを遅くした修正音声の使用の是非を論じるための資料を得たいと考え，20％速度を落とした「ゆっくり」ボタンを配置した．使用回数は学習者間のばらつきが多く，学習者に不可欠のボタンであったとは言えず，また，どの程度の効果をもたらす学習支援となったかが不明であった．そのため，「私の年中行事」では，「ゆっくり」ボタンは配置しなかった．

（6）文字入力による解答

　英語教育の「三ラウンド制」では，文字入力による解答よりも，マウスによる選択解答のタスクを課している場合が多い．日本語教育では，漢字・ひらがな・カタカナ等の文字の多様性があり，文字の認知と共に，文字の使用も日本語運用能力の重要な一面である．本教材では，聴解練習を主体としたため，ある程度の内容理解が得られたと思われるステップ3で，応用的・総合的な練習として，文字の産出に関わる「空欄記入」のタスク

を取り上げた．キーボードからの文字入力は，日本語学習とは異なる能力を要求することになるので，学習者の負担軽減の観点から，マウスにより「文字表」からの正解語句の文字を選択させる方式を採用した．

(7) 誤字検出機能

上記の「空欄記入」解答の正誤判断の際に，解答支援として誤字検出機能を実現し，入力解答文字のうち1文字の間違いに限り，間違い文字と訂正文字を指摘して学習の促進を図った．正誤判断結果のフィードバックとして，「誤字検出機能」により，1文字の誤りに対する指摘をして，正解に導くことが学習を促進すると考えた．日本語学習上の重要な問題点としては，促音，長音，拗音・直音，清音・濁音などの誤字・誤表記が挙げられる．これらはすべて「1文字」の問題である．これらを含めた「誤答」に対処する方法として，「誤字検出」が有効である．具体的には，下記の「誤字」に対して，それぞれのフィードバックメッセージを表示した．

①正解より1文字多い

②正解より1文字少ない（正解の促音文字（っ）が欠落，正解の撥音「ん」が欠落，正解の「う」が欠落など）

③正解と1文字異なる（正解の清音文字が濁音文字，正解の濁音文字が清音文字，正解の半濁音が清音・濁音，正解の「は行」清音文字が，音文字，正解のは行濁音文字が清音文字，正解の拗音文字が直音文字，正解の直音文字が拗音文字，正解の促音文字（っ）が「つ」など）である．

1．4　音声素材・映（画）像素材の作成と収集

ビデオと音声の収録・編集については，研究の一環として協力者に依頼する場合と専門業者に発注する場合がある．有償・無償のどちらにしても，日本語指導上の明確な指針，例えば，映像の具体的な構図などは，専門家に教材のねらいを教師が詳細・綿密に伝える必要があり，そのための手段として「絵コンテ」または「字コンテ」を基本とした．

素材の「出来栄え」は教材の第1印象に直結し，出演者の演技の「上手・下手」が影響する．そのため，簡単なオーディションを行い，登場人物「らしさ」を表現できるかどうかを判断したが，人材が限られたキャス

ティングには限界もあった．
（１）ビデオの撮影と編集
　ビデオ映像として使用する内容は，２教材の作成方針が異なるために，全く異なった撮影の仕方であった．
　「アパートに住む」では，台本に基づき二人の出演者にはそれぞれの役を演じてもらい，会話をする二人の音声と共にその姿・顔を撮影した．プロの役者の出演と専門家による音声・ビデオの収録・編集により，高品質な素材となった．
　「私の年中行事」では，会話音声をスタジオで収録し，会話の語彙・話題に即した「資料映像」を別に準備し，会話音声の内容に応じて映像を「貼り込んだ」ビデオを編集した．テーマの性質上，１年以上にわたり資料映像を収集する必要があり，予算の都合で開発者（教師）が撮影したため，撮影時の照明やアングルなどは専門家の品質には及ばないものも多くなった．音声やビデオ収録に当たり，可能な限り出演者や資料提供者から，教材利用の許諾を書面で提出してもらった．
　ビデオ撮影をするときは，下記の点に留意した．
・肖像権に配慮して撮影した．例えば，本人の了解が得にくい状況で撮影する場合は，個人の特定が出来ないように，顔をアップで写さないように遠景で撮影した．
・特定の団体の有利・不利が生じないようにした．例えば，商品名・商店名など，固有名詞を写さないこと，公共の建物（駅など）は語句の意味解釈の補助となる内容であればよいので建物が特定できない部分を撮影することなどである．
・建物・店内の撮影は，それぞれの責任者から撮影許可を得た．
・出演者に演技を依頼する場合は，出演者個人の安全に配慮した．
・できるだけ，場所・季節などが特定されないものを撮影した．
　ビデオ教材をビデオファイルとして作成したが，インターネットで配信する場合には，ファイルサイズにより再生状況が異なるので，高品質（約20MB），標準（約10MB），低品質（約３MB）の３種類を作成し，利用環境に応じて利用者が選択できる（図１）ようにした．

図1　ビデオ画質の変更ボタン

（2）音声の収録
　音声提示されるものには次の4種類がある．
①スキットタイトル
②台本に基づく会話
③ステップ2の「語句説明」に用いる語句
④ステップ3の「テスト」の質問文
　「聴解練習」の素材作成という目的のために，屋外での収録には自然な背景音以外の「周囲の無関係な雑音・声」が録音されないように配慮しつつ音声を収録した．
　スタジオでの音声収録には，音波を「飛ばす」ことができるワイヤレスまたは通常のコード付きのピンマイクを各出演者につけてもらい，音声収録用の調整機器（ミキサー）を通してビデオに録音した．編集の際に視覚的に音声部分を確認できるように，ビデオカメラによる映像を音声と共にビデオに録画・録音した．音声提供者には，台本や読み上げ（ナレーション）用の台本と共に，収録時の留意点を事前に渡した．
（3）静止画像の撮影・収集
　「私の年中行事」では，会話文を収録した後，会話内容に関連する動画像と静止画（イラストと写真）を補助的な「資料映像」として音声内容に合うように画像を編集し，ビデオ教材を作成した．会話音声の内容の理解を助けるために，視覚的な情報をビデオに挿入するため，ビデオカメラで撮影した実写映像をできる限り用いた．ビデオカメラで映像化できないものは静止画を用いた．特に，具象名詞はできる限りイラスト・写真・ビデオ映像からの静止画を用いた．これらは，ビデオに「貼り付ける」と共に「語句説明」の静止画として用いた．イラストについては市販のイラスト本の著者と出版社から特別の許諾を得て，添付のCD-ROM中の静止画を用

いた．会話の理解に役立つ内容を持つ適切な写真を所有する関係者に使用目的などを説明し，それぞれから承諾を得て提供してもらった．
（4）デジタルファイルの作成
「語句説明」用静止画のファイル化の作業は，①ビデオの一コマから，②写真はスキャナーから，③イラストはCD-ROMのファイルからそれぞれデジタルファイルの内容とファイル名称の表を作成した．

1．5　コースウェアの設計

基本的なシステムや指導方針の変更は，予算の見直しを伴う開発期間の変更となるので，システムの再構築となるような設計変更がないように，仕上がりのイメージを具体的に持ち，出来る限り詳細に検討する必要がある．また，利用者認証を行い，学習を中断しても，次回に同じ箇所から再開できるように学習者履歴を保存するなど，運用面及び教育・研究用の記録なども配慮して設計しなければならない．

本研究では，設計の仕様作成のために，システム担当者と綿密な打ち合わせをする前に，教師として「何がしたいのか・どのように学習させたいのか」をできる限り具体的に述べることから始めた．できることとできないことをシステム技術の専門家（担当者）に判断してもらったが，「できる」場合には教師側が何を準備しなければならないか，「できない」場合は何が問題なのかを，詳細に議論を重ねた．教師側の技術的な知識により議論が進展しやすかった面がある．この作業がコースウェアの評価をもっとも左右すると思われる．

（1）基本的な学習の流れ

聴解練習を中心とした「三ラウンド制」に基づく制御を基本的なデザインとしたため，3つのステップと3レッスン（スキット）の分散学習の組み合わせにより，学習の流れ（必須部分）を決めた．

（2）KRとアニメーション

学習者の応答に対する教師からの反応は，KR（Knowledge of Results）と呼ばれる．例えば「正解です」「間違いです」という簡単な反応から，誤字検出結果の「1文字多いです」「小さな「っ」を使いましょう」などの

学習の促進を狙った応答まで多様である．本コースウェアでは，KRを文字だけで表示するよりも，学習者の関心をつなぐことができると考えて，下記のアニメーションを用いた．

　ステップ1の正解の場合，くすだま（図2）が割れて，「おめでとう」「やったね」「すごいなー」「なかなかやるねー」「おつかれさま」「おめでとう」「やったー」のメッセージの中からランダムに選択して表示した．ステップ2では，図3，図4のようなアニメーションを用いた．

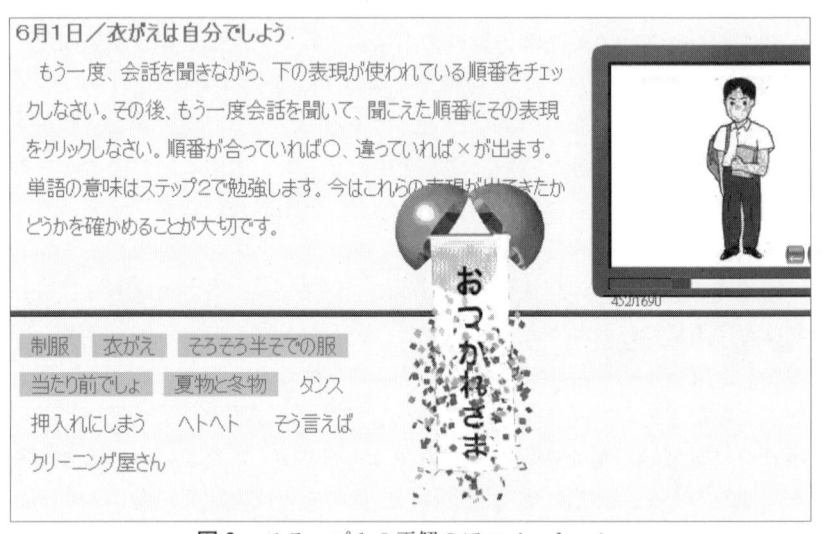

図2　ステップ1の正解のアニメーション

図3　ステップ2のアニメーション（1）

図4　ステップ2のアニメーション（2）

（3）学習進度に関する情報

　一つのコース内の学習順序は決められている．初めて本教材を使用する学習者は，「すすむ」ボタンをクリックして画面に提示される課題を遂行する．利用者が登録したID毎に学習履歴が保存されているので，コースの途中で学習を中断し，次回に再開する場合は，中断したタスクを自動的に表示できる．また，コース内のステップの進行状況を画面左下にインジケーターとして常時表示（図5）した．

図5　学習進行を示すインジケーター

1．6　システム化とプログラミング

　言語材料を高度なコースウェアとして実現するためには，システム開発にプログラマーなどの専門家の知識・技能が不可欠である．コースウェア設計では，日本語教師側から，文字のデザインや大きさ，文字・音声・静止画・ビデオの各素材の提示位置とタイミング，学習者による解答の方法，解答内容に対するKRなど，教育的な観点から学習制御の基本的なデザインの検討と共に，具体例を検討する必要がある．

　本研究では，フローチャート（flow chart：流れ図）を用いたほか，文字や画面のデザイン（配置と色調）は，技術スタッフからの具体的な提案をもとに検討し，下記に示す「点検」の途中，不具合状態を具体的にプログラマーに報告しながら詳細な打ち合わせを繰り返した．小さな設計変更や

改善については，双方で慎重に検討し，可能な限り変更を加えた．

なお，「アパートに住む」の方法を基本的に踏襲したが，「私の年中行事」との相違点もある．両教材の異なる点は表1の通りである．

表1 両教材の相違点

相違する項目	アパートに住む	私の年中行事
ステップ1の解答方法	表現にチェックマークをつける	会話の表現の出現順序を選ぶ
ステップ1の正誤判定	正誤判定はしない	正誤判定をする
ステップ2の補足情報	言語的な情報と文化的な情報に分けた	言語的・文化的な情報を任意に扱った
ステップ3の空欄記入	漢字版のみ	かな版と漢字版
ステップ3のテスト	各レッスンごとに5問	各コースごとに5問
翻訳（英・中・韓）	中国語は繁体字	中国語は簡体字
追加教材	「別の人の会話」「電話の会話」	追加教材はない
メディア	CD-ROM	ネットワーク
学習履歴の保存箇所	フロッピーまたはハードディスク	教材提供サーバ
ビデオ教材の映像	登場人物の顔・姿と場面の背景	会話内容に関連する資料映像・イラスト
ふりがな	ステップ1のみ	全ステップ

1.7 コースウェアの点検

　言語材料がプログラム上で正常に稼動することを，ソフトウェアの画面上で点検しなければならないが，「完成」と言える段階に達するまで，綿密な一連の点検作業を行わなければならない．いったん「完成」したと思っても，コンピュータの動作の不具合が生じ，修正（デバッグdebug：虫取りといわれる）を繰り返して，いわゆるシステムチェックを行う必要がある．学習ソフトとしての形を一応整えるまでのエネルギーとほぼ同等（あるいはそれ以上）のエネルギーが点検作業に要する．

　本研究では，開発に関わった者は，「慣れ」のため，不具合などの発見がしにくくなり，複数の第3者が，学習内容・方法の適切さを確認しながら行う詰めの作業が，完成度を上げる要素となった．細部まで神経を使いながら繰り返し辛抱強く行う地味な作業であった．パッケージ型の教材に

比べ，ネットワーク教材は修正が容易であるだけに，「完成」後の修正も出た．出来るだけの改善はしなければならないが，「完成」と言える作業が完了するまで，一定の期間を開発予定期間に予め入れておいた．点検を効率的にするために，学習制御部分を解除して開発者だけがアクセス可能な「点検モード」を用意し，点検したいページを自由に画面表示する機能を持たせた．このほか，表記上の間違いの訂正や，よりよい表現などへの変更なども生じた．

1．8　試行と評価

試行クラスでの効果測定と学習者調査を行い，学習ソフトについての印象評定調査を行うことが教材の評価になると考えることができる．「アパートに住む」では，実験群（当該教材を使用するクラス）と統制群（当該教材を使用しないクラス）の比較を行ったほか，同じクラスの学習者に，プリ（事前）テストとポスト（事後）テストを実施した結果，本教材が効果的であることを示した．また，学習者の印象評定調査では，高い評定値が得られた．「私の年中行事」では，全世界に公開して個人利用の登録者を募り試行を実施し，ネットワークでの利用の課題を探ると共に，トピック内容とインターネット利用という点で，効果や印象を調査した．

教材内容と無関係な聴解能力試験との関係を見ることも一方法であるが，聴解力は試行期間を長期間に設定しなければ効果が現れにくい反面，その間の他の学習要因を排除することができず，効果の議論は容易ではない．

2節　言語素材の原稿の記述

開発プロジェクトには多くの専門家が携わる．教師も，言語知識を持ち，指導法を身につけた専門家である．しかし，複数の教師に言語素材の作成作業を依頼するには，開発方針などプロジェクトの考えやコースウェアの特徴に沿った材料にしなければならない．しかも，教師が作成した言語素材をシステム化するためには，システム担当者に作成内容を正確にわかり

やすく伝えると共に，作成者の意図を効率よく記述する必要がある．そのために，言語材料の作成方針をプロジェクト関係者間で行き違いがないように，特定の形式に統一する必要がある．

本節では，「アパートに住む」と「私の年中行事」の方針や記述形式を述べる．なお，本節の説明に用いる例は，タスク例をシステム側に渡す文字資料を形式化したものであり，各タスクに共通している教示文・指示文と共に記述した．下記に原稿作成・記述上の留意点と実際の原稿の例をステップごとに例示する．なお，以下の記述の順序は「学習の流れ」とは異なり，もっとも困難な作業であった「ステップ3」から述べる．

2．1　「会話内容の確認」（ステップ3）

スキットの台本から，①ある程度の長さを持ったストーリー性があるものから出題し，②一文の長さは短めにする，更に，③文字通りの解釈にとどまらない理解を必要とする内容を問題とし，④できる限り，発言者の考え・発言の理由などを推測しながら総合的な理解が必要な内容を解答とし，⑤差別的な表現などが含まれない内容とする，などの配慮をした．上記の③④の問題作成が最も困難な作業であった．

会話の台本（図6）をそのまますべて表示するが，音声収録に用いた台本を再度点検し，漢字と仮名の使い分け，句読点などの表記上の不注意・不統一などがないかどうかを細かく点検する必要がある．発音と表記については，相づちの発音にバリエーションがある場合（例：「あ」を長音化す

```
6月（コース7）ステップ3
①京子：あら，制服違うわね．
②弟　：衣がえだからね．
③京子：暑くなってきたしね．私もそろそろ半そでの服，着たいな．
④弟　：そうだろ？お母さんにそう言ったら，「自分でしなさい」って言われたよ．
⑤京子：当たり前でしょ！夏物と冬物の入れかえって意外に大変なのよ．
```

```
⑥弟　：タンスをもう一つ買ったらいいのに．10月の衣がえの
　　　　時も楽だし．
⑦京子：置くところないでしょ．
⑧弟　：まあね．
⑨京子：押入れにしまうのも大変なのよ．家族全員分やってた
　　　　らお母さんヘトヘトよ．
⑩弟　：お姉ちゃんはどうするの？
⑪京子：自分でするわよ．あ，そう言えば，冬のコート，クリー
　　　　ニング屋さんに預けたままだったわ．
```

図6　「会話内容の確認」記述例

るかしないか），発言の意図が韻律の違いに表れている場合（例：「そう」を簡単に短く言うときや，懐疑的にイントネーションを上下させながら長目に発話するときなど）など，記述の仕方が一様ではなくなる場合もある．

2．2　「テスト」（ステップ3）

　基本的には，語句の意味の確認や会話内容の事実を問うのではなく，会話の内容から，会話者は何を言おうとしているか・どんな気持ちか，会話のあとはどのような展開が考えられるか，など，会話内容から推測できること，会話全体にまたがることなどを問う問題にする．言語素材の作成作業で，最も困難な問題である．この問題を作りやすいように工夫をして台本を作ることが望ましい．

　1コースの全スキットから1～2問作成し，1コース5問とする．多肢選択式（基本形は4肢）とする．読み上げによる，音声出題とし，「読む」ボタンを押したら，問題文が表示される形式なので，できるだけ「聞いて理解しやすい」質問文とする（図7）．質問と解答のタイプは次の3種類が考えられるが，他に適切な種類があれば，拘束するものではない．
・1問につき1解答を求める設問．
・1問につき複数の解答を求める設問（例：誰が誰に何をやりましたか）
・1問につき，正解は1～5の数の選択肢（例：買えるものを4つ挙げなさい．）

4肢選択肢で，正解は一つ（原稿に○印をつける）を原則とする．4肢以上の選択肢の場合は，2つ以上の正解（原稿に○印をつける）を設けることは可能である．

問題に対する正しい答えを選びなさい．
問題1　6月1日／衣がえは自分でしよう
私は夏物と冬物の入れかえは自分でやると言っています．どうしてですか．

正解（2）

（1）自分でしないと母にしかられるから．
（2）母が一人で全員のをするのは大変だから．
（3）夏物と冬物の入れかえは楽しいから．
（4）私の服は特に多いから．

図7　「テスト」の記述例

2．3　「空欄記入」（ステップ3）

　会話全体を「です・ます」体で要約して，要約文を作る．このタスクを通して，いわゆる「砕けた表現」を使った普通体の会話文を，丁寧体で言い換えて要約をすることにより，文体の違いを認識してもらいつつ，会話全体の理解を確かめることが狙いである．

　要約文の中の，重要な語句を3～4箇所空欄にする．「かな解答」と「漢字解答」の2種類を作成（図8）した．

・「かな解答」の選択文字：できるだけ，「かな」だけの表記の語句，漢字1字を含む語句をかなで解答させる．「かな」は，「ひらがな」と「カタカナ」の両方が対象となる．
・「漢字解答」の選択文字：漢字熟語（2文字以上）の語句を出題する．
・選択する文字群：正解文字以外に，誤り文字として，「かな解答」の場合は，特殊音（促音，撥音，拗音，清音・濁音など）を入れ，「漢字解答」の場合は，表記及び発音の点から，混同しやすい漢字を混在させる．

第13章　CALLコースウェアの開発と日本語教師

下の文は，会話を丁寧体で要約したものです．会話の内容に合うように，文字を組み合わせて正しい語を作り，文中の ☐ に正しい語を入れなさい．漢字版もひらがな版もやってみましょう．

○漢字版
　今日から学校の ☐1☐ が変わります．そろそろ ☐2☐ の服が着たいので，夏物と冬物の入れかえをします． ☐3☐ は大変なので，自分のものは自分でしなければなりません．

＜選択文字＞　　　　　　　　　＜正解＞
1 制服洋製衣　　　　　　　　　制服
2 半袖短服反　　　　　　　　　半袖
3 衣替服変換え　　　　　　　　衣替え

○ひらがな版
　今日から学校の ☐1☐ が変わります．そろそろ ☐2☐ の服が着たいので，夏物と冬物の入れかえをします． ☐3☐ は大変なので，自分のものは自分でしなければなりません．

＜選択文字＞　　　　　　　　　＜正解＞
1 せいふくさぐん　　　　　　　せいふく
2 はんそでさうて　　　　　　　はんそで
3 ころもがえかのご　　　　　　ころもがえ

図8　「空欄記入」の記述例

2．4　「ヒントつき質問」（ステップ2）

　会話を複数部分（例えば，前半と後半）に分け，どちらから出題してもよい．5W1Hを質問形式の基本とし，会話内容の事実を確認させる問題（図9）とする．
　ヒント1は，正解となる内容を別の質問文で考えさせる問題とする．
　ヒント2は，正解が含まれている発話の直前の発話内容を表示する．「このせりふの後ろに答えがあります」という共通の教示文の下行に表示される．

ヒント3は，正解が含まれている文（部分的にでもよい）を表示する．「この中に答えがあります」という共通の指示文が次行に表示される．

出題範囲となる発話番号：例えば，①〜⑥のように，明示する．この指定により，システム側は，ビデオ再生の範囲を指定できる．つまり，この段階では，「聞く」ボタンを押すと，台本の①〜⑥の発話音声だけが再生される．

三つのヒントに基づいて，質問に対する答えを考えなさい．
問題　母は弟に「自分でしなさい」と言いました．何を「しなさい」と言っているのですか．
　　　①②③④⑤⑥
1．私と弟は半そでの服が着たいと話しています．
2．「お母さんにそう言ったら，『自分でしなさい』って言われたよ．」
3．「当たり前でしょ！夏物と冬物の入れかえって意外に大変なのよ．」「タンスをもう一つ買ったらいいのに．10月の衣がえの時も楽だし．」

図9　「ヒントつき質問」の記述例

2．5　「空欄補充」（ステップ2）

ヒントつきで使わなかった部分を出題範囲とする．作成上，次の点に留意する．

①空欄の作成：準クローズ法として，15文字目を含む語句を空欄候補とする．解答欄の文字数は，4文字熟語が入ったり，助詞1文字が入ったりするが，全て同じサイズの空欄とする．同一問題中に，重複する語句が候補に上がったら，14あるいは16文字目などに変更してもよい．作成者が空欄を決めるのではなく，空欄作りを自動化することにより，様々な品詞を扱うことができる．

②選択肢作成：正解以外に，誤答の選択肢（錯乱肢）を2つ作る．錯乱肢は，音声的に類似，表記的に類似，文法的に類似する（文末の，「よ」「ね」など）ものから適宜選ぶ．文字を見ただけで正誤の判断できないもの，聞いて確認しないと正解がわからないものを提示するとし，文法的に明

らかに誤答となるものは作らない．
③出題範囲となる発話番号：例えば，⑪〜⑳のように，明示する．この資料により，システム側は，ビデオ再生の範囲を指定できる．つまり，この段階では，「聞く」ボタンを押すと，①〜⑩発話音声だけが再生される．図10に原稿例を示す．

```
会話を聞いて，適切なものを選びなさい．
      ⑨⑩⑪
京子：押入れにしまうのも ［ 1 ］．家族全員分やってたら
      お母さん ［ 2 ］ よ．
弟　：お姉ちゃんはどうするの？
京子：［ 3 ］わよ．あ，そう言えば，冬のコート，［ 4 ］屋
      さんに預けたままだったわ．
                                      正解
１．                                  （ウ）
（ア）大変よ
（イ）大変だよ
（ウ）大変なのよ
２．                                  （ウ）
（ア）ヘラヘラ
（イ）フラフラ
（ウ）ヘトヘト
３．                                  （イ）
（ア）自分がする
（イ）自分でする
（ウ）自分でやる
４．                                  （イ）
（ア）クリニック
（イ）クリーニング
（ウ）クリニング
```

図10　「空欄補充」の記述例

2．6　「語句説明」（ステップ２）

漢字熟語，普通体のくだけた表現，など，会話理解を支援する語句の意

味（使い方）を簡潔に，そして平易に説明する．会話の中で使われている表現をそのまま，「語句説明」（表2）の語句に取り上げる．例えば，動詞・形容詞の活用形などをそのまま採用し，辞書形としては取り上げない．「説明」の中で，辞書形を取り上げるのは構わない．一般化した説明はできるだけ避け，会話の理解を支援する直接的な説明内容にとどめる．

　辞書からの引用はせず，言語素材作成者が自ら説明文を作り，記述内容に誤解・勘違いなどがないかを複数の辞典類で調べた．各語句説明は，この会話の中での意味を中心に記述し，一般的な，あるいは詳細な意味を説明する必要はない．できるだけ簡潔な説明（表2）を心がけた．

　語句は，スキット以外のナレーションとして録音される．各語句は，クリック時に音声提示され，同時に，説明文が表示される．

　説明内容は，作成者が自ら説明用原稿を起こし，その内容が正しい（問題作成者の誤解・思い込みなどが含まれていない）かどうかを辞典・辞書類で確認した．「語句」に静止画をつけることが出来るものは＊を付し，その画像のファイル名を記してシステム作成者に渡した．

表2　「語句の説明」の記述例

語句のリスト	提示される説明文
制服	学校や会社で決まっている服．
衣がえ	夏の初め（6月）と秋（10月）に夏服と冬服が変わること．
そろそろ	もうすぐその時期が来る．
半そで	そでが短い服．
夏物	夏の服．
冬物	冬の服．
*タンス	服を入れる家具．
*押入れ	和室の中で物を入れるところ．普通，布団や，普段あまり使わないものをしまうことが多い．
ヘトヘト	とても疲れている様子．

2．7　「補足説明」（ステップ2）

　「語句説明」で説明し切れなかったことがら，やや一般化した説明など，言語的な説明と文化的な説明を補足的にする（図11）．説明の項目数は，

−288−

1つ以上いくつでも構わない．文法的あるいは文化的なことがらを中心として，聴解練習に関連する事柄を補足的に解説することを方針とし，文法や文化の体系的な解説とはしていない．

> レッスン1　6月1日／衣がえは自分でしよう
> 1．衣がえ
> 一般的に6月になると冬服から夏服に変わります。これを衣がえといいます。特に、制服がある学校や会社などでは、制服が半そでの夏服に変わりますから、すぐにわかります。10月には夏服から冬服に衣がえします。最近では衣がえは日にちではなく、気候に合わせて学校や会社ごとに行われるようになっています。

図11　「補足説明」の記述例

2．8　「発話順序選択」（ステップ1）

会話全体を2～3のグループに分け，そのグループ内での発話の出現順序を解答させた．会話の発話内容をそのまま採用した．語句単位だけではなく，複数語句としてまとまりのある表現を選択肢とすることができる．図12はその一例であるが，グループを示すために，網掛けの有無を用いた．

会話を聞きながら，下の表現が使われている順番にチェックしなさい。
NO.　表現
1　制服
2　衣がえ
3　そろそろ半そでの服
4　当たり前でしょ
5　夏物と冬物
6　タンス
7　押入れにしまう
8　ヘトヘト
9　そう言えば
10　クリーニング屋さん

図12　「発話順序選択」の記述例

選択・記述の方針は以下の通りである．
・提示予定の画像を持つ語句を含める．
・「語句説明」に使う語句を含める．
・上記以外の任意の表現．
・スキットでの発話順に「語句・表現」を並べる．

2．9　教示文

各タスクで課す内容と回答や操作の指示には下記の教示文を示した．
①ステップ１／ことばを並べる

もう一度，会話を聞きながら，下の表現が使われている順番をチェックしなさい．その後，もう一度会話を聞いて，聞こえた順番にその表現をクリックしなさい．順番が合っていれば○，違っていれば×が出ます．単語の意味はステップ２で勉強します．今はこれらの表現が出てきたかどうかを確かめることが大切です．

②ステップ２／答えをさがす

質問に対する答えを考えなさい．「すすむ」をクリックすると，３つのヒントが順番に表示されます．答えが分かるまで，何度も会話を聞きましょう．「語句説明」をクリックすると，会話に使われていた語句を聞き，その意味を読むことができます．

③ステップ２／会話を完成する

ビデオの音声で聞こえたのと同じものを，下の語句・表現の中から選んでクリックし，文中にある同じ色の空欄に入れなさい．すべての空欄に語句を入れたら，「ＯＫ」ボタンを押してください．分からないときは何度も会話を聞きましょう．

④ステップ３／要約文を完成する

下の文は，会話を丁寧体で要約したものです．会話の内容に合うように，文字を組み合わせて正しい語を作り，文中の□に正しい語を入れなさい．まず，かなでやってみましょう．その後，漢字でもやってみましょう．

⑤ステップ３／答えを選ぶ

「問題をきく」ボタンを押して，問題をきき，それに対する正しい答えを選びなさい．選んだら，「採点」ボタンを押してください．「問題を読む」ボタンを押すと，問題文を見ることができます．

なお，タスク以外の活動に用いた教示文の2例を下記に示す．
⑥ステップ2／知識を広げよう
会話に関連することを，もう少し詳しく勉強しましょう．
⑦ステップ3／会話文を確認する
このレッスンの会話を文字で確かめてみましょう．この後，会話全体の内容についてのテストをおこないます．会話の内容をしっかり理解するために，必ず会話を聞きながら，文字で確かめましょう．

3節　コンテンツ開発の意義と課題

3．1　意義

　学習ソフトの開発は，学習者に具体的な学習内容と方法を提供し，学習機会の選択肢を拡大させる．開発者の教師には，教材研究（ヒント・指示文等の作成，言語・文化の説明文の作成），学習ストラテジーの検討など，指導上の課題（内容・方法）の具体化・詳細化を通して教師としての資質の深化・向上に直結する．同時に，授業運営・指導システム・教材観・指導方法などについて，教育観の再検討の機会となる．

　研究面から見れば，教材開発は，基礎研究の成果を実践に応用し，成果を検証し，そこから浮上した課題を基礎研究として追究する機会となる．つまり，循環的な過程をたどる中で，基礎研究と応用研究の交流・融合ができ，理論と実践を統合した観点で日本語教育を見直す機会となる．日本語教師の養成・再教育の活動として教材開発は多くの重要な意義が含まれている．

　日本語教育・学習に，どのような内容をどのような方法で，身の周りで経験しているメディアを利用・提供・指導すれば学習者に役立つかを考えるのは教師の役目である．メディアを作るのも利用するのも人間である．メディアの特性を見極め，過度の期待や反発を持たないで，現状を改善するためにどうすればよいかを模索し続けることが教師に必要である．言語

教師は,「教える人」(インストラクター) としての役割だけでなく,学習者の学習能力を向上させるための環境作りをする「世話人・手助けをする人」(ファシリテータ:facilitator) としての役割があり,メディア利用は教師の意識の変化を生む機会となる.

3.2 課題

　システム開発の知識・技能と共に教材内容の知識・見識を持つ者が,教師側とプログラマー側の間に立ち,作業の指示や調整をすることが不可欠である.教材を開発する場合には,日本語教師側のITの知識により,システムのデザインの決定や開発過程でプログラマーと教師の間の基本的な行き違いを少なくできると共に,開発内容の深化や検討期間の短縮に繋がり,開発の促進が期待できる.いわゆる「インストラクショナル・デザイナー」(教授設計者,ITコーディネーターなど他の呼び方もある) の存在が,教材開発のもっとも重要な要素となる.開発プロジェクトのディレクターまたはファシリテータでもある.日本語コースウェア設計には,日本語教育の知識・経験を持つ日本語教師がインストラクショナル・デザイナーとなり,技術スタッフを含めた開発グループを牽引することが望ましく,全開発過程に関わる活動はプロジェクト成功の鍵となる.本教材は,筆者がその役目を担ったことになるが,目的とする成果を得ることができたかどうかは教材利用者 (教師と学習者) の評価に委ねたい.同時に,ある程度のITの知識と技能を持ってインストラクショナル・デザイナーとして活躍できる日本語教師の存在の必要性を強く感じ,日本語教育における教材開発の人材養成が遅れていることに危機意識を持った.

4節　本章のまとめ

　本章は,「アパートに住む」と「私の年中行事」の開発の背後にある指針や留意点など,コースウェア開発研究の過程の作業のうち,教師に求められる内容をまとめ,できるだけ詳細に記述した.教材やコースウェア開発には,詳細でしかも膨大な検討作業が必要であるかが理解してもらえよ

第 14 章

ネットワークを利用した授業の担当教師への支援

―――言語素材DBの活用と同期／非同期両型の運用―――

　教師が教材を選定する場合，候補となる教材の内容や方法について，学習者のレベルやレディネス・教材の目標・構成などを検討・評価し，指導する学習者の教材としての適・不適を判断し，具体的な使用法を計画する．そのためには，事前に教材の全体像を把握する必要がある．日本語CALL教材の選定の可否に当たっては，ハードウェア環境や運用体制などの諸条件の検討も必要になるが，基本的には上記と同じ選定過程をたどる．その際に，当該の学習ソフトの全体像を把握したくても，学習者と同じ操作をしなければいけないとすると，時間的にも効率が悪く，教材の可否の判断や授業計画の立案は困難である．

　また，下記に述べる利用形態のうち，クラス授業との関わりを持つ利用形態では，クラスとして把握する学習者の学習進行状況を教師が把握しておく必要もあるかもしれないし，更に，期末テストなどを行い，成績を出さなければいけないこともある．その場合，学習者データを参考にできることや，試験問題の資料作成を容易にしておくことが求められよう．

　つまり，教材を自分の学生に利用させたいと思う教師は，事前に教材内容を全体的に把握・評価し，学習者の学習状況を知り，習得結果についての試験をしたいなどの要望があると思われる．即ち，それらの計画が可能であるか，あるいは容易であるかを知りたい，開発者に問い合わせたいな

―293―

ど，学習者とは別の要望がある．

一般的に，CALL教材は，予め蓄積された素材，即ち，「閉じられた」学習資源により，学習目的に到達することを狙いとするパッケージ型教材である．一方，学習者は「閉じられた」情報以上の知識を持ちたい，もっと広い・深い内容を学習するために自由に質問をしたいなど，いわば「開かれた」環境で問題を解決したい場合もある．これらの要望をネットワーク環境でのメディア利用として実現できる方法を分類すると表1のようにまとめることができる．

表1　メディア利用の分類

	非蓄積型	蓄積型
目標到達	遠隔授業	CALL教材，VOD
問題解決	テレビ会議	電子掲示板

上記のような学習者の要望に応えるために，授業を担当する教師は，従来の対面式の学習やネットワーク型の学習の長所を生かした利用法を考えることになり，開発側はその支援を検討することが必要となる．

本章では，このような学習者や教師のニーズに対し，利用教師の負担を少なくし，どこまでシステムが支援できるかを見極めることを目的に，当システムを利用（希望）する教師のために，システム・教材提供側としての教師支援体制を3つの視点から検討する．

一つ目は，『聴解：日本の生活「私の年中行事」』の教材は，CALL教材を制御するコンピュータプログラム以外に，文字・音声・映像の各言語素材（と筆者らは呼ぶ）をデータとして持っており，それらの蓄積された資源を「ブラウジング（閲覧）版」として活用し，教師が教材を評価するために非同期型の支援の方法を探る．

二つ目は，教材提供のサーバは，学習者の学習に関わるデータ（学習時間，学習中の得点，ボタンのクリック回数など）を収集・保存している．これらのデータを授業担当教師に提供し，学習者の成績管理や学習状況の把握のために教師を支援する方法を探る．

三つ目は．同期型（非蓄積型）の「テレビ会議」と非同期型（蓄積型）の

「電子掲示板」をサブシステムとして持たせ，学習者・教師・開発者が目的に応じた「開かれた」学習のための使用法を検討する．

即ち，本章では，『聴解：日本の生活「私の年中行事」』の教材を中心として，教師への直接的支援と共に，学習者を支援する教師に対する開発者の間接的支援を目指して，同期・非同期の両型を含む総合的な利用システムを構築することを目指した．

なお，本システムを構築・提供して浮上した課題もあり，研究の一環として継続的にその改善に取り組む必要があるので，システムの細部については今後の変更が生じるかもしれない．その場合には，サイトの適切なページで知らせることにしているが，本稿では，学習者や教師を支援したこれまでの経験から明らかになった成果を述べる．

1節　教材の事前閲覧・視聴・入手・試行の支援

1．1　様々な利用形態

『聴解：日本の生活「私の年中行事」』の教材は，情報通信ネットワーク（インターネット）を使って，学習者が各自のパソコンで個別に勉強することを基本としている．仮にこの形態を，
①学習者が教師指導の範囲外で自らの意思・時間・場所で行う「完全個別学習型」

と呼べば，この他に，授業の一環として教師が密接に関わりながら利用する形態があり，様々な利用法を例示すれば下記のような形態があり得る．
②いわゆる「パソコン室」で，定期的に決められたクラス授業として行う中で，学習者は各自のペースで学習を進める「一斉式授業・個別学習型」，
③授業の前後の予習・復習など，授業時間外の課題として学習者にネットワークによる個別学習を義務付ける「一斉式授業・個別補完型」，
④クラス授業の中で教師用パソコン1台を使い，パソコン画面をスクリーンに投影しながら説明・質問応答して進める「一斉式授業・集団指導型」，
⑤学習ソフトの利用は学習者に一任し，メール等の電子的な通信手段により，授業中や授業時間外に学習者からの質問などに教師がメール等で答

-295-

える「一斉式授業・個別支援型」などである．

　教師が何らかの関わりを持つ②③④⑤の型は，教師の創意工夫により，様々な派生的な利用形態が考えられる．例えば，④「一斉式・集団指導型」では，当然のことだが，学習者個別の学習履歴は保存できない．その派生形態として，印刷物を学習者に配布して学習ソフトの素材のビデオ部分や音声の一部だけを用いる「一斉式授業・素材提示型」も考えられる．

　いずれの形態であれ，教師は学習者を指導する関わりを持つので，本章では教師を指導者として表現する．

1．2　言語素材の事前閲覧・視聴

　タスク内容や台本などの文字素材，「語句説明」の音声素材や画像素材，更にはビデオの映像・音声素材などの言語素材の視聴・閲覧・入手がネットワーク上でできるようにした．図1は指導者用のトップページの一部であり，それぞれの項目をクリックして必要な画面を表示する．

```
日本語CALL教材『聴解:日本の生活「私の年中行事」』の利用について

ここは指導者・教師向けページです．　→　学習者向けページはこちら Click

試験運用中や開発途中のものも含まれています．進行状況は，このページでお知らせします．
●コミュニケーションボード（掲示板）
　○教師・学習者・開発者間の意見を交換する場です．　→　Click
●教材素材などのダウンロード
　○学習ソフト中の動画：42種類のスキットのビデオ教材（WMVファイル）　→　Click
　○学習ソフト中の絵：「語句の説明」で用いたイラスト以外の静止画（JPEGファイル）　→　Click
　○学習ソフト中の語句の音声：「語句の説明」で用いた音声（WAV/MP3ファイル）　→　Click
　○学習ソフト中の文字素材：タスク内容や台本などをコース毎に文字化した資料（Word/PDFファイル）　→　Click
```

図1　指導者用ページの例

　教師からこの支援システム利用の希望が寄せられたら，数回の打ち合わせを行い，指導者と開発側の信頼関係を作った上で，指導者用のIDとパスワードを利用希望の教師に知らせ，言語素材を提供する．この支援システムでは以下のことが指導者には可能である．

—296—

第14章　ネットワークを利用した授業の担当教師への支援

以下の各図はそれぞれの画面例である．このメニューから，以下の4種類の素材を閲覧・視聴し，更にそれらをダウンロードできる．
（1）「語句説明」の語句の音声（図2）

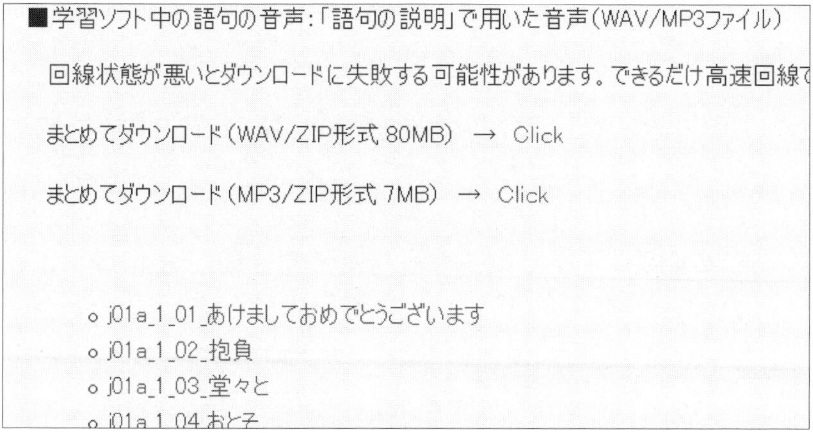

■学習ソフト中の語句の音声：「語句の説明」で用いた音声（WAV/MP3ファイル）

　回線状態が悪いとダウンロードに失敗する可能性があります．できるだけ高速回線で

　まとめてダウンロード（WAV/ZIP形式 80MB）　→　Click

　まとめてダウンロード（MP3/ZIP形式 7MB）　→　Click

　　○ j01a_1_01_あけましておめでとうございます
　　○ j01a_1_02_抱負
　　○ j01a_1_03_堂々と
　　○ j01a_1_04_おとそ

図2　「語句説明」の語句のリストの表示例

コース名とスキット名の右に，音声内容が文字として示してある．一つ一つをクリックして，音声を確かめることができる．ファイル形式は，「WAV」と「MP3」の2種類がある．
（2）ビデオ素材の事前視聴（図3）

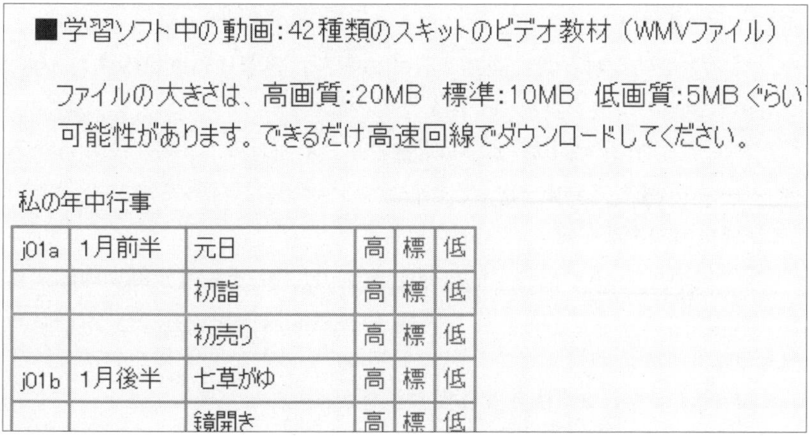

■学習ソフト中の動画：42種類のスキットのビデオ教材（WMVファイル）

　ファイルの大きさは、高画質：20MB　標準：10MB　低画質：5MBぐらい
　可能性があります．できるだけ高速回線でダウンロードしてください．

私の年中行事

j01a	1月前半	元日	高	標	低
		初詣	高	標	低
		初売り	高	標	低
j01b	1月後半	七草がゆ	高	標	低
		鏡開き	高	標	低

図3　「ビデオ素材の事前視聴」の画面例

スキット毎に，受信環境に応じて，「高」（高品質）「標」（標準）「低」（低品質）の3種類から選ぶ．それぞれのファイルの大きさのおおよその違いは，高品質が20MB，標準が10MB，低品質が5MBである．
（3）文字素材の事前閲覧（図4）

■学習ソフト中の文字素材：タスク内容や台本などをコース毎に文字化
回線状態が悪いとダウンロードに失敗する可能性があります．できるだ
まとめてダウンロード（Wordファイル/ZIP形式 80MB） → Click
まとめてダウンロード（PDFファイル/ZIP形式 7MB） → Click

私の年中行事

j01a	1月前半	元日 初詣 初売り	Word	PDF
j01b	1月後半	七草がゆ 鏡開き 成人の日	Word	PDF
j02	2月	節分 建国記念の日 バレンタインデー	Word	PDF
j03	3月	ひな祭り 春分の日 年度末	Word	PDF

図4 「文字素材の事前閲覧」の画面例

5種類のタスク（発話順序選択，ヒントつき質問，会話文の「空欄補充」，要約文の「空欄記入」，4選択肢式の「テスト」）や「語句説明」「補足的な説明」などの文字素材を読むことができる．1コース・3レッスン分をまとめ，タスク毎に正解と共に記述されている．言語素材の原稿作成者から，システム担当者に渡す資料の一部となる内容である．

なお，学習画面のふりがなは，閲覧者が日本語教師であるので，言語素材としては記載していない．

（4）静止画の事前閲覧

「語句説明」に用いられた静止画のうち，イラスト以外の静止画像を見ることができる．イラストの教材利用（ビデオと語句説明）については特別な許可を得たが，教師にダウンロードすることまで許可を得たわけではないので，「ブラウジング版」では掲載しなかった．

（5）「点検モード」による教材点検

以上の各言語素材を閲覧・視聴後に，指導者は学習者が実際に学習する画面で学習の方法を確認する必要がある．「三ラウンド制」に基づき決められた順序でタスクを行うシステムを「インターアクション版」と呼び，その学習形態を「学習モード」と呼んでいるが，指導者が教材全体を把握したい時に学習者と全く同じ方法で行うことは時間的に効率が悪い．「学習モード」とは別に，開発者が開発過程で教材を点検するために使う「点検モード」をシステムは持っている．「点検モード」は，コース内のどのステップでも，どのタスクでも任意に移動できるので，学習内容・方法を効率よく確認することができる．指導者の要望により，「点検モード」のUserIDとPasswordを知らせることにより，指導者が事前に試行するための支援にも利用することができる．

(6) その他の支援

指導者と開発者との連絡・問い合わせなどを目的として，個別の電子メール以外に，指導者は開発側のメーリングリストに参加することができる．

更に，ネットワーク利用が困難な学習環境の場合には，学習ソフトをCDとして利用する方法もある．「年中行事」の教材は，言語素材とプログラムのコースウェア全体が1枚のCDに収まるので，CDを学習者個別に貸与する，あるいは指導者が教室にCDを持ち込んで使うことにより，ネットワークで行うこととほぼ同等のことができる．この場合には，学習履歴を残すことはできないが，それでも利用したいという指導者には，開発側でCDを作成して一時的に貸与することなど，指導者からの要望・意見に基づいた支援をそれぞれの状況に応じて検討することにした．

1．3 利用についての留意点

指導者が上記の支援の趣旨を十分に理解する必要がある．不正な利用や拡大解釈による素材の流出などを防ぎ，「インターアクション版」の利用に支障がないことを確認しなければならない．支援システム利用の希望の申し出が管理者に届いた後，メールにより利用の概要や留意点を確認し，開発側の信頼関係を作るため，指導者には以下の点を理解してもらった．

(1) 視聴・ダウンロードは，信頼関係が成立した指導者だけが行う．指

導者は，ビデオ・音声・文字を視聴・ダウンロードできるパソコンを所有し，必要な操作をする知識・技能が必要である．
（2）「聴解」練習の性質上，文字素材の印刷物を利用学生に配布しない．ただし，問題・解答用紙として，原本を指導者が編集（正解を削除するなど）して配布する場合もあるので，その場合は必ず回収する．他の学生や次年度の学生に印刷資料が出回ることにより，本教材の趣旨が損なわれることがないように，指導者は緒資料の適切な管理に十分に努める．
（3）ダウンロードした後のビデオ・音声・印刷素材などは，他の教師に閲覧・視聴させてもよいが，ダウンロードした教師（指導者）以外への配布（複製物を含む）はしない．
（4）利用の実態にそぐわない事態が生じる場合や，授業計画の変更が必要な場合は，開発側と指導者で協議し，解決のために双方で努力する．
（5）教材の改善や研究目的のため，受講者への「印象評定調査」をネット上で実施することに指導者は同意・協力する．
（6）指導者は，実施についての問題点や印象などを開発側に報告する．
（7）指導者がダウンロードした教材素材や資料（CDなどを含む）は，授業終了後，廃棄する．
（8）指導者が継続的な利用を予定する場合は，その旨を開発側に申し出て，ダウンロードした資料は引き続き適正に保管する．

2節　学習履歴に基づく学習指導の支援

　当システムは，個別利用者にせよクラス利用者にせよ，ユーザ毎（学習者別）に学習状況を把握するため，学習履歴DB（データベース）を持っている．つまり，学習者の個別のUserIDをもとに，loginした最新日時，「テスト」の得点，学習にかけた時間などのデータをサーバに保存している．どのユーザがクラス利用者であるかが分かれば，データを整理して，学習者個別の学習進行状況を表計算ソフトとして教師に提供することができる．そのためにも，クラス毎のID発行が必要になる．そのデータを整理して，表計算ソフトとして指導者に提供し，クラス授業としての成績に学習

履歴のデータを反映させ，教師が学習者を指導する資料として利用することができる．

(1) クラス管理のためのIDの事前発行

「完全個別学習」の学習者とクラス利用の学習者と区別し，クラスの管理・運用を容易にするために，クラス利用を計画する教師（指導者）には，利用前に，クラス受講生の人数のUserIDとPasswordを予め発行・通知した．具体的な手順は，①指導者はシステム管理者にクラス（授業）での学習希望者数を通知し，②システム側は希望数のUserIDとPasswordを指導者に通知し，③指導者は送付されたUserIDとPasswordをクラス受講生に個別に配布し，適正なパスワード管理を行ってもらった．クラス学習者がパスワードを失念した場合は，指導者から伝えてもらい，システム側から伝えることはしなかった．

(2) 教務資料の作成

例えば，login日時や学習時間の合計を見て，最近はあまり勉強していないと判断できる学習者には，学習促進を指導者から働きかけるとか，「テスト」得点が極端に悪い場合は，学習方法に関する助言を指導者がするとかの利用が考えられる．また，送付された学習履歴データを見て，指導者がクラス授業の結果（成績など）の一部に，当システムの学習データを反映させることもあるかもしれない．これらの教育事務（教務）に関わる作業の負担を軽減するための支援として，学習者の学習履歴を個別にまたはクラス単位で整理して，指導者に通知したケースもある．学習履歴のデータをどのように利用するかは，指導者に一任した．今後はその自動化がどこまで可能かの課題がある．

3節 テスト問題作成の支援

学習ソフトの内容を期末試験などに出題し，その得点を成績評価に利用したい場合，出題したい素材を選択したり，選んだ素材を手元に残したり・編集したり，などの作業が必要となる．この作業を簡易化することが指導者の負担を軽減することになると考え，本システムでは，「語句の説

明」から，3種類の試験問題を自動生成し，出題音声や問題用紙の原型を提供した．いずれも35問を自動的に生成する．「年中行事」の場合は，コース1～コース7を中間試験用，コース8～コース14を期末試験用として，画面からどちらかを指導者が選択すると，ランダムに問題を生成し，画面に表示されるので，指導者は各自のパソコンに保存して試験に用いる．

（1）試験1

「語句の説明」の音声を聞いて，「ひらがな」または「漢字交じり」で答える「語句音声の書き取り」問題（図5）である．

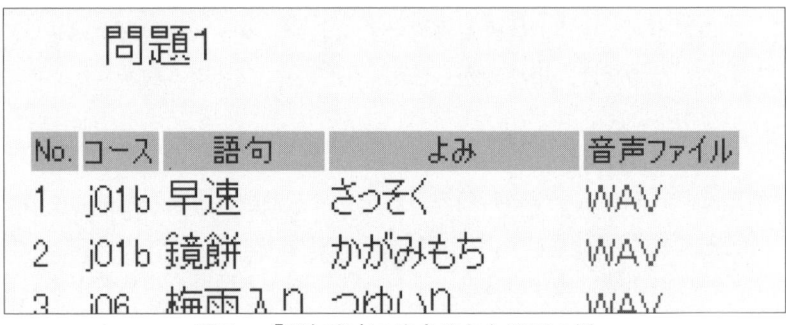

図5　「語句音声の書き取り」問題の例

（2）試験2

「語句の説明」の読み方をひらがなで答える「語句音声の書き取り」問題（図6）である．

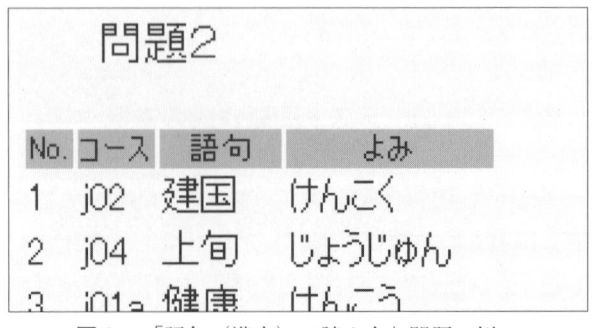

図6　「語句（漢字）の読み方」問題の例

（3）試験3

「語句の説明」の意味を，ひらがなまたは母語で答える「語句（漢字）の読み方」問題（図7）である．

No.	コース	語句	よみ	説明（日）	説明（韓）
1	j02	義理	ぎり		
2	j01a	実際	じっさい		
3	j01a	新年	しんねん		
4	j02	面	めん		
5	j01a	汁粉	しるこ		
6	j03	実家	じっか	自分が生まれ育った家。または、自分の父母が住んでいる家。	자기가 태어나 자란 집. 또는 자신의 부모가 살고 있는 집.
7	j01a	のん気	のんき	あまり物事を深刻に考えないで、のんびりしている様子。	무사 태평. 만사 태평.

図7　「語句（漢字）の意味記述」問題の例

出題問題と正解は同じページに記載した．問題1の音声は，指導者側でダウンロードする．問題2と問題3は，画面に表示された問題を，指導者がコピー・ペースト操作で，ワープロに貼り付けたあと，不必要な部分を削除し，必要な事項（氏名，番号，指示文など）を書き加え，試験問題の用紙を準備する．試験問題を自動生成して指導者に提供するが，問題の利用数や試験の実施方法は，試験実施者（指導者など）に一任する．

4節　テレビ会議システムによる支援

CALL教材は，学習内容がパッケージ内に保存されている素材（コースデータ）に限られるので，学習者ごとに異なる発展的な質問には応じることができない．この点を解決するための一つの方法として，テレビ会議方式のシステムを準備した．

ネットワーク端末（パソコン）のホームページ閲覧ソフトを使って，サーバが提供するNetCommunicationシステムによりブラウザ画面上の「会議室」に入り，参加者（最大5人）のお互いの顔を画面上で見ながら，会話を交わすことができる．このシステムを利用するために，顔が写る小型のウェブカメラと音声用のヘッドセットを別途準備しておく必要がある．
　このシステムは，インターネットのホームページが視聴できる環境が整っていれば，高価な装置を使わないでできる簡易な方法である．利用のために必要な機材を追加した後は，学習者同士，学習者・教師，教師・開発者の情報交換・意見交流のためにも利用できる．事前に，交流の時間を決めておく場合，利用予約のありかたを整備しなければならない．また，1回に参加できる人数の制限から，一人の教師が多人数に対応するためには何度も「会議に参加」しなければいけないので，教師の負担は大きくなる．

4．1　必要な環境

　このシステムを利用するには，自分の声を相手に送り，また相手の声を聞くために，スピーカーとマイク（またはヘッドセット），自分の映像を相手に送るための「USBカメラ」が必要である．その他，回線状態が悪い場合，特に国際間では映像や音声が遅延することがあるので，文字だけの通信による「文字チャット」を同時に用いることができる．「年中行事」のUserIDを持っている人なら，「年中行事」のサイトに一旦アクセスして，その中に入っている「テレビ会議」をクリックするだけで，使用が可能となっている．以下は，その詳細である．

（1）パソコン

　参加者各自が日本語のホームページを閲覧できるパソコンの本体（OSはWindows），表示装置，ホームページ閲覧ソフト（ブラウザ）が必要である．パソコンのOSがWindowsなら問題はないが，それ以外の要件（例：アップル社のマックやNetscapeのブラウザ）では不都合が起きるので，表2の要件を推奨する．

表 2 必要なパソコン環境

項目	要件
CPU	Pentium または相当品
メモリー	32MB 以上
OS	Windows98, ME, 2000, XP
ブラウザ	Internet Explorer 5.0 以降
回線速度	1.5Mbps 以上

（2）パソコンに接続できるカメラ

　パソコンの上などに置く小さいもの（顔が映る程度）でよい．高性能のカメラは動画の送信に負荷がかかる．日本円で数千円のもので，USBでつながればよい．動画が写せるデジカメでもよい．そのカメラがそのパソコンで作動するために，ドライバー（カメラ駆動用のソフト）をインストールしなければならない．

（3）マイク

　パソコン購入時に付属しているものでよい．できればヘッドセット（マイクとヘッドホンが一体になっているもの）のほうがよい．スタンド型のマイクはハウリング（マイクがスピーカから出る自分音を拾ってピーっという音が出ること）しやすい．

　マイクの音が入力できる設定になっているか，音声が出力装置（スピーカではなく，ヘッドセットが望ましい）から出るようになっているか，「ミュート」になっていないか，などのパソコンの音声の設定を確認する．

　なお，ヘッドセット（マイクとイヤホン）とカメラの接続の手順については，「①マイクとイアホンをそれぞれパソコンの入力端子に挿入し，②会議室に入り（下記3を参照），マイクの音量メータが画面上で反応していることを確認した後，③カメラをUSBで接続する」と，うまくいったケースもあり，これらの手順にも注意する必要がある．

（4）日本語文字の入出力機能

　「チャット」（通信中に文字による即時やり取り）も可能なので，テレビ会議用につないだパソコンで日本語の読み書きができることが必要であるが，日本語のホームページが閲覧できるパソコンであれば問題はない．

（5）ネットワーク端末機能（できれば，高速な環境）
　ネットワーク接続が可能な機能を有し，できるだけ，高速な通信環境で使えるネットワーク端末（パソコンに情報コンセントやネットワークケーブルが接続できる環境など）が望ましい．自宅から電話回線を使ってそれぞれの接続ポイントに一旦つないだ後，サーバの「会議室」に入ることも可能だが，各国からサーバまでの通信状況しだいでは，速度が遅く，回線の切断が生じるなど十分なやり取りができない可能性がある．

4．2　「会議室」へのログイン
　一度，参加予定者がひとりで「会議室」に入って，各自の環境が整った(準備ができた)ことを確認する．
（1）NetCommunicationシステムに接続されたら，サイトの画面（図8）が表示される．「ネットルーム」を「利用する」前に「利用規約」など読んで，留意点などを確かめる．

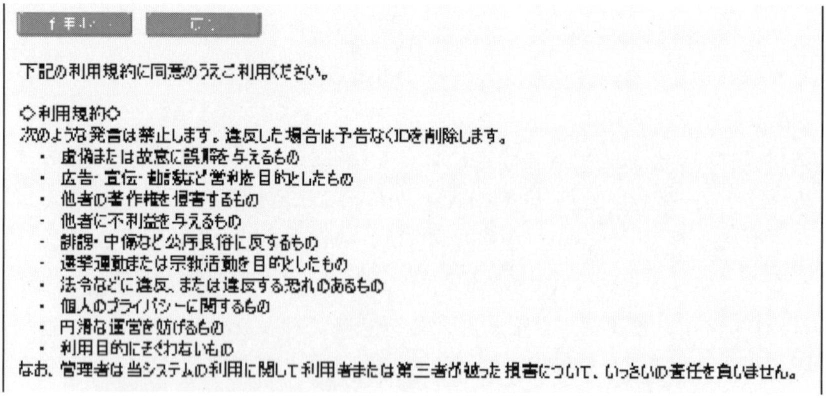

図8　NetCommunicationシステムを「利用する」前の画面

（2）「利用する」を選び，「会議室」（Room01からRoom07）のどの「部屋」を使うかを選ぶ（図9）．

第14章 ネットワークを利用した授業の担当教師への支援

図9 ネットルームの選択の画面

（3）会議室の画面（図10）で指示に従っていくつかの設定（自分の名前を入力など）をする．

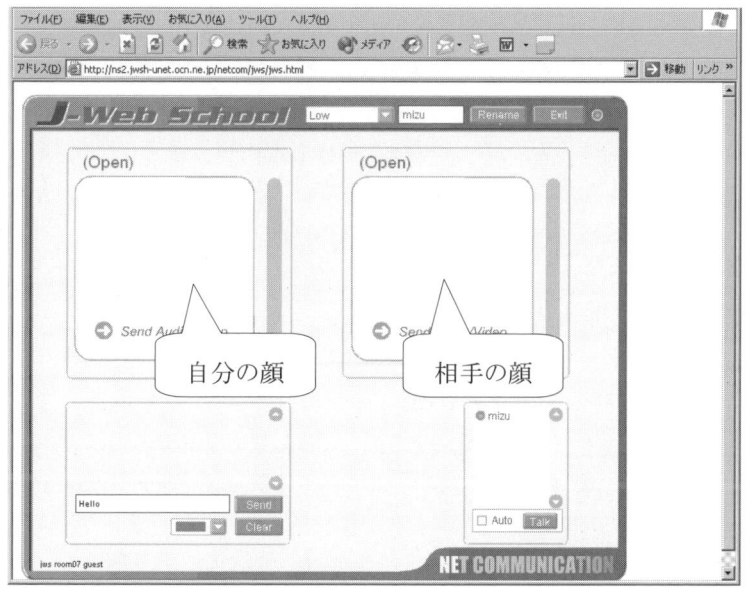

図10 「Room07 1対1 二人まで」の会議室画面

−307−

設定後は
①自分の顔が画面に出ること，
②音量メータが動いていること
を確かめる
（4）以上が確認できたら，準備ができたことになる．複数の参加者（クラス担当教師・開発者・他のクラス受講生など）と交信する「会議日」の日程調整やどの会議室を使うかなどを事前にうちあわせることも必要である．

4．3　不具合への対応

（1）システムの性能と通信状況

　回線の状況により，映像がスムーズに動かない場合や，音声やチャット機能がうまくいかない場合もある．映像送信をもっとも遅い設定にすれば，いわゆる「コマ落ち」状態（画面の動きが滑らかでない）となるが，会話が成立するように，音声の通信を優先することにしてある．

　音声が途切れた場合，文字チャット機能を使えば，最低限の意思の確認は可能であるが，通信回線や状況により遅延が生じる場合もある．映像も音声文字チャットも機能しない場合は，一旦接続をやり直すとか，後日，再度挑戦することになる．

　なお，このシステムでは，ビデオに収録した内容を送信したり，印刷物や文書ファイルなどの資料を提示したりすることはできない．

（2）カメラで自分の顔が画面に映らない場合の対処方法

　カメラ（またはデジカメ）が作動しない場合は，次の方法で各自の設定を確かめることが解決策となる場合もある．

　①「スタート」→「マイコンピュータ」を右クリック→「管理」
　②開いた「コンピュータの管理」のウィンドウで
　③左ペイン（欄）の「デバイスマネージャ」をクリック
　④右ペイン（欄）の「イメージングデバイス」をダブルクリック
　または，
　①'「スタート」→「設定」→「コントロールパネル」
　②'開いた「コントロールパネル」のウィンドウで「システム」をダブ

ルクリック
③'「デバイスマネージャ」タグをクリック
④'表示された中から「イメージングデバイス」をダブルクリック
⑤'そこに，当該カメラ・デジカメの名称が表示されているか
⑥'×や！がついていないか
　上記の操作をして，表示されていない場合や，×や！がついている場合は，ドライバーを再インストールしてみる．表示されていて，×や！もついていないときは正しく認識されている．
　この場合の注意点としては，ログインの後にカメラ・デジカメをつなぐと認識しない場合があるので，先にカメラ・デジカメをつないでから，テレビ会議室にアクセスする必要がある．

4．4　その他の設定

（１）ブラウザ上に，「Cookieが使用できる状態でご利用ください」と表示された場合には，
ブラウザのメニューバーから
　①ツール→インターネットオプション→プライバシーにして，
　②既定ボタンをクリックする．プライバシーのことが気になる場合は，後で，スライドバーを一番上にして，「すべてのCookieをブロック」する．
（２）JavaScriptを有効にするために，
ブラウザのメニューバーから
　①ツール→インターネットオプション→セキュリティ
　②既定のレベルボタンをクリックする．
これもセキュリティのことが気になる場合は，後で，スライドバーを「高」にする．
（３）通信状況
　インターネット回線は多数の人で共有するので，使っている人が多いときは遅く，少ないときは速くなる．また，曜日・時間帯で異なる場合もある．例えば，「上り」（端末機からサーバの方向）の測定は，600KBの場合，

1回目の測定は32.52kbps，2回目は45.46kbps，3回目は40.79kbpsであった．この程度の変動は問題ないと思われる．システムの開発企業での3回の測定値は，
上り　①回目　4410kbps　②回目　4400kbps　③回目　4490kbps
下り　①回目　3223kbps　②回目　3382kbps　③回目　3094kbps
であった．「下り」はサーバから端末機への方向を意味する．

　台湾との交信を試みたときには，測定値が「上り40kbps前後」であり，思っていたより低い値であった．「下り」はもう少し高い数値が出ると思われるが，現行システムを低速回線に対応する必要がある．

5節　電子掲示板による支援

　教材に関する質問などは，「テレビ会議」を利用する以外に，電子掲示板を利用すれば，学習がより発展すると思われる．発行されたIDとパスワードがあれば誰でも利用できるので，クラス受講生同士はもとより，クラスの受講生以外の「年中行事」学習者と交流することができる．キーボードからの日本語文字入力ができる人に限られるので，利用者・受講生の任意の利用となる．クラス受講生に利用させるかどうかは，指導者（クラス担当教師）の考えで決める．開発者と共に，各指導者も負担のない程度に投稿すれば，より活発な議論が期待できる．

　利用規約として，利用前に下記（図11）を掲載した．システムとしては，中国語や韓国語による投稿も可能であるが，日本語学習という目的があるので，日本語による投稿に対してのみ，開発側からの返事をすることにしている．

　「同意する」をクリックすれば投稿画面（図12）となる．

第14章　ネットワークを利用した授業の担当教師への支援

次のような書込みは禁止します．違反した場合は予告なく削除します．
  1. 虚偽または故意に誤解を与えるもの
  2. 広告・宣伝・勧誘など営利を目的としたもの
  3. 他者の著作権を侵害するもの
  4. 他者に不利益を与えるもの
  5. 誹謗・中傷など公序良俗に反するもの
  6. 選挙運動または宗教活動を目的としたもの
  7. 法令などに違反，または違反する恐れのあるもの
  8. 個人のプライバシーに関するもの
  9. 掲示板の円滑な運営を妨げるもの
  10. 掲示板の利用目的にそぐわないもの
なお，管理者は掲示板の利用に関して利用者または第三者が被った損害について，いっさいの責任を負いません．
＜以下，省略＞

図11　電子掲示板の利用規約

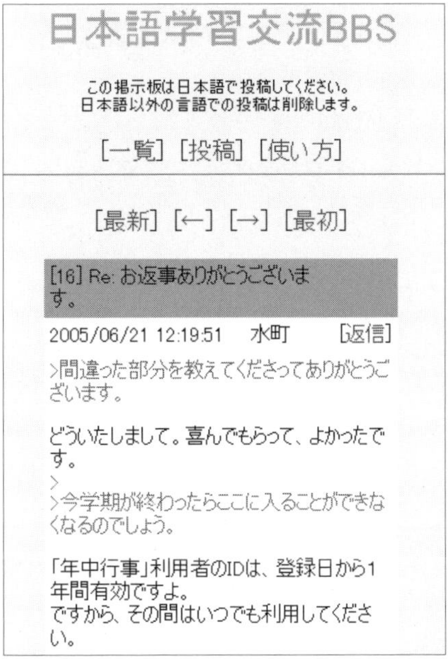

日本語学習交流BBS

この掲示板は日本語で投稿してください．
日本語以外の言語での投稿は削除します．

［一覧］［投稿］［使い方］

［最新］［←］［→］［最初］

[16] Re: お返事ありがとうございます．

2005/06/21 12:19:51　水町　　［返信］
>間違った部分を教えてくださってありがとうございます．

どういたしまして．喜んでもらって，よかったです．
>
>今学期が終わったらここに入ることができなくなるのでしょう．

「年中行事」利用者のIDは，登録日から1年間有効ですよ．
ですから，その間はいつでも利用してください．

図12　電子掲示板の投稿例

−311−

電子掲示板については，筆者自身が質問に回答するようにしているが，日本語入力や日本語文作成能力等，学習者には投稿への「壁」があると思われる．いずれの場合でも，開発者・教師側から利用に関する動機付けや利用促進について，「壁」を低くする工夫が求められる

6節　本章のまとめ

本研究では，教師支援を次のように行った．
(1) 教材・資料などの素材の事前閲覧・視聴・入手
　教師支援－1として，①ビデオ素材の視聴，②「語句説明」のリストと音声試聴，③会話文・テキスト等「文字素材」の閲覧
(2) 試験問題の生成と問題用紙作成の支援
　教師支援－2として，生成された試験問題を教師が利用するため，出題問題と原稿の入手手順と共に，①問題1（「語句」を聞いて，単語を書く），②問題2（「語句」を読んで，単語の読み方を書く），③問題3（「語句」を読んで，単語の意味を書く）が表示される．
(3) 学習履歴の教務資料化
　教師支援－3として，学習履歴のデータを収集し，整理し，教師が学習を指導するときの参考資料を提供した．なお，この整理のための自動化を現在検討中である．
(4) テレビ会議システム
　教師支援として，同期型システムを提供した目的は以下の通りである．
・学習者同士，学習者・教師，教師・開発者の情報交換・意見交流のために利用する．
・参加者相互の自由な発言により，予め話題を特定せずに，学習内容を広げる
・パッケージ型の学習資源以外についても，質問・応答により，学習内容を深める
・互いに顔を見て声を聞くことにより，母語話者との対面的な交流や教師の直接的な指導を可能とする

(5) 電子掲示板

　教師支援として，非同期型システムを提供した目的は以下の通りである．
・学習者同士，学習者・教師，教師・開発者の情報交換・意見交流のために利用する
・参加者相互の自由な発言により，予め話題を特定せずに，学習内容を広げる
・パッケージ型の学習資源，またはそれ以外の質問・応答により，学習内容を深める
・意見交換・交流の経過を文字として残し，投稿者以外の人にも資料を提供する

　「私の年中行事」教材の「ブラウジング版」として，言語素材の「事前閲覧・視聴」と「試験問題作成」，学習者履歴データの「教務資料作成」の支援は，韓国の大学での日本語クラス実践の支援（第12章）に用い，それぞれが有効に機能したことを確認した．
　「テレビ会議」と「電子掲示板」の利用については，学習者からの積極的な利用は，学習者のハードウェア環境や日本語入力の技能などが不十分であるとの指導者の判断を優先したため，クラス全体の利用を強く求めることはしなかった．今後，テレビ会議システム利用のための「利用予約」などの環境整備や，利用促進のための指導・改善が課題として残った．

う．この資料が今後の日本語CALL開発を予定する日本語教師の参考になれば幸いである．

第15章

日本語CALLの開発・利用に関する総合的な考察
──ネットワーク利用の日本語教育支援モデルの提案──

　これまでの章で述べた日本語CALLのいくつかの教材とシステムの開発・利用に関する成果と課題を全体的にまとめ，日本語CALL教材の開発・利用や教師・学習者への支援システムに関して，日本語教育における総合的な支援モデルを提案する．

1節　各章の要点

　各章の要点を記し，研究の成果と課題を整理する．なお，各章の記述に用いた主な論文を本章末に記した．

1.1　第1章

　現代の「情報（化）社会」の複雑化した状況の中で不可欠で中心的な要素となっているコンピュータは，種々のソフトウェアにより多様な機能を有して個人が身近に使える複合的なメディアとなった．特に，情報通信技術の普及により，他人からの情報の受容・受信と共に作成・送信の機能を持つコンピュータの課題は広範・多岐にわたっている．利便性としての「光」とその「影」に，人間がいかに付き合うかが問われているのは，日本語の教育や学習においても例外ではない．

筆者は，電子メディアを「音声・動画・静止画・文字の各種のデジタル化した情報を伝達する技術を具現化した媒体」と捉え，複合的・統合的な電子メディアとして，「送と受」の双方向性を有するマルチメディア（multimedia）を利用した日本語の学習・指導や研究・教育への適切な対応が課題となっていると認識し，「教育・学習を支援する道具」としての電子的な「教育メディア」の利用を考察した．

　「教育（教師）から学習（学習者）へ」と視点が移り，パソコンやインターネットを利用した教育や学習に注目が集まり，多くの用語・意見・議論が交錯している中で，言語教育における「学習支援」の議論を踏まえ，言語をコンピュータで学習することに関する研究をCALL（Computer Assisted Language Learning），また「情報通信ネットワークを用いたマルチメディアによる教育・学習」をe-Learningと捉え，学習者にとっての理想論と教師側の現実論とのバランスの上に成立するとの観点から，日本語教育における電子メディア利用を論じた．

　更に，日本語CALLの基盤となる日本語教師と日本語学習者への調査と共に，日本語教育に関連する研究分野を概観し，日本語教育の研究として取り組まなければならない課題を取り上げた．一連の教授活動の中で，メディアの特徴や学習方法や素材についての見識を持ちつつ，最も効果的で最善の環境を整えることが，学習の支援者としての日本語教師の役目であることを指摘した．

1．2　第2章

　言語の教育や学習におけるコンピュータ利用について，様々な要因が関係し複雑な様相を呈している中で，日本語CALL研究に関わる用語，言語スキルとコンピュータの機能との関連，日本語CALLの取り組み方，マルチメディアの日本語CALLの現状，及び日本語CALLが抱える課題を整理した．

　学習者の目的・ニーズ・学習方法・教育内容，環境などの多様性を指摘し，コンピュータ利用に対する教師の姿勢が，学習者への適切な指導の基本となると結論づけた．

1．3　第3章

　本章以降では，コンピュータを言語学習に利用する上で，学習者と教師の間の接点やシステム開発側の工夫・配慮を念頭に置いた日本語CALLシステムの具体的な方法を提案しつつ学習・教育論を展開した．
　コンピュータで「教える」ことの取り組みは，ドリルモードでの反復訓練やチュートリアルモードで学習内容を「教える」ことを基本とし，基本的な要件として，言語教育における文字使用に関わる情報の提示機能について，日本語CALLの学習支援の視点から，コンピュータで日本語の文字を提示する方法と意義を検討し，下記の結論を基本的な視点とした．
（1）コンピュータが持つ文字提示機能は，日本語学習者の「文字による学習」に活用できるものの，有効な学習支援となるための内容と提示方法を工夫する必要がある．
（2）文字データを学習促進の支援として活用するためには，入出力に関する適切なプログラミングと共に学習目的や利用法などを明確にする必要がある．
（3）文字データベースの利用により，コンピュータの日本語文字の検索と表示の機能は，日本語学習の支援に活用することができる．

1．4　第4章

　情報提示の機能を単なる「ページめくり機」としないためには，コンピュータが持つ「双方向」機能を更に強めて，解答入力とその正誤判断をする機能が言語習得に不可欠であるとして，日本語動詞の活用部分の習得を目的とし，学習者の文字入力解答が可能で，しかも入力文字を最小限とする学習ソフト（コースウェア）のプログラミングに取り組んだ．
　英語母語話者の日本語学習者を対象とし，日本語動詞句の「活用部・テ形・レル／ラレル形」部分のみをキーボードからの解答入力とする2方式（①ローマ字で解答を入力する「ローマ字解答モード」，②ローマ字入力・ひらがな変換の操作により解答を入力する「ひらがな解答モード」）により入力文字の正誤判定をするドリル形式の学習ソフトを開発・試行して下記の点を明

らかにした．
（1）強変化動詞と弱変化動詞の日本語動詞句の形態を分割し，「活用」の中心となる部分の文字入力により，コンピュータでの動詞の練習が可能である．
（2）キーボードからの最少入力文字による解答形式のドリル型は，プログラム作成が簡単である半面，学習が単調となり，コースウェア利用の学習者の練習目的により学習ソフトの価値判断が分かれる．
（3）動詞の習得には多様な内容と方法があり，学習者は，例文や音声など，多様な情報を多面的に提示できるマルチメディアを用いたコースウェアを求めている．

1．5　第5章

　動詞の習得のための多様な内容を日本語CALLで実現するため，学習者の操作上の負担を軽減するための簡易な解答方法のあり方を，学習ソフトの自作・試行を通して検討した．

　簡潔な情報提示，学習者の入力負担の軽減，及び学習効率の点から，解答入力方法のあり方として，①キーボードからのローマ字入力・ローマ字解答，②キーボードからのローマ字入力・「かな」解答，及び③マウスによる「かな」入力・「かな」解答の3方法を開発した．試行調査の結果，①は学習者にとって負担が大きく，実用性に乏しいこと，②は日本語ワープロ操作を習得した学習には有効であるが，実用性は限定的であること，及び，③はパソコン操作の知識・技能が不十分な日本語学習者にとっても簡便な方法であり，日本語教育の観点からも有効な方法となり得ることを示した．

　印象評定はキーボード方式もマウス方式も統計的には類似していたとは言え，パソコン操作に不慣れな日本語学習者でもCALLでの学習が可能なシステムは，①パソコン操作に多くの知識・技能を求める必要のないマウスを使うことが適切であること，②文字の選択による出題形式では，ひらがな・カタカナ・漢字のいずれの出題も可能であるので，多様な学習ソフトを作成することができること，③正解語を数種類に限定できるので，誤

答・入力ミスなどの対応が容易であることなどの理由により，学習者の解答入力方法として「マウスによる文字転記方式」が最も簡便であると結論づけた．

この結論に基づいて，「動詞の勉強」のコースウェア（第10章）を作成した．

1．6　第6章

学習者とCALLシステムとの「対話」による学習の中で，入力内容と正誤判断後のフィードバックは自然言語の特性を考えた支援が言語学習を促進すると考えられるため，入力内容に対するシステム側の処理とその結果のフィードバックのあり方に関して検討した．

コンピュータによる自然言語の教育・学習の際の「文字入力による解答」後の教師の採点の柔軟性を取り入れた．即ち，学習者の「誤答」のうち，単純な正誤判断ではなく「許容度」の範囲の解答なら「完全な間違い」と「正解に近い間違い」を判断することが学習効率を上げ，また，学習上の混乱・阻害を避けるための一つの対応策になり得るとして，正解への方向づけを行うための「誤字」検出機能を実現した．

学習者への解答支援としての「誤字」検出とフィードバックは，試行調査から，学習者にとって有効な支援方法であり，日本語CALLに組み入れることが望ましいと結論付けた．

1．7　第7章

言語音声の習得・指導は基本的に教師の指導が不可欠であるが，コンピュータの音声提示と物理的な特徴の視覚化の機能を利用して，学習者の音声言語の習得の支援のあり方を考察した．具体的には，音声分析の装置やソフトウェアを用いて，日本語の韻律の物理的な特徴を画面に視覚的に表示する機能を使って，日本語韻律の知覚と発話の指導に音声機器が果たす可能性と課題を探った．

特に，機械が生成する音声ではなく，人間が発話した音声をデジタル処理して学習・教育に使うことは，言語の認知・理解に活用できることを論

じた.

　一方，産出された発話を機械的に判定することは，限定的な利用方法はあり得るとしても，教育的な配慮を反映した判定の基準や判定後の具体的な改善指導に課題が残ること，また，現実のコミュニケーションにおける聞き手の許容の柔軟性があることを指摘し，信頼すべき判定方法の保障が前提であり，学習場面での最終評価者は教師が最適であり，発話指導にこそ教師の大切な役割があるとした.

　今後の高度な研究により機能の信頼性の向上を期待しつつも，言語教育においては，認知・知覚の学習指導や産出・発話の指導に貢献できる面は限定的と考え，教師との役割分担を考えることが必要であると考えた.

　音声分析装置の使用は音声学の基礎的な知識が必要で，教師の補助的な道具としての利用が基本であり，自動的な発話音声の自動評価には，今後の信頼性の高い装置ができたとしても，教師の関与が不可欠であろうと結論付けた.

　なお，聴解指導に関することは，日本語CALL教材での開発・利用の研究として第9章で論じた.

1．8　第8章

　静止画像（写真やイラストなど）と動画像（映像やアニメなど）などの視覚的な資料は，分節化された言語表現を超えた非言語的な要素を持っているので，言語の教育・学習に大きな役割を果たしている.

　多様な分野を有する視聴覚教育研究や教育工学研究は，視聴覚機器や視聴覚教材（伝達方法）の研究よりも，メディアが持つメッセージ性（伝達内容）と学習者や学習課題に関わる最適な関係を探ることが課題となっているとの認識に立ち，学習素材の内容や提示方法の多様性に応えるコンピュータ利用への期待から，マルチメディアにおける視覚的な資料・教材の作成と利用について，第二言語教育の視点から論じた．つまり，日本語教育の視点から貢献できる視覚資料の作成に焦点を置き，視聴者に利用を一任するe-Learningの支援として静止画や映像資料を提供し，場所・時間・内容を主体的に選択して学習できるコンテンツを素材として提供した．具体

的には，マルチメディアとしてのパソコンの視覚資料の提示機能が言語の認知的な理解に果たす役割を検討する中で，インターネットのホームページに「日本語動詞の絵カード」とVOD (Video On Demand：要望に基づくビデオ配信) 教材『日本語教育学への招待』により，日本語教育における視覚的な資料の作成と利用に関して検討した．

言語教育に効果的な言語資料には専門的な言語知識を有する言語教師の関わりが不可欠であると同時に，著作権や肖像権の問題への対応も求められる．また，高品質な資料の作成・公開には専門的な技術者が必要であり，多くの専門的知識・技能を有する人材の協力体制を構築できるかどうかが問われると指摘した．

1．9　第9章

本書の第8章までは，コンピュータが持つ文字の表示・検索機能，解答文字の入力方法の支援，解答文字の判定方法と結果に対する学習支援，音声による学習・教育，及び視覚的な資料による学習支援について論じた．それらは文字・音声・画（映）像の単一メディアの言語学習に関する基礎としての支援の検討であったが，それらを実用的なコースウェアとして複合的に利用するマルチメディアのあり方を探る必要がある．

音声や画（映）像のメディアを利用する前に，それらを作成する必要があるが，音声素材や視覚資料の作成については第8章で述べた．日本語CALLの言語素材のうち，日本語教師としてもっとも基本となるのは言語（文字）素材の作成である．教育理念・指導の目的や内容や方法・学習支援の方法など，言語教育的な観点が具体的な「かたち」として凝縮されるのは言語素材であり，言語素材の作成に言語教師の専門性が顕著に現れるので，日本語CALLの開発に日本語教師の関与が不可欠であり，むしろ中心的な役割が求められると考えた．また，そのコースウェアを実践する場合には，利用者の利便性と教師が学習状況を把握する観点から，学習者の履歴などの学習管理を検討した．

具体的には，文字・音声・画像を有機的に関連付けた日本語CALL教材とシステムを試作的に開発し，更に，日本語教師がそのようなCALL教材

の言語（文字）素材を比較的簡便に作成するための支援の方法を具体化し，同時に，教材選択・解答方式練習プログラムから呼び出して実行する学習管理の方法などを考察した．これらの試作は，日本語CALL実践の基盤的な研究と位置づけた．

1．10　第10章

　これまでの各章で，日本語CALLの可能性と課題を検討した結果，日本語CALLシステムとして望まれる内容と方法，及び学習支援のあり方についての示唆が得られた．この結果，実用に耐えうる高度な日本語CALLシステムの考え方の基盤を示した．

　学習者の多様化に伴い，教材の不足と共に外国語・第二言語学習者の聴解練習の重要性が指摘され，有益な内容を持ち，効果的な学習ができる教材の開発が求められているとして，日本語CALLの聴解練習用教材について検討した結果，「三ラウンド制の指導理論」(竹蓋 1997)に基づき，日本での住宅問題を話題として取り上げ，聴解練習を中心とした日本語学習用教材『聴解：日本の生活「アパートに住む」』(CD-ROM)を開発した．更に，日本語学習者の特別クラスを編成し，CD-ROMを用いて試行を実施し，有効性と有益性を検討した．

　日本語の習得については，単語の読みと意味の学習が進んだことが示唆され，日本語能力の改善に有効であり，また，印象評定調査では，学習者からの評価も高く，有益な教材であることが分かった．本教材が聴解練習を主とした教材が多面的な要素を持った総合的な日本語学習教材になり得ると位置づけた．

　一方，学習履歴を分析した結果，音声聴取にかけた時間やボタン使用回数の分析から，学習者によって学習状況に大きな差があることが明らかとなった．同時に，言語スキルと言語知識への関心は，学習者と開発側の意図と異なる点があることも分かり，教師の指導の必要性があることも分かった．

1．11　第11章

　『聴解：日本の生活「アパートに住む」』は，CD-ROMのパッケージ型教材であった．試行クラスにおいて，学習効果の上昇と学習者の高い評価を確認することができたが，インターネットを利用した学習の効果や学習者の評定は，日本語の学習者や指導者にとって，どのような差異があるのか，どのような長所・短所があるかを改めて詳細に検証する必要がある．そのため，日本の文化をトピックとする教材を新たに作成し，ネットワークによる日本語CALLの内容と方法の適切さ・不適切さを見極めることを課題として取り組んだ．即ち，「アパートに住む」と同様の指導方法を持ち，異なったトピック内容でネットワーク利用の学習をすることを目的とした『聴解：日本の生活「私の年中行事」』を開発・試行し，その結果を本章から第14章までに分けて述べた．

　本章では，「インターアクション版」の主要部分を中心に，コースウェアの構成や指導内容・方法，トピック内容や聴解練習の基本的な考え方，聴解練習のためのタスク，及び学習の支援に関する概要を述べた．

1．12　第12章

　前章で『聴解：日本の生活「私の年中行事」』の骨格を述べた．パッケージ型とは異なる利用方法となるので，本章では，ネットワーク利用を前提とした教材を利用するための環境と共に，同教材を利用した事例研究（韓国の大学の日本語学習者のクラス運営）を紹介し，ネットワーク型日本語CALL教材の実践例と調査から以下の点が明らかになった．
（1）印象評定調査を通して，受講生が教材に対して好印象を持ったことが明らかになり，当教材は日本語の学習に有効な内容と方法を持っていることを確認した．
（2）当教材が，事前・事後テストの結果，ネットワーク利用による日本語学習に有効であることを示すことができた．また，学習の指導においては，対面式での学習指導と同じく，教師の指導の重要性が明白となった．
（3）主教材や副教材としての利用方法を具体的に示す事例研究を通して，教材利用の形態の多様性があり，教師への支援が必要であることを指摘し

た．

1．13　第13章

　「教材」には，教える材料のもとになる素材と共に，その素材を扱う作成者・教師が考える指導・学習の方法も含まれるので，教材の開発には，教育観や理論的な背景に基づき，教育実践上有益な内容と方法の具体化が求められる．CALL教材の開発は，システム開発の技術論だけではなく，言語教育側からの教育論が不可欠であり，特に，コースウェア（学習ソフト）の開発に必要な基本的な事柄（構成・学習方法・提示順序などの教育上の配慮など）のデザイン，指導システムの方針，開発体制など，教師が取り組むべき様々な課題を整理した．

　本章では，開発プロジェクトで日本語教師が素材を作成し，専門的な技術者がプログラミング等のシステムを構築した「アパートに住む」と「私の年中行事」の開発・実践から得られたことをもとに，作業の内容と流れ，特に日本語教師として開発に関わる時に検討するべき事柄や教師の役割を中心に，「何をどのように作るか」の検討から，具体的な学習ソフトを完成するまでのコースウェア開発の過程を8過程に整理し，教師が取り組むべき内容を多面的・具体的に示すと共に，原稿作成の方針と記述例及びその他の検討内容を述べ，日本語CALL教材開発に関わる指針や手順，更に開発の意義などを明らかにした．

1．14　第14章

　教師が教材を選定するためには，事前に教材の全体像を把握する必要があり，日本語CALL教材の選定の可否に当たっては，ハードウェア環境や運用体制などの諸条件の検討のほか，当該の学習ソフトの可否の判断や授業計画の立案する教師への支援の内容と方法を検討する必要がある．そこで，事前に当該の教材内容を全体的に把握・評価し，学習者の学習状況を知り，習得結果についての試験をしたいなど，学習者とは異なる教師の要望への対応を検討した．

　また，「閉じられた」学習資源によるパッケージ型教材での学習と共に，

「開かれた」環境で問題を解決したい場合もあり，授業を担当する教師は，従来の対面式の学習やネットワーク型の学習の長所を生かした利用法を考えて学習者の要望に応えるための開発側の支援を検討した．

　本章では，このような学習者や教師のニーズに対し，利用教師の負担を少なくし，システムができる支援を明らかにすることを目的に，当システムを利用（希望）する教師のために，システム・教材提供側としての教師支援体制として，『聴解：日本の生活「私の年中行事」』の教材に対する教師への直接的支援と共に，学習者を支援する教師に対する開発者の間接的支援として，同期・非同期の両型を含む総合的な利用システムを構築した．

　即ち，「私の年中行事」教材について，言語素材の「事前閲覧・視聴」，「試験問題作成」，学習者履歴データの「教務資料作成」の支援を行った．この支援体制・利用システムは，韓国の大学での日本語クラス実践の支援にそれぞれが有効に機能したことを確認した．

　「テレビ会議」と「電子掲示板」の利用については，学習者からの積極的な利用は，今後，テレビ会議システム利用のための「利用予約」などの環境整備や利用促進のための指導・改善に向けた課題として残った．

2節　総合的な考察

　以上を更に集約すると，第1章では日本語CALLをとりまく現状を概観し，第2章では日本語CALLの課題を整理した，第3章ではコンピュータの文字提示・検索機能を利用したCALLについて，第4章では日本語CALLにおける日本語文字入力機能について，第5章では日本語CALLでの文字解答の支援方法について，第6章では誤字検出機能を持たせた学習支援について検討した．第7章では音声の入・出力機能を利用した日本語の指導について，第8章では静止画や動画の視覚教材について検討した．第9章では，文字・音声・画像の3メディアを統合化したマルチメディアの日本語CALLの基礎的な整備について，第10章では，特に聴解練習を中心とした高度な日本語CALL教材について検討した．第11章〜第14章までは，情報通信ネットワークを利用した日本語CALLのシステムや教材の開発・利

用方法・実践・評価について検討した．

　その結果，日本語CALLに含まれる3つの支援について明らかにすることができた．即ち，①第二言語としての日本語学習に関わる学習者への支援，②日本語の学習指導を行うための教師への支援，及び③コンピュータや電子メディアが行うことができる管理・運用上の支援，について現状で可能な内容と方法を具体的に示した．

　日本語教師が電子メディアやパソコンやネットワークを活用することに関する研究は，日本語教育の研究としては周辺的な分野と思われているかもしれないが，現実には身の回りに多くの接点があり，日本語教育の本質的な部分が含まれている．筆者はパソコン利用による日本語教育のあり方を考えてきたが，課題は多岐に渡り，その一つ一つが容易に解決できるものではなく，今後も学問分野と科学技術の進歩をにらみながら，その時々の最適な解決法や改善策を模索することが日本語教師・日本語教育研究者に求められていると考えている．

2．1　総合的な支援システムのモデル

　これまでの一連の研究を，日本語CALLに関わる3者（学習者，システム開発・サーバ管理者，教師）の立場から具体的に位置づければ，学習・指導・管理のネットワークによるオンライン活動支援として以下のように要約することができる．

（1）学習者から見たオンライン活動

　学習者には，①個人利用者としての登録手続きを自動化し，(A)課題遂行型学習と，(B)問題発見・解決型学習を選択できる．即ち，(A)の課題遂行型では，②言語素材に基づくコースウェアによる双方向性の強い高度なパッケージ型教材を用い，③ネットワークによるオンラインで個別学習することを基本とし，④学習過程を学習履歴として保存・利用することにより，継続的な学習が可能である．また，(B)の問題発見・解決型では，⑤学習者から自由に質問・意見を発信することができる電子掲示板を持たせて，有限的資源の教材が持つ短所を補うと共に，⑥テレビ会議システムを任意に利用して，対面的な環境で発展的な学習を行ったり，教師・学習

者間の対面的な交流が行える．

　また，⑦教材の学習者評価に関わる印象評定調査にネットワーク上で回答する．

　なお，以上は登録学習者の活動であるが，クラスの授業の一環として利用する学習者には，担当教師による対面授業の機会や期末・中間テストの受験の機会があるが，それらはオフラインの活動として位置づけられ，実施については担当教師に一任する．

（2）クラス担当教師から見たオンライン活動

　クラスとして利用する担当教師は，①開発・管理者と事前に接触して特別なIDを受け取り，②言語素材を事前に点検して教材の可否を判断できる．クラス利用の学習者には，③教師からUserIDとPasswordを通知したあと，④学習履歴の整理の結果を学習者個別またはクラス別受講者の資料として入手し，⑤学習指導や成績評価に利用する．受講生への学習指導として，⑥電子掲示板により，学習者からの質問・意見に対する回答を投稿することができ，⑦テレビ会議システムにより，遠隔授業や対面的な交流を図ることができ．同じく⑧テレビ会議システムにより，サーバ管理者との連絡には通常の方法（メールなど）以外にも，遠隔会議を持つことができる．

（3）開発・管理者から見たオンライン支援

　①言語素材（文字・音声・画像・映像）のデータベースに基づく日本語コースウェア（学習ソフト）を提供し，②その全素材をクラス教師に事前閲覧・視聴等を許して教師の教材評価・選択の資料として提供し，③学習者と教師にIDを発行した上で，④学習者ID別学習履歴の情報を収集し，⑤個別あるいはクラス別に学習履歴を整理して教師の学習指導上の資料として提供し，⑥期末テスト等のためにテスト問題を自動作成してクラス教師に提供する．この他，発展的学習を支援するため，⑦電子掲示板，及び⑧テレビ会議システムを提供する．また，教材やシステム研究のため，⑨印象評定調査の実施・集計を行う．これらを含めて，⑩日本語の学習・教育システムの開発・管理・支援の総合的なネットワークサーバシステムを構築する．

以上の具体的な活動の有機的な関連を簡略に示すため，学習者・開発者・教師の立場から「総合的な日本語教育支援のモデル」の概念図として示したのが図1である．図中の枠内の活動・事項は当システムが支援する内容を示し，矢印はオンラインによる活動・事項の流れを示している．なお，小さな字体で白地の枠で示した活動・事項はオフラインによる活動として，担当教師の授業計画に依存するものである．また，4方向の矢印を持つ事項は，表面化しない開発・管理・支援の機能が存在することを示している．

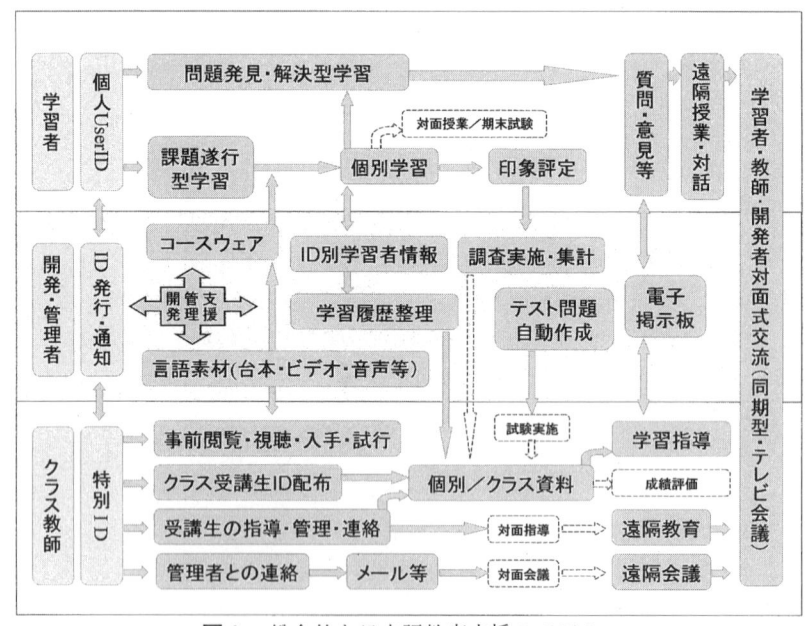

図1　総合的な日本語教育支援のモデル

　この概念図は，本研究で開発・運用し，支援した内容とほぼ同一であり，要約すれば以下の3点を実現・提案したことになる．
　①日本語CALLの基礎的な課題の解決に取り組んだ成果を高度な日本語CALL教材として開発すると共に，特に日本語e-Learningに関して，同教材の個別利用を中心としながらもそれ以外の学習・指導形態を視野に入れ

て，包括的な日本語学習・教育システムを実現した．

　②日本語CALLを個別学習のみに止めず，クラス（授業）担当教師が同教材・システムを用いて学習指導を行うための要件を具体化し，CALL教材を用いた学習指導に関わる教師支援を実現した．

　③学習者と教師の両面から一体的に日本語CALLのあり方を追究し，ネットワークによる日本語の学習・指導・管理に有効な総合的な日本語教育システムを提案した．

　本研究で開発・運用したシステムと支援体制は，詳細な検討が残されている部分があるが，これまで一定の有効性が得られたと考える．日本語e-Learningの一つの総合的なモデルとして十分に機能するためには，更に検証を重ねる必要がある．同時に，利用教師の授業計画との関わりや環境の整備は，教師側の課題として今後取り組んでいかなければならない．

2．2　日本語CALLの開発・利用研究の成果と意義

　日本語教育における電子メディア利用に関する筆者のこれまでの開発・利用研究の成果は下記のようにまとめることができる．

（1）パソコンの諸機能を言語学習・教育の観点から検討し，文字・音声・画像・映像を統合的・有機的に活用して，双方向性の強いマルチメディア利用の日本語教育の取り組み方を具体的に示すことにより，日本語CALLの開発と利用に関する方向性を具体的に示した．
（2）数種類のコースウェアや学習コンテンツを開発し，その学習資源を用いて国内外の日本語学習者に試行し，CALL教材の有効性と有益性を明らかにした．
（3）日本語CALLにおける日本語文字による解答入力とフィードバックに関して，実用性の高い支援方法を具体的に開発・実践した．
（4）高度な日本語CALL教材としてパッケージ型とネットワーク型の2種類のコースウェアのそれぞれの長短に応じた学習・教育のあり方を示した．

（5）日本語教育及び日本語学習を包括的に捉え，特にe-Learningにおける日本語学習者への支援及び日本語教師への支援に関わる内容と方法を具体化し，国内外の日本語教育の促進に実質的に貢献した．
（6）学習の形態とメディアの形態及び教師の指導形態を日本語教育の支援システムとして総合的に捉えて，全体を有機的に関連付けた．

2．3　日本語CALLの開発・利用研究の課題

　すでに述べたように，電子メディアやネットワーク利用の長所・短所は様々あるが，本研究の結果から明らかになった主な課題を開発側から整理すると以下の項目が挙げられる．
（1）教材の開発
・理想（学習者の要望・電子メディアの長所の活用等）と現実（サーバ運用者・教師の負担，学習資源の短所等）の接点となる内容と方法を日本語教師が模索し続ける．
・教育・教材の質に関する評価と指導のあり方を踏まえた教材の開発に対する日本語教師の力量を向上する．
・個別学習と協調学習あるいは対面式の学習と指導との関わりの中で，電子メディア利用の長所と短所を総合的に検討し，相互補完のあり方を具体化する．
・専門家による教材開発支援体制を構築し，学習レベルや習得目的に応じた多様な要望・視点からの高度なCALL教材を質的・量的に充実させる．
（2）支援サーバの開発と利用
・開発組織、利用機関、及びサーバ提供者の役割分担と共に，教材・システムの永続的・安定的な運用に関わる体制と費用を確保する．
・テレビ会議システムや電子掲示板の利用促進のための要件を整備すると共に，安定的な実施のための支援体制をクラス担当教師と共に構築する．
・著作権の尊重や個人情報の保護に関して，開発者・クラス担当教師・学習者に周知徹底を図る．
・学習者のデータ（学習履歴）の効率的な利用を自動化し，日本語教師支援の内容と方法を進化させる．

・成績・単位取得に関わる利用の場合には，本人確認の方法に十分配慮する．
・ネットワークを含めたハードウェア環境について適切な評価・判断ができるように，教師各自が情報活用能力を向上する．
・学習者の電子メディア利用に応えることができる教育機関のネットワーク環境の整備など，情報格差の改善に社会全体が努力する．

　ITの急速な進歩と共にこれらの課題が改善されるとしても，これらの課題の根本的な解決は，利用の是非や電子メディアの適切な活用などを総合的に判断できる日本語教師からの発言が不可欠である．

3節　本書のまとめ

　結論として，筆者が取り組んだ日本語CALLの開発・利用研究は次の点に集約できる．
（1）メディア利用教材として日本語学習の内容と方法を一体化した．
（2）双方向性を強めた高度なマルチメディアのコースウェアを開発・実践した．
（3）日本語学習と日本語教育の両面から課題を追究した．
（4）学習者と教師の双方を支援するシステムを実現した．
（5）同期的・非同期的なシステムを有機的に統合した．
（6）電子メディアやネットワークシステムの長所を活用し短所を補完した．
（7）教材・システムの開発研究と利用・実践活動を連携させた．
　英語教育システム開発・実践のプロジェクトに参加したことをきっかけに，日本語CALLのためのプログラムを数種類自作し，更にその経験に基づき，システム開発者と共に日本語CALLの教材とシステム開発及び利用の検討を具体的に行った．特に，「アパートに住む」と「私の年中行事」については，完成度の高い学習ソフトの実現やサーバの管理を，高度な知識・技能を持つ専門家に委ねるべきであるとの立場を取りつつ，音声や映

像・画像の収集と編集作業にも一部関わった．つまり，技術的な支援を専門家に依頼して品質の良さを維持する一方で，日本語教師の立場からの発言をより明確に詳細に伝えることにより，日本語教育の専門家としての立場を堅持した．換言すれば，分野が異なる専門家の参画・協力が得られるプロジェクトとして活動することが不可欠であるが，日本語教師は，そのプロジェクトの指揮をすることができるような知識・技能・見識・実行力などが求められ，その関わり方が，よりよい教材の開発に直結し，ひいては日本語教育の発展に寄与することになる．

　日本語CALLによる評価研究は，開発研究としての難しさと同時に教育実践研究としての難しさがあった．日本語教育に携わる指導者や学習者は，各人各様の環境やレディネスを前提に取り組むのであり，教育体制の制約の中で教育実践を行ないつつ開発の成果を検証することは容易ではなかった．特に，聴解能力の向上は，短期間の試行・実験では顕著な成果が期待できず長時間の学習が必要である一方で，長時間になればその間に他の要素の関与を排除することができず，CALL教材の品質や教授方法，更にはクラス運営の効果として明確な結論を導出することは慎重にならざるを得なかった．筆者らは，学習者が「役に立つ・面白い」と思えれば，その教材の存在意義や利用価値はあると考え，「成績の向上」とは別に「印象評定」がCALL教材やシステムの評価に直結すると考えた．

　ネットワーク利用は，多くの利便性がある反面，未成熟な部分を含んでいる．しかしながら今後も発展・普及し，日本語教育にとっても無視できない状況が展開すると考えなければならない．性善説の立場と性悪説の立場が混在する中で，日本語教師・日本語教育研究者の見識・資質が問われ続けることになろう．また，当システム以外に開発された学習コンテンツやその所在情報を共有し，相互利用を促進することができれば，日本語e-Learningの環境が改善されることになろう．

　本書の執筆を終わるに当たり，最後に，各章の記述のもとになった主な論文を記し，合わせて，共同研究への参加と本著への転載利用の快諾に対する各共著者への感謝を表わしたい．尚，重複を避けて簡略に記したので詳細は参考文献を参照してほしい．

第 1 章：

水町 伊佐男・山中 恵美（2001）「日本語CALLコースウェアに何を求めるか」

水町 伊佐男・林 俊賢（2005）「台湾における日本語学習者の日本語CALL教材の利用」

林 俊賢・水町 伊佐男（2005）「台湾における日本語学習者のメディア利用の現状」

水町 伊佐男（2005）「現代社会と電子メディアの利（活）用」

水町 伊佐男（2005）「日本語教師のメディア・情報技術活用」

第 2 章：

水町 伊佐男（1992）「日本語CAIへのアプローチ」

水町 伊佐男・編著（1999）『日本語の教育とコンピュータ活用』

水町 伊佐男・桑原 陽子・菊川 秀夫・林 俊賢（2004）「台湾における日本語学習・教育に関する内容と方法の検討」

水町 伊佐男（2005）「現代社会と電子メディアの利（活）用」

水町 伊佐男（2005）「日本語教師のメディア・情報技術活用」

水町 伊佐男・尹 楨勳（2006）「e-Learningのためのマルチメディア日本語教材と教師支援」

第 3 章：

古賀 友也・水町 伊佐男（1996）「IPAL（Basic Verbs）の日本語教育への応用」

志村 義樹・井崎 泰子・横井 仁三・峯崎 俊哉・水町 伊佐男・馬場 勇・田口 潤二（1998）「CAIによる英語教育方法の開発と実践」

第 4 章：

水町 伊佐男（1991）「日本語動詞活用練習のためのCAIプログラムの作成」

水町 伊佐男（2000）「日本語動詞の活用練習」

第 5 章：

水町 伊佐男（1989）「日本語CAIにおけるローマ字解答入力に関する一考察」

水町 伊佐男（1989）「日本語CALI/CALLのためのひらがな簡易入力システムの開発」

水町 伊佐男（1994）「日本語CAIにおける回答入力方式の比較と「誤字」検

出の有効性」

第6章:

水町 伊佐男（1984）「英語教育CAIにおける「ミススペリング」について」

水町 伊佐男（1988）「コンピュータを利用した言語教育（CALI/CALL）における解答援助に関する研究」

水町 伊佐男（1994）「日本語CAIにおける回答入力方式の比較と「誤字」検出の有効性」

第7章:

水町 伊佐男・深田 昭三・伊藤 克浩・細田 和雅・今田 滋子・カッケンブッシュ 寛子・熊取谷 哲夫（1992）「パーソナルコンピューターによる日本語の韻律知覚の指導」

水町 伊佐男・志水 佐栄子（1996）「一語文の韻律に関する音声分析と視覚的な方法による指導」

第8章:

水町 伊佐男・古賀 友也（1998）「インターネットホームページ上での日本語動詞絵カードの利用」

水町 伊佐男・秋元 志美・酒井 弘・迫田 久美子・町 博光・松崎 寛・松見 法男・中條 和光・前原 俊信・庄司 文由（2002）「バーチャルユニバーシティ（VU）プロジェクトにおける日本語教育VOD教材の作成と利用に関する研究」

松見 法男・町 博光・松崎 寛・水町 伊佐男・酒井 弘・迫田 久美子・前原 俊信・庄司 文由・秋元 志美・國田 祥子（2002）「「バーチャル・ユニバーシティ」プロジェクトにおけるネットワーク利用授業に対する受講生の印象評定」

中條 和光・國田 祥子・水町 伊佐男・松見 法男（2005）「受講者による授業評価を指標とした日本語教育学VOD教材の評価」

第9章:

水町 伊佐男・西端 千香子（1999）「日本語動詞学習のためのCALLコースウェア開発」

水町 伊佐男（1995）「日本語CAIソフトウェア（MICAIS）用のオーサリング

システムの開発」

第10章：

水町 伊佐男・多和田 眞一郎・山中 恵美（2002）「日本語CALL聴解練習用教材開発の検討」

水町 伊佐男・多和田 眞一郎・山中 恵美（2003）「日本語CALL聴解練習用教材の開発」

水町 伊佐男・多和田 眞一郎・茅本 百合子・桑原 陽子・山中 恵美（2004）「日本語CALL聴解練習用コースウェアの開発と評価」

第11章：

水町 伊佐男・桑原 陽子・福田 倫子・森 千枝見（2005）「インターネット利用の日本語CALL聴解練習教材「私の年中行事」の作成」

水町 伊佐男（2005）「『聴解：日本の生活「私の年中行事」』の利用について」

第12章：

水町 伊佐男・尹 楨勲・尹 鎬淑・安 秉杰（2006）「ネットワーク型CALL教材を用いた日本語授業の実践――韓国の大学生によるクラス利用を中心に――」

水町 伊佐男（2005）「『聴解：日本の生活「私の年中行事」』の利用について」

第13章：

水町 伊佐男（2005）「日本語教育とe-Learning」

水町 伊佐男（2005）「日本語教師のメディア・情報技術活用」

水町 伊佐男・尹 楨勲・尹 鎬淑・安 秉杰（2006）「ネットワーク型CALL教材を用いた日本語授業の実践――韓国の大学生によるクラス利用を中心に――」

第14章：

水町 伊佐男・桑原 陽子・菊川 秀夫・林 俊賢（2004）「台湾における日本語学習・教育に関する内容と方法の検討」

水町 伊佐男・尹 楨勲・尹 鎬淑・安 秉杰（2006）「ネットワーク型CALL教材を用いた日本語授業の実践――韓国の大学生によるクラス利用を中心に――」

第15章：
水町 伊佐男・尹 楨勛（2006）「e-Learningのためのマルチメディア日本語教材と教師支援」

参考文献

天沼 寧・大坪 一夫・水谷 修(1987)『日本語音声学』くろしお出版.
Anderson-Hsieh, J. (1992) Using Electronic Visual Feedback to Teach Suprasegmentals. *System*, Vol.20, No.1, 51-62.
Anderson-Hsieh, J. (1994) Interpreting Visual Feedback on English Suprasegmentals in Computer Assisted Pronunciation Instruction. *CALICO Journal*, Vol.11, No.4, 5-22.
Austin, J. L. (1962) How to Do Things with Words. Oxford University Press.
鮎澤 孝子(1993a)「諸言語話者による日本語問い返し文の韻律的特徴. 文部省重点領域研究」『日本語音声における韻律的特徴の実態とその教育に関する総合的研究(略称『日本語音声』)』D1班研究発表論集—外国人を対象とする日本語教育における音声教育の方策に関する研究—平成4年度研究成果報告書』, 118-123.
鮎澤 孝子(1993b)「問い返し疑問文のイントネーション:韻律教育へのヒント」『文部省重点領域研究「日本語音声における韻律的特徴の実態とその教育に関する総合的研究(略称『日本語音声』)」D1班研究発表論集—外国人を対象とする日本語教育における音声教育の方策に関する研究—平成4年度研究成果報告書』, 124-132.
鮎澤 孝子(1993c)「日本語学習者のイントネーション—日本語疑問文のイントネーションの習得—」『文部省重点領域研究「日本語音声における韻律的特徴の実態とその教育に関する総合的研究(略称『日本語音声』)」D1班研究発表論集—外国人を対象とする日本語教育における音声教育の方策に関する研究—平成4年度研究成果報告書』, 133-134.
Blau, E. K. (1990) The Effect of Syntax, Speed, and Pauses on Listening Comprehension. *TESOL Quarterly*, 24 (4), 746-753.
Blair, C. R. (1960) A Program for Correcting Spelling Errors. *Information and Control*, 3, 60-67.
Borden, G. J. and Harris, K. S. (著), 廣瀬 肇 (訳) (1984)『ことばの科学入門』メディカルリサーチセンター.
Brown, G. and Yule G. (1983) *Teaching the Spoken Language*. Cambridge University Press.
中條 和光・國田 祥子・水町 伊佐男・松見 法男(2005)「受講者による授業評価を指標とした日本語教育学VOD教材の評価」『VOD教材利用のネットワーキングによる「日本語教育学」学習支援システムの開発研究 平成14年度〜平成16

年度科学研究費補助金 基盤研究（C）研究成果報告書』, 122-131.
Cornew, R.W.（1968）A Statistical Method of Spelling Correction. *Information and Control*, 12, 79-93.
Damerau, F. J.（1964）A Technique for Computer Detection and Correction of Spelling Errors. *Communications of the ACM*, Vol.7 No.3, 171-176.
独立行政法人・国立国語研究所（2003）『e-Janan対応事業 ITを活用した日本語教育指導能力向上研修 コンピュータと新日本語教育 2003』
Dunkel, P. A.（1987）Computer-Assisted Instruction (CAI) and Computer-Assisted Language Learning (CALL): Past Dilemmas and Future Prospects for Audible CALL. *The Modern Language Journal*, 71, No.3, 250-260.
Ellis, R.（1997）*SLA Research and Language Teaching*, Oxford University Press.
藤森 裕治（2003）「国語科教育における映像メディアの教育内容—メディア・リテラシーの視点から—」『国語科教育第53集』(全国大学国語教育学会), 18-25.
藤崎 博也・広瀬 啓吉・森川 博由・高橋 登（1989）「パラ言語情報と韻律」『『日本語音声』研究報告 日本語音声における韻律的特徴の実態とその教育に関する総合的研究 総括班 研究成果報告書1』, 11-12.
深田 昭三（1996）「韻律知覚訓練プログラムのWWWでの実現」『感情・態度を表す日本語音声の表出診断・訓練プログラムの構築に関する研究 平成7年度科学研究費補助金一般研究（B）研究成果報告書』(研究代表者：細田和雅), 1-10.
古郡 廷治・平沼 和実（1987）「日本人の英語の特性とスペリング・エラーの検出と訂正」『計量国語学』第十六巻第一号, 16-27.
Galli, E. J. and Yamada, H. M.（1968）Experimental Studies in Computer-Assisted Correction of Unorthographic Text. *IEEE Transactions on Engineering Writing and Speech*, Vol.EWS-11, No.2, 75-84.
後藤 和彦・坂元 昂・高桑 康雄・平沢 茂（編）（1987）『メディア教育のすすめ ④コンピュータとつきあう』ぎょうせい.
Hardisty, D. and Windeatt, S.（1989）*Resource Books for Teachers*: CALL. Oxford University Press
橋本 三奈子（1993）「IPAL—新時代の日本語辞書データベース」『言語』大修館書店, Vol.22, No.5, 36-41.
林 敏浩・矢野 米雄・三好 克美・関 康夫（1993）「漢字熟語学習支援のための電子辞書システムの試作」『CAI学会誌』Vol.10, No.4, 159-170.
バーチャル・ユニバーシティ研究フォーラム発起人（監修）（2001）『バーチャル・ユニバーシティ IT革命が日本の大学を変える』アルク.
平凡社（編）（1998）『電脳文化と漢字のゆくえ』平凡社.
Higgins, J.（1983）Computer Assisted Language Learning. *Language Teaching*,

参考文献

Vol.16, No.2, 102-114.
平澤 洋一・渋井 二三男（編）（1992）『日本語CAIの研究』桜楓社．
広島地域留学生住宅問題連絡協議会事務局（1998）『留学生のための民間アパート入居ガイド』（広島大学）．
Holmes, G.（1983）Creating CAL Courseware: Some Possibilities. *System*, Vol.11, No.1, 21-32.
Holznagel, D. C.（1983）Evaluating Software. *AEDS Journal*, Fall/Winter: 33-40.
細田 和雅・カッケンブッシュ 寛子・熊取谷 哲夫・水町 伊佐男・深田 昭三（1991a）『日本語音声教育の社会言語学的言語工学的研究（2）　『日本語音声』研究報告4　日本語音声における韻律的特徴の実態とその教育に関する総合的研究 総括班 研究成果報告書1990』, 119-123.
細田 和雅・カッケンブッシュ 寛子・今田 滋子・水町 伊佐男・熊取谷 哲夫・深田 昭三（1991b）「感情とていねいさを伴う日本語音声のイメージとその物理的特徴」『『日本語音声』研究報告5　日本語音声における韻律的特徴の実態とその教育に関する総合的研究　総括班 研究成果報告書1991』, 122-127.
細田 和雅・カッケンブッシュ 寛子・今田 滋子・水町 伊佐男・熊取谷 哲夫・深田 昭三（1992）『日本語音声教育の社会言語学的言語工学的研究（3）　『日本語音声』研究報告6　日本語音声における韻律的特徴の実態とその教育に関する総合的研究　総括班 研究成果報告書1991』, 141-144.
伊井 春樹（編）（1989）『国語教師のパソコン』エデュカ．
池田 伸子（2003）『CALL導入と開発と実践－日本語教育でのコンピュータの活用－』くろしお出版．
今川 博・桐谷 滋（1989）「DSPを用いたピッチ、フォルマント実時間抽出とその発音訓練への応用」『電子情報通信学会技術報告SP89-36』, 17-24.
Jones, C. and Fortescue, S.（1987）*Using Computers in the Language Classroom*. Longman.
情報処理振興事業協会技術センター（1987）『計算機用日本語基本動詞辞書IPAL（Basic Verbs）―辞書編―』情報処理振興事業協会技術センター．
情報処理振興事業協会技術センター（1987）『計算機用日本語基本動詞辞書IPAL（Basic Verbs）―解説編―』情報処理振興事業協会技術センター．
Jorden, E. H.（1994）*Beginning Japanese part 1 and part 2*. Charles E. Tuttle Company.
鄭 起永（2003）『マルチメディアと日本語教育－その理論的背景と教材評価－』凡人社．
樺島 忠夫・市川 真文・冨岡 晶（1987）『コンピュータを利用する小・中・高校の国語学習』三晃書房．
海外技術者研修協会（編）（1990）『新日本語の基礎Ⅰ』スリーエーネットワー

ク.
梶田 将司（2001）「WebCTの現状と高等教育用情報基盤の今後」『高等教育改革とマルチメディア』（特定領域研究（A）高等教育に資するマルチメディアの高度利用に関する研究：領域番号120）ニュースレター第3号, 5-14.
川合 慧（1983）「英文綴り検査法」『情報処理』Vol.24, No.4, 507-513.
川村 よし子・北村 達也（2001）「インターネットを活用した読解教材バンクの構築」『世界の日本語教育』第6号, 241-255.
Kenning, M.（1990）Computer-Assisted Language Learning. *Language Teaching*, 23 (2), 67-76.
城戸 健一（1986）『新OHM文庫 音声の合成と認識』オーム社.
木村 捨雄・栗山 克美・吉江 森男・山野井 一夫（1982）「英語訓練のための日英文翻訳型テキストジェネレータ（1）」『昭和54・55・56年度 文部省科学研究費一般研究B 課題番号00445055 汎用型CAI言語の開発とCAIの大学教育情報処理教育への利用評価 昭和56年度研究成果報告書』, 15-16.
金田一 京助（編）（1988）『例解 学習国語辞典』第五版, 小学館.
北神 慎司・井上 智義（2000）「マルチメディア型教育ソフトの評価に対するひとつのアプローチ」『日本教育工学会誌／日本教育工学雑誌』 24 (Suppl.), 183-188.
北原 義典・東倉 洋一（1989）「音声の韻律情報と感情表現」『電子情報通信学会 SP88-158』, 267-272.
小畑 秀文（1983）『Science and Technology 音声認識のはなし』日刊工業新聞社.
古賀 由佳（2003）『日本の「年中行事」に関するCALL教材のWEB化 』（広島大学教育学部日本語教育学科に提出された卒業論文）
古賀 友也・水町 伊佐男（1996）「IPAL（Basic Verbs）の日本語教育への応用」『細田和雅先生退官記念論文集 日本語の教育と研究』渓水社, 155-174.
Koide, Fumiko （1971） *Easy Japanese 1*, Nippon Kyooiku Kiki Fukyuu Center.
国立国語研究所（1982）『日本語教育指導参考書 10 日本語教育文献索引』大蔵省印刷局.
国立国語研究所（1995）『日本語教育指導参考書 21 視聴覚教育の基礎』大蔵省印刷局.
国際交流基金（1981）『教師用日本語教育ハンドブック⑥ 発音』凡人社.
国際交流基金（編）（1987）『日本語初歩（改訂版)』凡人社.
国際交流基金（1995）『日本語教師用写真パネルバンクⅠ 衣食住と道具シリーズ』日本出版貿易株式会社.
国際協力事業団（1985）『技術研修のための日本語』国際協力サービスセンター.
国広 哲弥（1992）「日本語音調の記述法」『文部省重点領域研究「日本語音声における韻律的特徴の実態とその教育に関する総合的研究」（略称『日本語音声』)』

研究代表者・杉藤美代子，国広哲弥（編）日本語イントネーションの実態と分析 C 3 班 日本語音声の韻律的特徴に関する言語学的理論の研究 研究課題番号：03208112 平成3年度研究成果報告書』, 1-8.

Krashen, S.（1982）*Principles and Practice in Second Language Acquisition*. Oxford, Pergamon.

草薙 裕（1984）『パーソナル・コンピュータによる自然言語処理』工学図書.

Last, R.（1984）*Language Teaching and the Microcomputer*. Basil Blackwell.

林 俊賢・水町 伊佐男（2005）「台湾における日本語学習者のメディア利用の現状」『日本語教育学を起点とする総合人間科学の創出 広島大学大学院教育学研究科日本語教育学講座推進研究 平成16年度報告書』, 81-88.

町田 敬子・村上 治子（1987）「日本語教育における映像教材，コンピュータ使用の現状と今後の方向」『日本語教育』62号,134-151.

丸谷 満男・高尾 典史・石馬 祖俊（1994）『言語の科学』晃洋書房.

松見 法男・松崎 寛・水町 伊佐男・町 博光・酒井 弘（2002）「WebCTを用いた「日本語教育学」VOD教材の評価に関する研究」『広島大学教育学研究科紀要 第二部』第51号, 225-230.

松見 法男・町 博光・松崎 寛・水町 伊佐男・酒井 弘・迫田 久美子・前原 俊信・庄司 文由・秋元 志美・園田 祥子（2002）「「バーチャル・ユニバーシティ」プロジェクトにおけるネットワーク利用授業に対する受講生の印象評定」『広島大学教育学研究科紀要 第二部』第51号, 217-224.

松岡 一郎（2001）『デジタル・キャンパス ＩＴ革命で変わる新しい大学ビジネスモデル』東洋経済新報社.

Mehrabian, A.（1968）Communication Without Words. *Psychology Today*, 2 (4), 53-55

Merrill, M. D.（1980）*The Instructional Design Library Vol.40 TICCIT*, Educational Technology Publications.

南 不二男（1985）「質問文の構造」『朝倉日本語新講座4 文法と意味 II』朝倉書店, 39-75.

水町 伊佐男（1984）「英語教育CAIにおける「ミススペリング」について」『CAI学会第9回研究発表大会論文集』（CAI学会）, 41-44.

水町 伊佐男（1985）「英語教師としてCAIの可能性を探る」『教育工学研究所研究報告』第13号, 東海大学教育工学研究所, 37-43.

Mizumachi, Isao（1985）One Approach to CAI-EFL Problems in Japan. *CALICO Journal*, Vol.3, No.1, 7-10 and 48.

水町 伊佐男（1988）「コンピュータを利用した言語教育（CALI/CALL）における解答援助に関する研究」『広島大学教育学部紀要 第二部』第37号, 235-242.

水町 伊佐男（1989a）「日本語CALI/CALLのためのひらがな簡易入力システムの

開発」『広島大学教育学部紀要　第二部』第38号, 245-252.
水町 伊佐男（1989b）「日本語CAIにおけるローマ字解答入力に関する一考察」『留学生日本語教育に関する理論的・実践的研究』, 広島大学教育学部, 25-33.
水町 伊佐男（1991）「日本語動詞活用練習のためのCAIプログラムの作成」『広島大学教育学部紀要　第二部』第40号, 239-246.
水町 伊佐男（1992）「日本語CAIへのアプローチ」『日本語教育』78号, 31-41.
水町 伊佐男・深田 昭三・伊藤 克浩・古賀 友也（1992）「パーソナルコンピューターを利用した日本語韻律知覚訓練用プログラムの開発」『日本語音声教育の社会言語学的言語工学的研究　文部省重点領域研究「日本語音声における韻律的特長の実態とその教育に関する総合的研究」（研究代表者：杉等美代子）平成4年度E8班　研究成果刊行書』（課題番号：04207202, 研究代表者：細田和雅）, 1-21.
水町 伊佐男・深田 昭三・伊藤 克浩・細田 和雅・今田 滋子・カッケンブッシュ 寛子・熊取谷 哲夫（1992）「パーソナルコンピューターによる日本語の韻律知覚の指導」『日本語教育』78号, 79-91.
水町 伊佐男（1994）「日本語CAIにおける回答入力方式の比較と「誤字」検出の有効性」『広島大学教育学部紀要　第二部』第43号, 355-362.
水町 伊佐男（1995）「日本語CAIソフトウェア（MICAIS）用のオーサリングシステムの開発」『広島大学日本語教育学科紀要』第5号, 53-60.
水町 伊佐男・志水 佐栄子（1996）「一語文の韻律に関する音声分析と視覚的な方法による指導」『感情・態度を表す日本語音声の表出診断・訓練プログラムの構築に関する研究　平成7年度科学研究費補助金　一般研究（B）研究成果報告書』（研究代表者：細田和雅）, 41-50.
水町 伊佐男・古賀 友也（1998）「インターネットホームページ上での日本語動詞絵カードの利用」『広島大学日本語教育学科紀要』第8号, 91-96.
水町 伊佐男・西端 千香子（1999）「日本語動詞学習のためのCALLコースウェア開発」『広島大学日本語教育学科紀要』第9号, 17-23.
水町 伊佐男（編著）（1999）『日本語の教育とコンピュータの活用』溪水社.
水町 伊佐男（編著）（2000）『日本語CALLコースウェアのアイディア』溪水社.
水町 伊佐男・山中 恵美（2001）「日本語CALLコースウェアに何を求めるか」『平成10年度～平成11年度　科学研究費補助金基盤研究（C）（2）研究成果報告書マルチメディア教育支援システムの研究』（課題番号：10680220, 研究代表者：多和田眞一郎）, 3-13.
水町 伊佐男・松崎 千香子（2001）「第6章コンピュータ支援による言語学習者の学習行動」飛田良文（編）『日本語行動論』おうふう, 189-235.
水町 伊佐男・秋元 志美・酒井 弘・迫田 久美子・町 博光・松崎 寛・松見 法男・中條 和光・前原 俊信・庄司 文由（2002a）「バーチャルユニバーシティ（VU）

プロジェクトにおける日本語教育VOD教材の作成と利用に関する研究」『広島大学日本語教育研究』第12号, 11-16.

水町 伊佐男・多和田 眞一郎・山中 恵美（2002b）「日本語CALL聴解練習用教材開発の検討」『広島大学日本語教育研究』第12号, 17-23.

水町 伊佐男・多和田 眞一郎・山中 恵美（2003）「日本語CALL聴解練習用教材の開発」『広島大学日本語教育研究』第13号, 15-21.

水町 伊佐男・多和田 眞一郎・茅本 百合子・桑原 陽子・山中 恵美（2004）「日本語CALL聴解練習用コースウェアの開発と評価」『日本教育工学会論文誌』Vol.27, No.3, 337-346.

水町 伊佐男・桑原 陽子・菊川 秀夫・林 俊賢（2004）「台湾における日本語学習・教育に関する内容と方法の検討」『平成15年度広島大学大学院教育学研究科 リサーチオフィス研究成果報告書「国際化情報社会における日本語教師養成システムの開発研究』（広島大学大学院教育学研究科日本語教育学講座），243-258.

水町 伊佐男（2005a）「『聴解：日本の生活「私の年中行事」』の利用について」『VOD教材利用のネットワーキングによる「日本語教育学」学習支援システムの開発研究　平成14年度～平成16年度科学研究費補助金　基盤研究（C）研究成果報告書』（課題番号：201311691, 研究代表者：縫部義憲），99-113.

水町 伊佐男（2005b）「日本語教育とe-Learning」『韓國日本學聯合會大3回國際學術大会Proceedings　日本語學・日本語教育』, 104-113.

水町 伊佐男（2005c）「広島大学における活動報告「日本語教育学」におけるVOD教材の作成」『VOD教材利用のネットワーキングによる「日本語教育学」学習支援システムの開発研究　平成14年度～平成16年度科学研究費補助金　基盤研究（C）研究成果報告書』（課題番号：201311691, 研究代表者：縫部義憲），68-74.

水町 伊佐男（2005d）「現代社会と電子メディアの利（活）用」, 縫部義憲（監修）・水町伊佐男（編集）『講座・日本語教育学　第4巻　日本語教育と学習支援』（第3章・第1節）スリーエーネットワーク, 172-194.

水町 伊佐男（2005e）「日本語教師のメディア・情報技術活用」, 縫部義憲（監修）・水町伊佐男（編集）『講座・日本語教育学　第4巻　日本語教育と学習支援』（第3章・第2節）スリーエーネットワーク, 195-218.

水町 伊佐男・林 俊賢（2005）「台湾における日本語学習者の日本語CALL教材の利用」『日本語教育学を起点とする総合人間科学の創出　広島大学大学院教育学研究科日本語教育学講座推進研究　平成16年度報告書』, 89-98.

水町 伊佐男・松見 法男・町 博光（2005）「e-learningのための日本語教育コンテンツ『日本語教育学への招待』の開発と利用」『VOD教材利用のネットワーキングによる「日本語教育学」学習支援システムの開発研究　平成14年度～平

16年度科学研究費補助金　基盤研究（C）研究成果報告書』（課題番号：201311691，研究代表者：縫部義憲），75-90．
水町 伊佐男・桑原 陽子・福田 倫子・森 千枝見（2005）「インターネット利用の日本語CALL聴解練習教材「私の年中行事」の作成」『VOD教材利用のネットワーキングによる「日本語教育学」学習支援システムの開発研究　平成14年度～平成16年度科学研究費補助金　基盤研究（C）研究成果報告書』（課題番号：201311691，研究代表者：縫部義憲），91-98．
水町 伊佐男・尹 楨勘・尹 鎬淑・安 秉杰（2006a）「ネットワーク型CALL教材を用いた日本語授業の実践―韓国の大学生によるクラス利用を中心に―」『広島大学日本語教育研究』第16号, 33-40．
水町 伊佐男・尹 楨勘（2006b）「e-Learningのためのマルチメディア日本語教材と教師支援」『広島大学日本語教育研究』第16号, 41-48．
Mizutani, Osamu and Mizutani, Nobuko（1977）*An Introduction to Modern Japanese*，ジャパンタイムズ（The Japan Times）．
文部省（1994）『マルチメディアの教育利用―視聴覚教育におけるコンピュータ活用の手引き―小・中学校編』 文部省．
Moore, P.（1986）*Using Computers in English*, Methuen.
Morey, J.（1991）The Pronunciation Component in Teaching English to Speakers of Other Languages. *TESOL Quarterly*, 25 (3), 481-520.
永保 澄雄（1995）『絵を描いて教える日本語』創拓社．
長尾 真（監修）（1984）『日本語情報処理』社団法人 電子情報通信学会．
長尾 真（1986）『機械翻訳はどこまで可能か』岩波書店．
永岡 慶三（2001）「「バーチャル・ユニバーシティ」とは何か」『バーチャル・ユニバーシティ』アルク, 15-25．
長島 達也（1985）『日本語文法ハンドブック』パナリンガ出版．
日本語教育学会（編）（1987）『日本語教育事典 縮刷版』大修館書店．
日本語教育学会（編）（1991）『日本語教育機関におけるコース・デザイン』 凡人社．
日本インターネット協会（監修）（1997）『インターネット白書'97』インプレス．
日本インターネット協会（監修）（2000）『インターネット白書2000』インプレス．
日本国際教育協会・国際交流基金（著作・編集）（2002）『平成13年度 日本語能力試験 1・2級 試験問題と正解』凡人社．
仁科 喜久子（2003）「第二言語としての日本語の学習環境とICT利用支援」『日本教育工学会論文誌』27(3), 233-236．
岡本 敏雄（1983）「CAIからCALへ」『CAI学会誌』Vol.3, No.2-3, 21-23．
岡本 敏雄（編著）（1988）『授業へのCAIの導入と原理』みずうみ書房．

岡本 敏雄（編）(1993)『教師のための情報教育入門 講座 高等学校編』パーソナルメディア．

大坪 一夫 (1988)「日本語教育におけるパーソナル・コンピュータの利用の実態と可能性」『パソコンによる外国人のための日本語教育支援システムの開発 文部省科学研究費補助金 試験研究 (1) 62890010報告書』81-94.

Peterson, J. L. (1980) Computer Programs for Detecting and Correcting Spelling Errors. *Communications of the ACM*, Vol.23, No.12, 676-687.

プルチック，R. (1981)「情緒と人格」浜 治世（編）『現代基礎心理学 第8巻 動機・情緒・人格』東京大学出版会, 145-161.

Pusack, J. P. (1983) Answer-Processing and Error Correction in Foreign Language CAI. *System*, Vol.11, No.1, 53-64.

Ralmlow, H. F., et al. (1980) *The Instruction Design Library Vol.30 PLATO*, Educational Technology Publications.

Richards, J.C. (1983) Listening Comprehension: Approach, Design, and Procedure, *TESOL Quarterly*, 17 (2), 219-240.

Rivers, W. M. and Temperley, M. S. (1978) *A Practical Guide to the Teaching of English as a Second Language*, Oxford University Press.

佐伯 胖ほか（編）(1998)『岩波講座 現代の教育 第8巻 情報とメディア』岩波書店．

斎藤 秀夫 (1995)「視覚的音声指導の効果の研究」『日本教育工学会第11回大会講演論文集』, 509-510.

坂元 昂 (1981)『明治図書新書65 教育工学の原理と方法』明治図書出版株式会社．

坂元 昂 (1989)「拡がるCAIの世界」『CAI学会誌』Vol.6, No.4, 1-2.

坂元 昂（編著）(1990)『教職課程講座・第4巻 教育の方法と技術』ぎょうせい．

坂元 昂（監修），文部科学省メディア教育開発センター（編）(2001)『教育メディア科学』オーム社．

坂元 昂（研究代表者）(2001)『特定領域研究（A）高等教育改革に資するマルチメディアの高度利用に関する研究（領域番号120）研究成果報告書 平成12年度 計画研究』

坂元 昂・山田 恒夫・伊藤 紘二 (2003)「第二言語学習とその支援に関する教育工学研究」『日本教育工学会論文誌』27(3), 217-223.

Salisbury, A. B. (1973) Computers and Education: Toward Agreement on Terminology. *Educational Technology Review Series, No. 9, The Computer and Education*, Educational Technology Publications, 1-6.

佐藤 礼子・松崎 寛・縫部 義憲 (2004)「新日本語教員養成カリキュラムへの各大学の対応に関する調査（1）」広島大学大学院教育学研究科日本語教育学講

座（編）『平成15年度広島大学大学院教育学研究科　リサーチ・オフィス研究成果報告書　国際化情報社会における日本語教師養成システムの開発研究』, 87-108.
Searle, J.（1969）*Speech Acts*, Cambridge University Press.
シャープ，P（1993）「外国人のための日本語辞典」『月刊言語』Vol.22, No.5, 70-73.
清水 克正（1983）『音声の調音と知覚』篠崎書林.
清水 康敬・赤堀 侃司・市川 伸一・中山 実・伊藤 紘二・永岡 慶三・岡本 敏雄・吉崎 静夫・近藤 勲・永野 和男・菅井 勝雄（1999）「教育工学の現状と今後の展開」『日本教育工学会論文誌』22(4), 201-213.
清水 康敬（2003）「e-Learningの在り方と展開の視点」『教育システム情報学会誌』20 (2), 238-246.
Shimizu, K.（1987）A Study of Visual Feedback Effect on the Teaching of English Intonation『音声学会会報』No.184, 11-15.
志村 義樹・井崎 泰子・横井 仁三・峯崎 俊哉・水町 伊佐男・馬場 勇・田口 潤二（1998）「CAIによる英語教育方法の開発と実践」『論文誌 情報教育研究方法』第1巻 第1号（社団法人 私立大学情報教育協会）, 13-18.
Soemarmo, M.（1983）Programming for Misspelled Extended Input. *CALICO Journal*, Vol.1, No.3, 31-39.
総務庁行政監察局（編）（1988）『留学生受入対策の現状と問題点』大蔵省印刷局.
Spaai, G. W. G. and Hermes, D. J.（1993）A Visual Display for the Teaching of Intonation. *CALICO Journal*, Vol.10, No.3, 19-30.
Squires, D. and Preece, J.（1999）Predicting Quality in Educational Software: Evaluating for Learning, Usability and the Synergy Between Them, In *Teracting with Computers*, 11, 467-483.
Stahlke, H.F.（1984）PSC: A Probabilistic Approach to Wrong Answer Evaluation in CAI. *CALICO Journal*, Vol.1, No.5, 17-20.
Stevens, V., Sussex, R. and Tuman, W. V.（1986）*A Bibliography of Computer-Aided Language Learning*. AMS Press.
Stolurow, L. M.（1968）*Computer Assisted Instruction*. American Data Processing Inc.
Suzuki, H., Kiritani, S. and Imagawa, H.（1989）For Improvement of English Intonation Learning System. *Annual Bulletin of Research Institute of Logopedics and Phoniatrics*, No.23, 59-63.
鈴木 忍・川瀬 生郎（著），国際交流基金（編）（1987）『日本語初歩』凡人社.
高田 修司・後藤 道代・津賀 一宏・宮崎 守弘・上川 豊・入路 友明（1984）「学

習者の発音評価機能を有する英語発音練習装置」『電子通信学会 ET83-10』，37-40.
高橋 延匡（編）（1986）『日本語情報処理』近代科学社．
竹蓋 幸生（1977）「文献に見る英語イントネーション研究の問題点」『音声学会会報』No.156, 16-18, 24.
竹蓋 幸生（1982）『日本人英語の科学』研究社出版．
竹蓋 幸生（1984）『ヒアリングの行動科学』研究社出版．
竹蓋 幸生（編著）（1986）『英語教師のパソコン』エデュカ．
竹蓋 幸生（編著）（1987）『英語科のCAI』エデュカ．
竹蓋 幸生・高橋 秀夫・椎名 紀久子（1987）「イントネーション・パターンの分析，定義，比較」『名古屋学院大学外国語教育紀要』No.17, 1-11.
竹蓋 幸生（1997）『英語教育の科学』アルク．
谷口 聰人（1991）「音声教育の現状と問題点」『日本語音声の韻律的特徴と日本語教育―シンポジウム報告―』, 20-25.
多和田 眞一郎・水町 伊佐男・茅本 百合子・桑原 陽子（2003）「日本語CALL聴解練習用教材の試行」『広島大学留学生センター紀要』第13号, 1-9.
Tenczar, P. J. and Golden, W. M. (1962) Spelling, Word, and Concept Recognition. Rep. *CERL-X-35*, University of Illinois, 1-23.
Van Ek, J.A. and Alexander, L.G. (1975) *Threshold Level English*. Pergamon Press.
Vandergrift, L. (1999) Facilitating Second Language Listening Comprehension: Acquiring Successful Strategies. *ELT Journal*, 53 (3), 168-176.
Vardanian, R. M. (1964) Teaching English Through Oscilloscope Displays. *Language Learning*, 3/4, 109-118.
和田 実（1975）「アクセント・イントネーション・プロミネンス」『国語シリーズ 別冊3 日本語と日本語教育―発音・表現編―』文化庁・国立国語研究所, 大蔵省印刷局, 53-86.
渡辺 茂・坂元 昂（監修）（1989）『CAIハンドブック』フジ・テクノシステム．
Weaver, D. and Holtznagel, D. (1984) An Analysis of Available Courseware. *Reports to Decision Makers*, No.3, Northwest Regional Educational Laboratory.
Wyatt, D. H. (1983) Three Major Approaches to Developing Computer-Assisted Language Learning Materials for Microcomputers *CALICO Journal*, Vol.1, No.2, 34-38.
山本 米雄（1983）「マイコンによるCAIとカリキュラム開発について」『CAI学会誌』Vol.3, No.2-3, 24-26.
横井 俊夫（1990）『日本語の情報化』共立出版．

参考資料（URL）

独立行政法人・国立国語研究所「ITを活用した日本語学習環境の整備」
　　http://jweb.kokken.go.jp/eJapan/eJapan.htm
独立行政法人・メディア教育開発センター
　　http://www.nime.ac.jp/
日本語読解学習支援システム　リーディング チュウ太「道具箱」
　　http://language.tiu.ac.jp/tools.html

あとがき

　昭和40年代前半，カセット型のLanguage Laboratory導入の中心的な役割を与えられ，使用機器の選択・教室の設計・授業の実施などを英語教員として取り組んだことが，外国語教育とメディア利用についての私の研究の始まりであった．その後，昭和50年代に，「英語教育におけるコンピュータ利用」のプロジェクト（TELP）に参加し，専用機から汎用機へシステム変更を繰り返す中で，英語教材の開発・改訂・実践を数年間続けた．この研究は志村義樹氏らの献身的な努力により最終的にはCD-ROM 3枚に結実し，(社) 私立大学情報教育協会の協会賞を受賞したが，その基礎的な開発段階で，私は数名の英語教員と技術者との共同研究チームのコーディネーターの役割を担ったことが，私のCALL研究の始まりであった．

　それ以来，個人的な研究・教育活動と共に，いくつかのプロジェクトでの活動の中で，言語教育とコンピュータの関わりについての研究を進めてきた．日本語CALLに関わり始めてから，特に下記のプロジェクトでの活動は，貴重な研究経験の蓄積となった．本書の半分以上のページがその研究から得られた成果である．

　①平成元年〜4年，文部省科学研究費補助金重点領域研究「日本語音声における韻律的特長の実態とその教育に関する総合的研究」（研究代表者・杉藤美代子）のE8班「日本語音声教育の社会言語学的言語工学的研究（研究代表者・細田和雅，課題番号04207202）と，平成5年〜7年，同一般研究（B）「感情・態度を表す日本語音声の表出診断・訓練プログラムの構築に関する研究」（研究代表者・細田和雅，課題番号05451157）で，研究分担者として参加し，日本語音声の指導に関するCALL研究を行った．

　②平成12年〜14年，文部科学省科学研究費補助金特定領域研究 (1)「高等教育改革に資するマルチメディアの高度利用に関する研究」（研究代表者・坂元昂，領域番号120）の研究項目A02「外国語教育の高度化の研究」の中で，計画研究カ班「外国語CALL教材の高度化の研究」（研究代表者・

竹蓋幸生，課題番号12040205）の「日本語班」として，「三ラウンド制の指導理論」に基づく日本語CALL教材『聴解：日本の生活「アパートに住む」』（CD-ROM）の開発と評価研究を行った．

③平成12年に，独立行政法人・メディア教育開発センター（NIME）の「バーチャルユニバーシティ（VU）推進事業」に添った広島大学VUプロジェクトの研究に参加することとなり，「日本語教育」班の研究代表者として教育学研究科内に教材開発と利用環境整備の2つのプロジェクトを立ち上げた．教材の開発をする一方で，研究科内のネットワーク利用環境の高速化・改善に取り組み，開発教材の評価研究を行った．前者は日本語教育学科（現・日本語教育学講座）全教員の賛同を得て，教職員が一つとなって日本語教師向けのVOD教材『日本語教育学への招待』を作成し，また，プロジェクト委員の支援を得て，WebCTを使った実験授業を実施して評価研究を行ったほか，受講学生と共に日本語学習者向けのVOD教材を作成した．後者は情報通信ネットワークを担当する委員会の協力のもとで目的を果たすことができた．その後，平成14年〜16年，科研の基盤研究（C）「VOD教材利用のネットワーキングによる「日本語教育学」学習支援システムの開発研究」（研究代表者・縫部義憲，課題番号201311691）の研究分担者として，作成したVOD教材を全て公開すると共に，新たな日本語CALL教材の開発に取り組んだ．

④平成15年度〜16年度の2年間に，広島大学「日本語CALLシステムプロジェクト研究センター」（センター長・水町伊佐男）の主な活動として，日本語CALL教材『聴解：日本の生活「私の年中行事」』の教材開発と利用研究を行った．基本的には「三ラウンド制の指導理論」に基づく日本語CALL教材であったが，独立行政法人・国立国語研究所の受託研究としてネットワーク利用の日本語CALLシステム（拡張版）の研究を行った．双方向性を高めたネットワーク型の日本語CALL教材を公開利用に供することにより，日本語CALLシステムの新たな可能性と課題が明らかになると共に，日本語教師への支援体制を探る機会となった．

　これらの活動は，責任の重い体験であったが，その過程における日本語CALLの開発研究や実践研究の活動は，私にとっては充実した研究生活と

あとがき

　同時に楽しく幸せな教員生活の大切な一部であった．
　ここまでたどり着くことができたのは，多くの恩師・先輩・同僚・友人・知人・学生に支えられたからに他ならない．中でも，言語教育とコンピュータ利用の研究のきっかけを作ってくださった故・内多毅先生，英語教育でのコンピュータ教材やシステムの開発プロジェクトを牽引していただいた生川陽吉先生のほか，日本語CALLに直結する研究として，コンピュータ利用の音声教育に関する科研の研究分担者にお誘いいただき，また上司として私の活動を辛抱強く見守っていただいた細田和雅先生，特定領域研究の一員に加えていただき，「三ラウンド制の指導理論」による日本語CALLの開発・実践研究をご指導いただいた竹蓋幸生先生，ネットワーク利用の日本語教育システム開発研究を支援していただいた柳沢好昭先生に，それぞれ深く感謝を申し上げたい．また，既刊の論文を本書の一部とすることを快諾していただいた共著者の方々には，真剣にそして楽しく私と活動を共にしていただいたことにお礼を申し上げたい．更に，私の指導を素直に受け入れて，熱心に取り組んでくれた学生の皆さんにも敬意を表したい．
　本書は，多様で進歩の速度の激しいCALL研究や広い研究分野と長い歴史を持つ日本語教育学の中では，大海の一滴に過ぎないが，私にとっては日本語CALL研究の総仕上げであり，また，険しい道の中で教育・研究活動に取り組み続けた自分への記念でもある．残された課題は多くあり，終着点が不透明な部分があるが，本書が今後の議論を深化させるための踏み台として活用されれば幸いである．明るく支えてくれた家族をはじめ，私が接した全ての方々に心からの謝意を抱きながら本書の執筆を終わる．

　　　平成18（2006）年5月　　　　　　　　　　　　　　　　水町伊佐男

著者略歴

水町　伊佐男（みずまち　いさお）

昭和18年9月27日，長崎県生まれ．昭和41年，長崎大学卒業後，東海大学附属高等学校で英語教諭．昭和49年，東海大学大学院文学研究科修士課程修了後，東海大学教育工学研究所専任講師，同大学外国語教育センター助教授を経て，昭和63年，広島大学教育学部助教授（日本語教育学科）．現在，同大学大学院教育学研究科教授（日本語教育学講座）．

コンピュータが支援する日本語の学習と教育
──日本語CALL教材・システムの開発と利用──

平成18年10月10日　発行

著　者　　水町　伊佐男
発行所　　株式会社　溪水社
　　　　　広島市中区小町1-4（〒730-0041）
　　　　　電話（082）246-7909
　　　　　FAX（082）246-7876
　　　　　E-mail: info@keisui.co.jp

ISBN4-87440-951-2　C3037